JUSTIÇA:
Reflexões sobre caminhos além do Judiciário

JUSTIÇA
Reflexões sobre caminhos além do Judiciário

Organizador
Adolfo Braga Neto

Autores

Adolfo Braga Neto
Agenor Lisot
Beatriz Vidigal Xavier da Silveira Rosa
Cecília Patrícia Mattar
Flavia Scarpinella Bueno
Flávio Faibischew Prado
José Gabriel Vaz Ferraz
Juliana Guimarães Cruz de Almeida
Maria Carla Fontana Gaspar Coronel
Maria Inês Alves de Campos
Marília Campos Oliveira e Telles
Miriam Bobrow
Rodrigo D'Orio Dantas
Valéria de Sousa Pinto

Prefácio

Kazuo Watanabe

São Paulo | 2022

ÍNDICE

Prefácio: Kazuo Watanabe 7

Apresentação: Adolfo Braga Neto 11

Artigo 1: A EVOLUÇÃO DO CONCEITO DE JUSTIÇA – DA ANTIGUIDADE À PÓS-MODERNIDADE 16
Juliana Guimarães Cruz de Almeida e Adolfo Braga Neto

Artigo 2: CONFLITOS: NATUREZA, CONTEXTO HISTÓRICO E PANORAMA ATUAL 35
José Gabriel Vaz Ferraz e Maria Carla Fontana Gaspar Coronel

Artigo 3: PARA QUEM SERVE O DIREITO? 56
Juliana Guimarães Cruz de Almeida e Rodrigo D'Orio Dantas

Artigo 4: POR QUE UM TERCEIRO DECIDIRIA MELHOR DO QUE EU? 80
Rodrigo D'Orio Dantas e Maria Inês Alves de Campos

Artigo 5: AFINAL, QUAIS SÃO OS PRINCIPAIS MEIOS PARA SOLUÇÃO DE CONFLITOS? 102
Beatriz Vidigal Xavier da Silveira Rosa, Cecília Patrícia Mattar, Flávio Faibischew Prado, Marília Campos Oliveira e Telles e Míriam Bobrow

Artigo 6: ARBITRAGEM – QUANDO SENTAR-SE À MESA NÃO É OPÇÃO 131
Beatriz Vidigal Xavier da Silveira Rosa, Cecília Patrícia Mattar e Valéria de Sousa Pinto

Artigo 7: A MEDIAÇÃO – ASPECTOS GERAIS E ALGUMAS ÁREAS DE UTILIZAÇÃO 154

Adolfo Braga Neto, Agenor Lisot, Cristiane Sabino Spina, Flavia Scarpinella Bueno e Flávio Faibischew Prado

Artigo 8: A CONCILIAÇÃO E A NEGOCIAÇÃO – OS PROCESSOS NA BUSCA DE UM ACORDO 188

Agenor Lisot, Cecília Patrícia Mattar e Maria Inês Alves de Campos

Artigo 9: COMO FAZER JUSTIÇA SEM SAIR DE CASA 211

Cecília Patrícia Mattar e Adolfo Braga Neto

Artigo 10: INTERAÇÃO ADVOGADO-CLIENTE: UM NOVO OLHAR 231

Flavia Scarpinella Bueno, José Gabriel Vaz Ferraz, Juliana Guimarães Cruz de Almeida e Marília Campos Oliveira e Telles

Artigo 11: RESSIGNIFICAÇÃO DO SISTEMA – BUSCANDO UMA NOVA ORDEM JURÍDICA ATRAVÉS DO DIÁLOGO MULTIDISCIPLINAR 253

Adolfo Braga Neto, Agenor Lisot, Beatriz Vidigal Xavier da Silveira Rosa, Flavia Scarpinella Bueno, Miriam Bobrow e Valéria de Sousa Pinto

Quem são os autores 275

PREFÁCIO

Na apresentação desta importante obra, o professor Adolfo Braga Neto informa que, logo no início da pandemia de Covid-19, levou um grupo de mediadores a se reunir semanalmente "para debater o tema que os unia: a Mediação". Os artigos que compõem este livro são frutos dessas ricas reflexões ao longo de cinco meses sobre "uma diversidade ímpar de temas que levaram a conclusões não somente sobre a atividade, mas sobretudo em relação à justiça e ao seu acesso".

Além das reflexões sobre os mais variados aspectos do acesso à justiça, contidas nos onze artigos que a integram, a obra revela a admirável postura dos profissionais de "mediação" (o termo é aqui usado no sentido amplo, abrangente de todos os mecanismos de solução adequada de conflitos), que em reflexões coletivas buscaram entender o verdadeiro papel de suas atividades, a abrangência, a relevância social, a diversidade de métodos, a importância da tecnologia, o papel do advogado, os objetivos a serem alcançados, a realidade brasileira e outros aspectos mais.

Temos sustentado que o direito de acesso à justiça é direito de acesso à ordem jurídica justa, e não mero acesso aos órgãos do Poder Judiciário para a solução adjudicada das controvérsias por uma autoridade estatal. Essa concepção atualizada de acesso à justiça decorre do princípio da inafastabilidade do controle jurisdicional (art. 5°, n. XXXV, da Constituição Federal), que deve ser interpretado como proteção jurídica efetiva, tempestiva e adequada. E do requisito da adequação decorre o direito dos jurisdicionados à utilização de todos os métodos adequados de solução de controvérsias, e não apenas a solução sentencial. Esse alcance, que já estava implícito nas Constituições anteriores, ficou mais evidente na Carta política de 1988, cuja ideia fundante está expressa em seu Preâmbulo e privilegia "os direitos sociais e individuais, a liberdade, a segurança, o bem-estar, o desenvolvimento, a igualdade e a justiça, como valores supremos de uma sociedade fraterna, pluralista e sem preconceitos, fundada na harmonia social e comprometida na ordem interna e externa com a solução pacífica das controvérsias", e tendo como princípios fundamentais, dentre outros, a dignidade da pessoa humana e o direito à cidadania (art. 1º) e como um dos importantes objetivos da República Federativa do Brasil a construção de uma "sociedade livre, justa e solidária".

A tarefa de propiciar o acesso à ordem jurídica justa nessa dimensão incumbe não apenas ao Poder Judiciário, e sim ao "corpo político como um todo – órgãos estatais e sociedade civil", como ensina Fábio Konder Comparato, que acrescenta: "Os objetivos podem ser gerais ou especiais, estes últimos obviamente coordenados àqueles. Na Constituição de 1988, por exemplo, os objetivos indicados no art. 3º orientam todo o funcionamento do Estado e a organização da sociedade..."(Ensaio sobre o juízo de constitucionalidade de políticas públicas, *In*: *RT* 737, p. 19).

O Sistema de Justiça passou a ter, assim, uma acepção ampla, abrangente não apenas do Judiciário, como também de outras instituições, públicas e privadas, que atuam com qualidade e seriedade na distribuição da justiça no sentido amplo, consistente não apenas na solução de controvérsias, como também na prestação de assistência jurídica integral (art. 5º, n. LXXIV, CF), inclusive serviços de informação e orientação que possibilitem o efetivo exercício da cidadania e o pleno resguardo da dignidade da pessoa humana.

O rico conteúdo deste livro está em conformidade com essa visão mais abrangente de acesso à justiça, como é sublinhado pelo seu organizador, prof. Adolfo Braga Neto, que encerra a Apresentação afirmando: "Em conclusão, é fácil constatar que todos os autores são unânimes em apontar que

Justiça hoje não é monopólio do Estado. Todos os métodos comentados, a partir do olhar de mediadores, nos 11 artigos que compõem a obra apontam para promoção da Justiça com o uso de método adequado aos usuários e à complexidade da controvérsia".

Por todo esse rico conteúdo e em especial pelo seu nascimento em ambiente de reflexão coletiva, a obra será de leitura extremamente útil para todos quantos já atuam ou pretendem vir a atuar na mediação e outros métodos adequados de solução de controvérsias.

Kazuo Watanabe
Professor doutor sênior da Faculdade de Direito da Universidade de São Paulo, desembargador aposentado do Tribunal de Justiça de São Paulo, participou da elaboração da Resolução nº 125 do CNJ (Conselho Nacional de Justiça). É autor de diversos livros e artigos.

APRESENTAÇÃO

O momento atual que a civilização enfrenta é por vezes desafiador, preocupante e, ao mesmo tempo, instigante e paradoxal.

A pandemia do Coronavírus, já em seu segundo ano, exigiu e continua a exigir de todos o distanciamento, determinando a paralisia, num primeiro momento, das atividades econômicas, sociais, jurídicas etc. Concomitantemente, promoveu e promove a necessidade de sua continuidade, por intermédio de um meio mais seguro, com o uso cada vez mais frequente da tecnologia, que passou a ser um item indispensável para o dia a dia do cidadão.

Esse momento levou um grupo de mediadores a se reunir semanalmente, logo no início da pandemia, para debater o tema que os unia: a Mediação. Da sinergia criada, nasceu a ideia da elaboração do presente livro, que é fruto dos diálogos realizados nos encontros semanais e de estudos de seus autores. Foram ricas reflexões, a partir de uma diversidade ímpar de temas, que levaram a conclusões não somente sobre a atividade, mas sobretudo em relação à Justiça e ao seu acesso. Resultou em um grande aprendizado conjunto desenvolvido ao longo de cinco meses, inspirando cada um dos autores nos onze artigos que compõem a obra.

O primeiro artigo bem demonstra a transformação que a civilização vem vivenciando, com a busca incessante por justiça. Partindo do pressuposto de que seu conceito ou percepção decorre de um valor, Juliana Guimarães Cruz de Almeida e eu tentamos proporcionar ao leitor uma verdadeira viagem no tempo, identificando pensadores de diversas áreas que apresentavam os seus entendimentos sobre o tema. Tentamos indicar, com isso, o quanto seu conceito reflete seu tempo e as aspirações inerentes à época vivenciada pelo respectivo pensador. E como o conceito de Justiça é mutável e evolutivo, refletindo de maneira coerente o tempo em que é empregada. Este artigo inaugura a obra, oferecendo ao leitor uma porta de entrada para os capítulos seguintes, que abordarão os instrumentos existentes na atualidade para o alcance da justiça a partir do conflito.

Por falar em conflito, este é o tema central do artigo 2. Como demonstram José Gabriel Vaz Ferraz e Maria Carla Fontana Gaspar Coronel, as pessoas – físicas ou jurídicas – buscam sempre a Justiça quando estão diante de um conflito. Ao oferecer diversos conceitos sobre o conflito a partir de inúmeros autores que muito estudaram o tema, identificam-no como algo inerente à realidade humana e, portanto, natural. Os autores apontam que esta naturalidade é um desafio a ser superado, em função do paradigma de levar ao Estado a possibilidade de fazer justiça. Acrescentam, também, que a evolução por que passa a sociedade ofereceu a possibilidade de o próprio Estado proporcionar outras formas e metodologias para alcançar a justiça. Formas e metodologias estas, segundo os autores, que podem promover a satisfação dos envolvidos no conflito, para além do próprio Estado.

Juliana Guimarães Cruz de Almeida e Rodrigo D'Orio Dantas, por seu turno, no artigo seguinte, convidam o leitor a refletir sobre o papel exercido pelo Direito nos tempos atuais, a partir da pergunta "Para quem serve o Direito?". Os referidos autores salientam que, nestes tempos atuais, o cidadão passa a ser chamado para exercer um papel mais ativo na resolução de seus conflitos, sendo convidado a escolher o caminho mais adequado, mesmo que sua opção ainda seja pelo modo mais tradicional, com a terceirização para uma autoridade designada pelo Estado. Com isso, o Direito também passa a se adequar à vontade do cidadão, que poderá coconstruir o processo de resolução de seu conflito.

Voltando para a terceirização do conflito ao Estado, Maria Inês Alves de Campos e Rodrigo D'Orio Dantas, no artigo 4, questionam o paradigma ainda existente na sociedade, que continua a se manter, pelo desconhecimento de outros caminhos. Apontam que esta terceirização começa a ser dispensável, face à evolução da autodeterminação do cidadão, que poderá tomar para si a possibilidade da escolha e, eventualmente, decidir o conflito pela negociação direta – cuja definição consta de artigo mais à frente – ou o emprego do terceiro que devolve o poder de decisão para os próprios participantes. Com isso, concluem que o objetivo almejado, da terceirização no sentido da pacificação, seria mais facilmente alcançado.

No artigo 5, Beatriz Vidigal Xavier da Silveira Rosa, Cecília Patrícia Mattar, Flávio Faibischew Prado, Marília Campos Oliveira e Telles e Míriam Bobrow apresentam ao leitor um variado menu de métodos de resolução de conflitos, todos eles à disposição de qualquer pessoa física ou jurídica. Iniciam com o primeiro passo que é dado pelos envolvidos em um conflito, a negociação, e na sequência explicam pontualmente cada possibilidade de utilização de um terceiro, desde a decisão via arbitragem ou *dispute board*, passando pela avaliação neutra de terceiro até chegar aos meios que não decidem, como as práticas colaborativas, a conciliação, a mediação, a justiça restaurativa, o desenho de disputas. E lembram, de maneira destacada, o ambiente virtual onde todos eles estão sendo desenvolvidos, em função da necessidade de manutenção do distanciamento provocada pela pandemia de Covid-19.

No sexto artigo, Beatriz Vidigal Xavier da Silveira Rosa, Cecília Patrícia Mattar e Valéria de Sousa Pinto, ao oferecerem comentários sobre a arbitragem, indicam as vantagens do método, que pressupõe a decisão de um terceiro imparcial e independente, que recebe poderes de uma convenção para exercer a função de decidir dentro dos parâmetros ditados pelos integrantes da atividade. As autoras indicam a consolidação que o instituto alcançou não somente no Brasil, mas também no mundo, e percorrem as áreas de sua utilização.

Por sua vez, Agenor Lisot, Cristiane Sabino Spina, Flavia Scarpinella Bueno, Flávio Faibischew Prado e este autor fazem breves observações sobre a mediação no artigo 7. Apresentam elementos característicos da atividade e explanam algumas áreas de sua utilização. Dentre elas, destacam a mediação familiar, escolar, comunitária, empresarial, trabalhista, de meio ambiente e com a administração pública. Destacam os autores que outras áreas poderiam ser apontadas, a demonstrar que a mediação pode ser utilizada em diversos contextos, sem contraindicação.

No artigo seguinte, Agenor Lisot, Cecília Patrícia Mattar e Maria Inês Alves de Campos analisam a negociação e a conciliação, enaltecendo as suas características e apontando suas diferenças – entre as quais o fato de que a conciliação é mais conhecida no país, pois remonta à Constituição de 1824. Os autores enfrentam um tema ainda polêmico: a distinção entre a conciliação e a mediação. Identificam claramente que são institutos distintos com características históricas distintas, assim como naquilo que se refere ao método.

Já no artigo 9, Cecilia Patrícia Mattar e eu analisamos o momento em que todos os mecanismos de resolução de conflitos passaram a usar a tecnologia, a fim de proporcionar a possibilidade do alcance de soluções, seja pelos envolvidos no conflito, seja por um terceiro. O título "Como fazer justiça sem sair de casa" espelha a situação vivida no momento do lançamento do livro, com os impactos da pandemia gerando a necessidade de novas formas de tratamento e resolução de conflitos e com a internet e a tecnologia digital proporcionando alternativas, sempre tendo o cuidado com os parâmetros éticos.

Flavia Scarpinella Bueno, José Gabriel Vaz Ferraz, Juliana Guimarães Cruz de Almeida e Marília Campos Oliveira e Telles, no décimo artigo do livro, destacam a importância da presença do advogado em todos os processos de resolução de conflitos, quer seja no contexto judicial, como inerente à atividade, quer seja no extrajudicial. Enfatizam a importância de que esses profissionais tenham clareza sobre as características de cada método, as quais demandam posturas diferentes. Concluem com a determinante de que é necessário que assumam um papel conectado aos interesses de seu cliente, agindo com a postura de um profissional de resolução de conflitos.

E no último artigo, o de número 11, Agenor Lisot, Beatriz Vidigal Xavier da Silveira Rosa, Flavia Scarpinella Bueno, Miriam Bobrow, Valéria de Sousa Pinto e o signatário fazem referência à realidade brasileira em termos de resolução de conflitos, em consonância com os Objetivos do Desenvolvimento Sustentável – ODSs, em especial o de número 16, todos enquadrados na Agenda 2030 preconizada pela ONU – Organização das Nações Unidas.

Em conclusão, é fácil constatar que todos os autores são unânimes em apontar que justiça hoje não é mais monopólio do Estado. Todos os métodos comentados, a partir do olhar de mediadores, nos 11 artigos que compõem a obra, apontam para promoção da justiça com o uso de método adequado aos usuários e à complexidade da controvérsia.

Boa leitura de *Justiça: reflexões sobre caminhos além do Judiciário*!

Adolfo Braga Neto

1. A EVOLUÇÃO DO CONCEITO DE JUSTIÇA – DA ANTIGUIDADE À PÓS-MODERNIDADE

Juliana Guimarães Cruz de Almeida e Adolfo Braga Neto

Introdução

De princípio, é importante assinalar que o presente artigo não tem a pretensão de oferecer mais uma conceituação a termo já tão equívoco como o de Justiça. O propósito é lançar à reflexão novos elementos que possam vir a contribuir para a compreensão da sua natureza e, quiçá, para as possíveis implicações nas relações sociais.

A palavra Justiça acompanha a história do homem, o seu reconhecimento enquanto sujeito e as implicações no campo social, econômico, político, cultural, jurídico etc., razão pela qual assume uma natureza antropológica e, hoje, sob a perspectiva transdisciplinar. Nesse sentido, serão oferecidas breves reflexões sobre a amplitude que o termo e o tema apresentam a partir do olhar de diversos autores de diferentes áreas do conhecimento, que expressaram seu pensamento no momento em que viveram. Ao mesmo tempo, todas essas visões tornam possível expressar um pouco da magnitude do tema e convidam a prosseguir com as reflexões e exploração das eventuais consequências.

Justiça, valor individual? Coletivo? Ou a busca em função de uma relação entre seres humanos?

Parte relevante desse processo se desenvolve no universo dos signos, que se estende para além da linguagem propriamente dita, tocando tudo aquilo que for possível "materializar" como uma ideia, criando algum tipo de significado. Para Alain Supiot (2007, p. VII), essa

> vida dos sentidos se mescla no ser humano a um sentido da vida, ao qual ele é capaz de se sacrificar, dando assim à sua própria morte uma razão. Vincular um significado a si mesmo e ao mundo é vital para não soçobrar no absurdo, ou seja, tornar-se e permanecer um ser de razão.

Quando se pensa em "conceito", ainda que seja instintiva a correspondência direta com a ideia da busca por um significado (o que é?), não é necessariamente tão clara a perquirição acerca do seu processo de construção. É igualmente intuitivo compreender a relevância do papel da linguagem (especialmente a verbal) na representação da realidade, por exemplo, quando da descrição de um objeto. Entretanto, se esse mecanismo é palatável quando se tem em vista a relação do sujeito com um objeto concreto (como um livro, por exemplo), o mesmo não se aplica quando a descrição toma referência em abstrações (como liberdade, paz, justiça, sentimentos etc.). Dessas elucubrações teóricas, originam-se os questionamentos: seria a linguagem um dado ou um construído? Haveria implicações nas relações sociais?

A Modernidade fomentou a defesa da univocidade semântica, numa tentativa de conformação e "autorregulação" da objetividade e neutralidade científicas. Ora, se a verdade absoluta sob um tema viria a ser desvelada pela ciência, a linguagem para descrever o objeto de análise deveria ser precisa, indiscutível e, portanto, única. Para aquele contexto histórico-cultural, a primazia da razão crítica humana não comportaria acomodações subjetivas. De outra senda, a Pós-Modernidade passa a refletir justamente acerca do sujeito racional e das potencialidades das teias de reações interpessoais, apresentando reflexo no campo da linguagem: se a sociedade é feita de vínculos de palavra, que prendem os homens uns aos outros, mudando a sociedade, mudam a linguagem e a construção de significados? Qual o papel da subjetividade e da alteridade na construção semântica?

De outra parte, se for tomada a língua materna como exemplo, verifica-se que se trata de uma das primeiras fontes de sentido das quais o homem dispõe desde a sua existência. E ainda muito antes que se possa ter consciência cognitivo-racional de todos os significados empregados – e da própria liberdade e autonomia de expressão e pensamento que a razão e a linguagem nos conferem –, o recém-nascido já terá sido nomeado por alguém que o precede (SUPIOT, 1996, p. VIII). Ou seja: algo já está. Para os seres pensantes com individualidades próprias, sua existência é antecedida por uma "cadeia de precedência", por um contexto social, que se imporá sobre nós antes mesmo que possamos reconhecê-lo ou nomeá-lo como tal, quanto mais refutá-lo ou abraçá-lo.

A consequência que se pode inferir é óbvia, mas não irrelevante: o homem não está só e, mais do que isso, é um ser relacional. Ora, sua própria constituição biológica tem como imperativo a necessidade de duplo material genético para geração de um único ser, e não seria diverso em termos de desenvolvimento moral. Com efeito, o desenvolvimento moral deste indivíduo também está inexoravelmente aderido a um tecido social precedente, e que não apenas influenciará o autorreconhecimento do indivíduo enquanto sujeito (*os olhos do outro são meu espelho e vitrine*), mas afetará o seu sistema de crenças e valores.[1]

Roger Scruton assinala: "A vida moral depende de algo que Stephen Darwall chama 'o ponto de vista da segunda pessoa' – o ponto de vista de alguém cujos raciocínios e conduta se dirigem essencialmente a outros." E continua mais adiante: "O diálogo moral é aquela em que *eu* dou motivos

---

1. Conferir Richard Rorty (1931-2007) nas suas obras *Objetivismo, relativismo e verdade. Escritos Filosóficos I*. Rio de Janeiro: Relume Dumará, 2002, e *A filosofia e o espelho da natureza*. Rio de Janeiro: Relume Dumará, 1994.

para *você*, e esses motivos têm peso para você exatamente porque é isso que eu estou fazendo." (2020, p. 45). Veja-se que o autor descreve exatamente um processo interpessoal, vivo e autoimplicativo, cujo foco está na responsabilidade recíproca pelos atos voluntários que cada sujeito provoca, que afetam o outro.

No contexto do Construcionismo Social, Kenneth J. Gergen convida-nos à reflexão acerca da construção de significados enquanto um processo social e necessariamente dependente das perspectivas próprias dos agentes envolvidos. Em suas palavras (2015, p. 3)[2]: "o que nós tomamos como verdade no mundo depende das relações sociais das quais fazemos parte."

Ou seja: o processo de significação jamais será neutro, haja vista que inevitavelmente influenciado pelos valores inerentes às perspectivas próprias de cada um dos seres envolvidos. Daí que, em uma relação social, integrada por diversos sujeitos, não bastará a linguagem representativa para dar significado àquela relação ou mesmo a objetos de interesse. A construção semântica emergirá de um processo dialógico e dinâmico, alimentado pelas perspectivas relacionais e por todos os valores fundantes.

Como explica Gergen, importante destacar que essa perspectiva relacional não é a simples justaposição de unidades individuais e independentes; ao revés, a própria ideia de relação, sob a ótica do construcionismo social, é de coordenação. Isto é: a cocriação coordenada de significado pelas partes envolvidas ("*me-you*").

O filósofo alemão Martin Buber dedicou-se bastante à questão da coexistência – passando a ser reconhecido como o filósofo da relação – e, em sua obra de título bastante expressivo, *Eu-Tu* (2001), ele marca a presença viva da alteridade, destacando-a como imperativa à construção da própria subjetividade. Isto é: o reconhecimento do homem enquanto sujeito se dá

---

2. Tradução livre.

dentro da relação com o outro ("tu"); e, neste contexto, a palavra é a possibilitadora do "ser" e sua força implicativa (transformadora) se concretiza justamente no "entre" (que é o próprio espaço da relação, o "eu-tu").

Ainda sob a perspectiva dos aspectos da vida moral, e dialogando com a construção dos ditos conceitos-princípios de Martin Buber, Stephen Darwall traz reflexões acerca daquelas relações que convidam a um julgamento moral. Para ele, sempre que as relações forem construídas sob o ponto de vista da segunda pessoa ("tu") – ou seja, naquelas em que haja reciprocidade de condutas intencionais entre os sujeitos envolvidos –, haverá a potencialidade do julgamento moral (e do conflito, em última instância), justamente porque os conceitos essenciais à vida (como responsabilidade, liberdade, culpa e censura) "assumem seu significado, ao final e ao cabo, da relação Eu-Você em que as razões de dar e receber são parte do acordo." (*apud* SCRUTON, 2020, p. 46; e DARWALL, 2006).

Quando se invocam as verdades e os julgamentos morais, inevitável não flertamos mais assertivamente com a concepção de justiça. Pode-se perceber que não há sequer necessidade de perquirir qualquer sorte de conceito, mais ou menos preciso, porque a reflexão crítica nos conduz, antes, à investigação da natureza própria da justiça. Em outras palavras, a pergunta que invade a mente não é "o que é a justiça?", mas "para quem? E em que contexto?". E essas formulações, por sua vez, demarcam um campo axiológico de perquirição subjetiva, bastante apropriada à pós-modernidade.

E quando se fala dessa interação constante entre "eu" e o "tu", é natural que possamos voltar nossos olhares ao primeiro ou ao segundo sujeito – mantendo-nos no lastro da subjetividade –, aportando ao *self* (e a tudo que dele deriva diretamente) uma perspectiva individualista ou coletiva, respectivamente. Neste sentido: seria a justiça um valor individual ou um produto social?

Importante destacarmos que o senso de moralidade somente faria sentido em perspectiva relacional ou, sob outro ponto de vista, social. Isso porque o senso de responsabilização decorrente do (des) cumprimento de obrigações para com o outro somente tem sentido quando se está em relação com este outro; daí dizer-se que o *self* seria um produto social.

O pensamento filosófico de Hegel auxilia nessa ponderação, ainda que parta de outra sorte de abstração, como a ideia de estado de natureza. O filósofo traça um cotejo comportamental humano quando no estado de natureza, de modo que o senso de *self* somente adviria do encontro com o outro, exsurgindo do senso de sobrevivência. Ou seja, o sujeito se obrigando a reconhecer o outro para que seja reconhecido em reciprocidade, o que se desenvolveria em um processo espontâneo e perene de construção relacional de autoconsciência e reconhecimento.

Essa circularidade parece alimentar um senso de equilíbrio de forças na relação intersubjetiva, o que pode contribuir para construção contextual de algum senso de justiça. Neste esteio, a justiça demonstra a sua natureza amalgamada tanto com o valor da intersubjetividade de per si quanto com o espaço da relação, em que Martin Buber identificou como aquele *locus* "entre", onde se concretizam a potencialidade da linguagem e a sua força transformadora. Nesse sentido, faz-se importante contextualizar a evolução do conceito de Justiça.

A evolução do conceito de Justiça

O conceito de Justiça e como alcançá-la tem se revelado através dos tempos como um dos mais, senão o mais complexo a ser construído, em razão dos infinitos componentes semânticos que a própria palavra pressupõe. Difícil indicar o número exato de pensadores que apresentaram e continuam a fazer contribuições sobre o seu significado, numa tentativa de minimizar a angústia do ser humano diante de sua busca permanente por justiça, sobretudo quando se encontra diante da existência de um conflito.

A palavra justiça vem do latim *Justitia*, que possui, entre outros significados, os de justo, direito, correto, lei, valor, com infinitos conceitos que, pela grandeza, merecem toda a atenção em função do momento e de como se emprega. A palavra, formada a partir do substantivo neutro *ius*, primitivamente significava fórmula religiosa com força de lei. O significado para o ser humano, ao invocá-la, transcende inúmeros elementos. Nesse sentido, relevante lembrar alguns pensadores de inúmeras e diferenciadas épocas, a fim de apontar o que hoje se considera Justiça.

Alguns pensadores da Antiguidade

Ao se pensar a Antiguidade, destacam-se Sócrates e seu pensamento concretizado nos diálogos de Platão. Ambos os filósofos (PLATÃO, 1980, p. 85) consideravam justiça como uma das virtudes e sabedorias humanas, incluíam a perspectiva de que cada pessoa deve ter o que lhe é devido e consideravam não ser justo uma pessoa causar dano a qualquer outra. Platão agregava preocupação com eventuais desvios que o ser humano pudesse trilhar, salientando que homem justo perdia do injusto, pois sabia obter para si as maiores vantagens. Propunha que a injustiça é mais forte, mais livre, mais atrativa e dominadora do que a justiça e afirmava que "a perfeita Injustiça é mais vantajosa que a perfeita Justiça" (1980, p. 79). Para ele, o homem justo é bom e sábio, e o injusto é ignorante e mau. Percebem-se, no seu pensamento, elementos maniqueístas que marcaram não somente sua obra, mas também o pensamento clássico, tendo como grande influência o componente religioso na crença do temor aos deuses. Salientava que a injustiça faz nascer o ódio entre os homens e, consequentemente, lutas e dissensões entre eles, enquanto a justiça gera amizade e concórdia.

Aristóteles, discípulo de Platão, em *Ética a Nicômaco*, referendava os elementos acima e os ampliava com o objetivo de esclarecer que a justiça, muito embora se constitua na mais elevada forma de excelência moral, não deixava de ser virtude, pois é baseada na disposição da alma das pessoas ao agirem na conformidade do que é justo (2007, p. 121). Considerava o papel relevante exercido pela moral, pois o sentido que lhe dá permanece nele, entretanto buscou indicar que a justiça inclui componentes que lhe dão maior perspectiva, com base na conduta ética do homem. Alcança esta conclusão ao questionar as ações justas e injustas adotadas pelos homens, pois, além de se relacionarem, envolvem a ética, sobretudo na busca do bem para o próximo.

Nos tempos de Roma antiga, a concepção de justiça adquire valor e sentido mais amplo com o pensamento de Cícero, sobretudo no título *Dos Deveres*. Nessa obra, ele indica que o conceito de justiça passa por uma evolução e expansão, muito embora também a conceba como virtude, no entanto com uma conotação moral e filosófica que reflete o bem comum e retoma a perspectiva da capacidade de dar a cada um aquilo que é próprio. A justiça é adequada aos altos cargos do Estado, devendo qualificar o governante. Ao mesmo tempo, passa ser a faculdade de julgar, segundo a melhor consciência, já que poderá promover equilíbrio na comunidade e criar ambiente propício para o nascimento de outros valores morais (1965, p. 123). Para Cícero, justiça inclui também a noção de liberdade, uma vez que eram consideradas partes de uma virtude explicada como o sentimento da comunidade e as obrigações que dela nascem. O homem inserido na sociedade tem a obrigação pessoal de ser justo e é preciso que a liberdade subtraia a aridez e a aspereza jurídica do conceito de justiça, atribuindo-lhe afeições humanas pertinentes ao senso de comunidade, de viver junto com outras pessoas. Além disso, a liberdade, segundo ele, era compreendida como intrínseca à justiça, pois considerava que o homem se constrói com sua existência no desenvolvimento de sua própria natureza, baseada na razão.

Pensadores da Idade Média

Durante a Idade Média, a Igreja muito influenciou o pensamento filosófico, o que, evidentemente, refletiu-se na percepção sobre justiça, muito embora permanecessem os dois pilares anteriormente citados, pois continuam a sustentar a concepção do significado de justo. Nesse sentido, chama a atenção o pensamento de Santo Agostinho, em quem a atenção do homem é mais voltada para a vida contemplativa, numa crença predominante de que o mais importante era preservar e salvar a alma. Por isso, a ideia de justiça para ele está associada à divindade, com aspiração à perfeição. Ele busca demonstrar a perfeição das leis divinas, considerando-as infinitamente boas e justas e faz uma distinção com as leis humanas, que, por serem humanas, correm o risco de erros, injustiças derivadas da imperfeição humana. Ao mesmo tempo, "são menores por regrarem o comportamento da sociedade" (2001, p. 127). Entendia que todo governo, para ser justo, deve seguir a lei divina. Considerava que o homem é a união entre corpo e alma, sendo dotado do livre arbítrio, reconhecendo ser possuidor de liberdade para agir segundo sua vontade e, por isso, poderia ser julgado por suas escolhas. E acrescenta que "aquele que pratica o bem o merece; assim como aquele que pratica o mal o merece também" (2001, p. 189). Torna-se fácil observar nele a dicotomia entre humano e divindade, sendo a justiça baseada nos parâmetros divinos e no bem e no mal desta dicotomia.

São Tomás de Aquino, também na mesma era, ao levar em consideração elementos éticos, concordava que justiça é uma virtude, porém a considerava relacionada à constante e perpétua vontade de dar a cada um o seu direito. Destacava a importância do elemento vontade, em relação à qual levantava algumas objeções que a limitam. Acrescentava que a justiça estará correta se incluir o bem. Para que toda virtude seja hábito, que é o princípio do ato bom, é necessário que seja definida mediante ato bom, sobre a mesma matéria da virtude. Assim, "o ato da Justiça se expressa quando se diz que dá o direito a cada um" (2002, p. 276). Portanto, para que qualquer ato sobre alguma coisa seja virtuoso, requer-se que seja voluntário, estável e firme. Estabeleceu diferenças entre as virtudes morais e as virtudes da justiça, em que as primeiras têm como objetivo estabelecer a justa medida, atendendo às disposições do sujeito. Já as virtudes da justiça se estabelecem igualando com a coisa anteriormente dada ou recebida. "É a virtude da Justiça, entre as demais virtudes, que cuida da conduta exterior do homem, assim, para melhor entender, a virtude como prudência, temperança e bondade" (2002, p. 297). Estão todas intimamente ligadas à conduta interior, afirmava ele. No entanto, a justiça como fator exterior está diretamente relacionada ao direito, ou seja, uma virtude que estabelece relação com o próximo, isto é, o bem ao próximo.

Pensadores da Idade Moderna

Thomas Hobbes, um dos grandes pensadores que apontava a importância da liberdade para o homem, considerava que sempre deve ser incluída nos ordenamentos das leis em geral, as quais estabelecem os critérios do justo e do injusto. Para ele, "o conceito de liberdade deve ser descrito no sentido de que o homem possui o direito de agir da maneira que sua razão ordenar dentro dos limites da lei, assim como o de pactuar a partir de sua liberdade" (2000, p. 35). Consequentemente, é medida de justiça o devido cumprimento dos pactos firmados, porém, dada a natureza má do homem, este poderá não cumprir os pactos acordados e agir de modo injusto por estar de acordo com sua consciência, se perceber que a quebra do pacto não lhe acarretará nenhum prejuízo, e ainda gozará dos benefícios, não hesitando em agir desta maneira (2000, p. 89). Percebe-se nestes aspectos pontuais o posicionamento de Hobbes no tocante ao que ele chamava de Justiça Geral, em que há a necessidade de algo a ser imposto no cumprimento do pacto acordado ou agir com justiça. A lei e o Estado consistiriam em mecanismos para assegurar a justiça, que estaria no cumprimento do pacto, uma vez que, cumprindo a lei ou o pacto, o homem estaria cumprindo com sua palavra, agindo de acordo com o esperado pelo seu próximo, de maneira que este próximo agiria da mesma forma. "Todos cumprindo mutuamente com suas obrigações, derivadas de sua livre vontade na hora da contratação" (2000, p. 121).

Por outro lado, segundo Kant, "a Justiça impõe-se a todos como uma reflexão permanente. A identificação da liberdade, como primeiro bem a ser reconhecido a cada ser humano, termina por relacioná-la indissoluvelmente à ideia de Justiça" (2007, p. 178). Pertencendo a liberdade à natureza humana, remete "à igualdade, que deve existir em todos igualmente e deve compatibilizar-se com o exercício da liberdade de todos os iguais" (2007, p. 256). Chega, assim, à concepção de justiça, sendo justa somente a ação que privilegia a liberdade de arbítrio de cada um, podendo coexistir com a liberdade de todos. Kant defendia que todo ser dotado de razão tem capacidade moral e não necessita de nenhum sistema de regras para conhecê-la e decidir-se pelo bem ou pelo mal. Para ele, a diferença entre justiça e moral estaria no momento de aplicação – mas ambas teriam em sua base princípios existentes e seriam dedutíveis pela razão. Em ambas, ainda, o princípio supremo seria a liberdade. Nesse sentido, a vontade aparece como elemento central da visão kantiana, a grande constituidora da ética, a própria razão pura prática. Mas não a vontade que não atende ao princípio da universalidade: a ação moral resume-se em elevar o individual e subjetivo ao plano do universal e objetivo.

Kelsen, por seu turno, considerava que o conceito de justiça deve ser distinto do direito. Concebia a justiça ligada à felicidade. Demonstrava que não é algo simples de se compreender, pois o sentido de felicidade é algo muito complexo, tanto quanto o de justiça (2001, p. 79). Por isso, indagava como considerar que a justiça é felicidade, se cada indivíduo da sociedade possui visão diferente. Assim, para ele só será possível a partir do momento em que for feita uma análise da felicidade de acordo com um sentido objetivo-coletivo, aquela que é indicada pelo legislador e aplicada por um governante. Ressaltava que as necessidades individuais estão ligadas a juízos de valor, e quando há conflitos desses valores a solução tem um caráter subjetivo, sendo avaliada através de uma hierarquia de valores. A vida para alguns é tida como bem supremo; para outros, é a liberdade o maior bem. Kelsen oferece o exemplo de um prisioneiro ou um escravo que têm que decidir qual desses valores é maior. A resposta só pode ser subjetiva, e válida somente para quem julga, e não uma constatação válida para todos; pois esse é um juízo de valor e não de realidade. Assim, "a Justiça é o que é justo ao emocional de quem julga" (2001, p. 98).

Em apertada e breve síntese, Kelsen afirmava que "Justiça seria a felicidade social, seria o que é aceito pela sociedade, não visualizando o sentimento individual de Justiça, mas o sentimento coletivo, consubstanciado no direito positivo" (2001, p. 134). A justiça é a que vem das normas positivadas objetivas, que são um padrão para todos, um significado que surge do dever ser, por meio de um ato de valoração. Consiste na retribuição a partir de uma norma jurídica violada, que deve ser punida não através de uma vingança, mas de uma outra lei que pune o descumprimento de uma outra. Seria a separação da ciência e da política, o que lhe parece ideal, pois, assim, evitar-se-iam os interesses particulares e arbitrários daqueles que julgam.

Pensadores da Contemporaneidade

Evgeni Bronislávovich Pachukanis, pensador russo, entendia que a justiça nos tempos contemporâneos é proveniente única e exclusivamente da relação de troca e não contém, essencialmente, nada de novo com relação ao conceito de igualdade entre todos os homens (1988, p. 78). Ele não via sentido em estar contido neste conceito qualquer tipo de critério autônomo e absoluto; entretanto, tendo como habitual esta perspectiva, leva-se à interpretação da desigualdade como igualdade, sendo conivente para camuflar a ambiguidade de forma ética. Segundo Pachukanis, justiça constitui a via de conduta entre ética e o direito. A conduta moral deve ser livre, enquanto a justiça pode ser obtida pela força. A coação que impede a conduta moral tende a negar sua própria realidade. Para ele, esses elementos devem estar adequados da melhor forma pelo poder do Estado, podendo a relação jurídica se realizar igualmente sem a sua intervenção, graças ao direito consuetudinário, à arbitragem voluntária, à justiça pessoal.

Leo Strauss, um dos grandes pensadores do Direito Natural, por seu turno, enfatizava que o direito natural considera a justiça de vital importância para a humanidade, pois o homem "não pode viver sem ela e, em especial, viver bem sem ela" (2014, p. 89). Por isso, para ele, a vida exige o conhecimento sobre os princípios de justiça. Cada homem possui sua perspectiva de justiça e seus princípios de justiça, que o leva ao debate de justo e injusto. O justo pode perfeitamente variar de cidade para cidade e de época para época: a variedade das coisas justas não é apenas compatível com o princípio de justiça, com a identidade entre o que é justo e o bem comum, mas é, mais ainda, a sua consequência necessária. Seu pensamento considerava que "Justiça é compreendida como o hábito de abster-se de prejudicar os outros ou como o hábito de ajudá-los ou de subordinar o interesse de um indivíduo ou segmento ao interesse do outro" (2014, p. 101).

Niklas Luhmann, outro pensador da contemporaneidade, contrapõe-se por completo ao direito natural, por não acreditar que a própria natureza seja justa. Por isso, afirmava "não existir obrigatoriamente uma relação entre o justo e o natural" (1983, p. 65). Considerava que a justiça, a partir de sua teoria dos sistemas no contexto da sociedade complexa funcionalmente diferenciada, "se realiza por meio da fórmula de contingência do sistema jurídico, cuja finalidade seria justamente fornecer controles de consistência e de adequação às decisões jurídicas, baseada na razoabilidade sistêmica" (1983, p. 79). Assim, para ele, a justiça ultrapassa explicitamente a consistência interna; ela não é concebida como imanente ao direito, mas como transcendente a ele. "Para que haja Justiça é necessário que a consistência interna se articule para ter capacidade de dar resposta adequada às demandas plurais advindas do ambiente" (1983, p. 105). Trata-se de uma forma de autocontrole do subsistema jurídico que, por um lado, não é identificável com a natureza, pois isso seria inaceitável em função da fundamentação metafísica que implica. Essa forma de autocontrole, segundo este pensador proporcionada justamente pelo conceito de justiça, implica que, no cumprimento dessa função, seja reelaborada.

A justiça em Norberto Bobbio não deixa de ser um fim social, assim como a igualdade, a liberdade, a democracia e o bem-estar. Para ele, a diferença é que os últimos são termos descritivos e a justiça não, pois consiste em uma noção ética fundamental e não determinada (2004, p. 98). E afirma que "um conceito normativo se equipara a legalidade, imparcialidade, igualitarismo e acaba se confundindo o ser e o dever ser, o que leva mais uma vez à dicotomia ética e moral" (2003, p. 123).

Miguel Reale, pensador brasileiro, autor da teoria tridimensional do direito, assevera que "justo é indicativo de algo que tende a Justiça, que é correto, que é o mais adequado ao caso concreto analisado" (2012, p. 76). É, portanto, a solução pelo que seria mais razoável, mais ajustado ao caso em tela. Ele lembra o termo moral, que remete a um procedimento com justiça. Agir com moral seria agir de modo correto, decente, honesto, íntegro, probo. Para ele, se o Direito nem sempre logra êxito na consecução do valor proposto, é necessário, ao menos, que haja sempre uma tentativa de realizar o justo. Pouco importa que não se alcance êxito, o que importa é que se incline à realização do justo (2012, p. 39).

Para Michael Sandel, existem hoje três abordagens de justiça, a saber:

1. aquela que se refere ao significado da maximização da utilidade ou do bem-estar, isto é, a busca de maximizar a felicidade para o maior número de pessoas;

2. a que respeita a liberdade de escolha, no sentido da escolha real que o cidadão faz em um livre mercado (perspectiva libertária), quanto à escolha hipotética que o cidadão deveria fazer na posição original de equanimidade (perspectiva igualitária liberal); e

3. "a que cultiva a virtude, tem como referência a preocupação com o bem comum" (2012, p. 145).

Segundo Tercio Sampaio Ferraz Júnior, o conceito de justiça é, talvez, o mais disputado na literatura jusfilosófica de todos os tempos. Concentra, desde os primórdios do pensamento, as mais emocionais controvérsias jurídicas. "Definir Justiça constitui-se uma iniciativa inesgotável, mas sempre renovada e, ao mesmo tempo, relativa, pois dependerá muito da perspectiva do indivíduo e de grupos de indivíduos" (2019 p. 2). Em diferentes planos, pode ser lançada tanto em dimensões ideais como um alvo ético a perseguir, quanto imiscuída na própria existência como uma tarefa constantemente realizada. Pode ser, também, apontada como um dado lógico da axiomática jurídica. Nesse sentido, a noção de justiça é um tema do qual, dogmática, crítica ou ceticamente, não se pode fugir.

Todos os autores anteriormente mencionados apontam componentes importantes que integram a visão de justiça da Pós-Modernidade, que propõe a liberdade de escolha da forma a ser utilizada para a resolução do conflito; a capacidade do ser humano em dialogar para exercer suas escolhas; e o primado de ser a justiça um discurso dialógico que na atualidade não se coaduna com o monológico.

Considerações finais

A conceituação de Justiça, portanto, encontra desafios ao longo dos séculos. Tantos foram os pensadores que se dispuseram à reflexão, que a própria escolha do aporte teórico é dificultada, restando um sempre salutar espaço para revisitas e reconstrução. Por outro lado, aponta para uma perspectiva complexa que se amolda ao momento e contexto, assim como a outros elementos que influenciam sobremaneira os diversos autores. E fazem com que se tenha clara a percepção de que a palavra em si é polissêmica, assim como a sua prática.

Não por razão diversa foi realizada a concentração nos aspectos atinentes à natureza da construção da compreensão, mais do que no conceito propriamente dito. Neste sentido, propositadamente se deslocam os questionamentos e se redireciona para o sentido mais apropriado ao que cada indivíduo compreende, refletindo a intersubjetividade inerente à visão contemporânea da perspectiva relacional.

Independente das nuances axiológicas entre os diversos pensadores desde a antiguidade até a contemporaneidade, que o próprio Construcionismo Social ensina a enxergar e experimentar com naturalidade, pode-se verificar que o devir histórico remete a uma evolução constante e perene de justiça, passando de apreciações meramente individuais para transitar no campo relacional, resvalando em linhas estruturais para buscar reflexões funcionais e acopladas ao contextual.

Talvez a ponderação mais relevante seja a possibilidade de observação da circularidade histórica e, sobremodo, a relevância do reconhecimento do homem enquanto sujeito, agora não mais deslocado do contexto vivente, mas também não absorvido por um tecido social abstrato, como se fora ente metafísico de existência própria. Essa esfera de insistente e inexorável intersubjetividade, de reconhecimento recíproco e de construção coordenada e contextualizada, mostra-se como preponderante, ainda que outros sejam os valores agregados: a potencialidade de contribuição permanente entre os sujeitos sociais e a autoimplicação decorrente da compreensão da interdependência inerente às relações sociais e da respectiva assunção de responsabilidade de si mesmo.

Assim é que justiça, mais do que um conceito, pressupõe valores, ao ser perseguida em processo próprio dos sujeitos envolvidos, com as idiossincrasias adequadas à construção relacional. Uma visão estanque e limitante de linguagem meramente representativa, de imposição exógena, não teria o condão de satisfazer os seres envolvidos naquela relação. Ao se falar em algum espectro de moralidade à ideia da justiça, caberá aos envolvidos na relação definir a sua relevância ou não.

Como se observa, o elemento proposto a ser vislumbrado é distinto do mero social ou coletivo; trata-se de uma perspectiva eminentemente relacional, já que condizente com o contexto próprio de uma relação, inspirado por valores que dizem respeito àquele elo intersubjetivo. Como relembra Roger Scruton, o reconhecimento da própria identidade enquanto sujeito passa pela relação com o outro: "Pois o que somos é o que somos uns para os outros – relação que se constrói na ideia mesma de pessoa humana, que é a primeira pessoa dentro do ponto de vista da segunda pessoa, como um imã num campo magnético" (2020, p. 46).

Em suma, é a própria alteridade que ganha relevância como fomentadora do reconhecimento mútuo e da coconstrução semântica de qualquer valor relacional e socialmente importante em determinado contexto histórico-cultural. Em termos de justiça, a reciprocidade em se reconhecer como **o outro do outro** tem potencialidade de satisfação interpessoal, mitigação de conflitos e estabilização social.

Referências bibliográficas

AGOSTINHO, Santo. *Diálogo sobre o livre arbítrio*. Rio de Janeiro: Imprensa Nacional, 2001.

AQUINO, Tomás de. *Suma Teológica – Tratado de Justiça – II* Seção da Parte II. Portugal: Resjuridica, 2002.

ARISTÓTELES. *Ética a Nicômacos –* Livro V. Tradução de Mário da Gama Kury. 3ª Ed. Brasília: Universidade de Brasília, 2007.

BOBBIO, Norberto. *A era dos direitos*. Tradução de Carlos Nelson Coutinho. Rio de Janeiro: Elsevier, 2004.

BUBER, Martin. *Eu e tu*. Tradução de Newton Aquiles von Zuben. 10ª Ed. São Paulo: Centauro, 2001.

CÍCERO, Marco Túlio. *Dos deveres*. Tradução e notas de João Mendes Neto. São Paulo: Saraiva, 1965.

DARWALL, Stephen. *The second-person standpoint*. Cambridge: Harvard University Press, 2006.

FERRAZ JUNIOR, Tercio Sampaio. *Do discurso sobre a Justiça*. Disponível em: www.revistas.usp.br Acesso em: 23 dez. 2019.

GERGEN, Kenneth J. *An invitation to social construction*. 3rd Ed. Los Angeles: Sage, 2015.

GERGEN, Kenneth J. *Realities and relationships: sounding in social construction*. Cambridge: Harvard University Press, 1997.

HEGEL, Georg Wilhem Friedrich. *Fenomenologia do espírito*. Tradução de P. Menezes. Petrópolis: Vozes, 2014.

HOBBES, Thomas. *Leviatã ou matéria, forma, poder de um estado eclesiástico e civil*. Tradução de João Paulo Moraes e Maria Beatriz Nizza da Silva. 2ª Ed. Lisboa: Imprensa Nacional, 2000.

KANT, Immanuel. *Crítica da razão pura*. Tradução de J. Rodrigues de Merege. Lisboa: Edições 70, 2007.

KELSEN, Hans. *O que é Justiça?* Tradução de Luiz Carlos Borges e Vera Barkow. 3ª Ed. São Paulo: Martins Fontes, 2001.

LUHMANN, Niklas. *Sociologia do direito*. Vol. 1. Tradução de Gustavo Bayer. Rio de Janeiro: Edições Tempo Brasileiro, 1983.

PACHUKANIS, Evgeni Bronislávovich. *Teoria Geral do Direito e Marxismo*. Tradução de Silvio Donizete Chagas. São Paulo: Acadêmica, 1988.

PLATÃO. *Leis* (Sobre a legislação. Gênero político) Livro IX. Belém: Universidade do Pará, 1980.

REALE, Miguel. *Filosofia do Direito*. 20ª Ed. São Paulo: Saraiva, 2012.

SANDEL, Michael J. *Justiça – O que é fazer a coisa certa*. Tradução de Heloisa Matias e Maria Alice Máximo. 6ª ed. Rio de Janeiro: Civilização Brasileira, 2012.

SCRUTON, Roger. *Sobre a natureza humana*. Tradução de Lya Luft. Rio de Janeiro: Record, 2020.

STRAUSS, Leo. *Direito Natural e História*. Tradução de Bruno Costa Simões. São Paulo: Martins Fontes, 2014.

SUPIOT, Alain. *Homo juridicus: ensaio sobre a função antropológica do direito*. Tradução de Maria Ermantina de Almeida Prado Galvão. São Paulo: WMF Martins Fontes, 2007.

2. CONFLITOS: NATUREZA, CONTEXTO HISTÓRICO E PANORAMA ATUAL

José Gabriel Vaz Ferraz e
Maria Carla Fontana Gaspar Coronel

Introdução

Para falar do campo de resolução de conflitos, é preciso mergulhar a fundo em suas diversas e multidisciplinares raízes, especialmente para compreender a influência delas na vida dos seres humanos.

Desde os seus primórdios, as sociedades, por si só, já se caracterizavam pela incidência de conflitos decorrentes do convívio humano. A história nos conta que as relações entre os indivíduos e suas diferentes culturas foram sempre permeadas de divergências quanto aos seus interesses, necessidades, crenças religiosas e valores políticos. Os conflitos surgem justamente do embate dessas divergências.

Segundo o filósofo britânico Stuart Hampshire, solucionar disputas e conflitos está entre uma das mais importantes habilidades a serem aprendidas, estudadas e praticadas pelos humanos (MENKEL-MEADOW, 2005, p. 5). Inclusive, o desenvolvimento dessas habilidades e de boas técnicas de resolução de conflitos foi fundamental para que pudéssemos sobreviver e prosperar como espécie até os dias atuais.

Juntamente com a existência de conflitos no decorrer de toda a história da humanidade, sempre coexistiram diferentes métodos de resolução, em diferentes tempos, lugares e culturas (FALECK; TARTUCE, 2014, p. 171).

Inicialmente, o campo de estudos se concentrou em deter a violência que surgia em decorrência das múltiplas divergências que permeavam as relações sociais; com o tempo, acabou ampliado, incorporando a construção de condições para estabelecer a paz e a harmonia, aprimorando os métodos de gestão de conflitos (KRIESBERG, 2009, p. 3).

Nesse sentido, o campo de resolução de conflitos vem sendo moldado, e consequentemente ampliado, por diversas áreas, tais como: direito, sociologia, filosofia, psicologia social e cognitiva, antropologia, economia e ciência política (MENKEL-MEADOW, 2005, p.5). Ao longo dos últimos séculos, estudiosos das mais diferentes ciências desenvolveram teorias e métodos, que foram sendo aperfeiçoados para oferecer uma compreensão mais profunda das reações humanas aos conflitos e proporcionar soluções que atendam aos interesses e necessidades dos indivíduos envolvidos.

Com o desenvolvimento das sociedades, a noção de Estado Moderno foi criada, acompanhada de um conjunto de instituições que controlam e administram as interações entre os indivíduos e organizações. No seio do Estado, o Poder Judiciário tornou-se o principal responsável pela garantia da – tão falada – pacificação social e do auxílio prestado aos indivíduos para a solução das controvérsias existentes.

O crescimento desenfreado da população mundial, acompanhado do processo de globalização, fez com que os conflitos fossem se multiplicando e se tornando cada vez mais complexos e multifatoriais. Com o elevado número de disputas surgindo diariamente, a busca por solução foi aumentando exponencialmente, fazendo com que muitas fossem parar na porta do Estado para serem resolvidas.

Em parte das nações contemporâneas, especialmente no Brasil, a adjudicação estatal no âmbito do Poder Judiciário ainda é o primeiro procedimento escolhido para resolver os conflitos que permeiam as relações dos indivíduos, organizações empresariais e do próprio Estado – até por ter sido praticamente o único por muito tempo. De toda forma, existem outros métodos de resolução de conflitos que independem da decisão de um terceiro, e que possibilitam às partes envolvidas construir em conjunto, e através do diálogo, um desfecho que atenda os interesses e necessidades de ambos.

Se cada indivíduo tem sua perspectiva e seu modo de lidar com as diferenças do cotidiano inerente à vida em sociedade, conseguiríamos definir qual é o método mais adequado para solucionar as peculiaridades de cada um dos conflitos que permeiam as sociedades atuais?

A fim de refletir sobre essa pergunta, o presente artigo percorrerá parte do caminho trilhado pelos estudiosos da área, examinando as possíveis naturezas dos conflitos e o desenvolvimento dos métodos adotados para classificá-los, compreendê-los, mapeá-los, geri-los e solucioná-los em âmbito nacional e internacional.

Conflitos: como lidamos?

Antes de adentrar na aplicação dos métodos de resolução de disputas nos mais diferentes contextos, é fundamental compreender como os humanos lidam com os conflitos inerentes à vida em sociedade.

Dentre os especialistas deste campo que merecem destaque, pode-se citar, inicialmente, Christopher W. Moore, Morton Deutsch, Mary Parker Follet e Friedrich Glasl, que trazem classificações do conflito e explicam quais são as reações humanas ao se deparar com uma situação conflituosa.

De acordo com Christopher W. Moore – mediador e especialista em resolução de conflitos –, desde o início da história registrada, há evidências de disputas entre familiares, povos, organizações, pessoas e seus governos.

Por conta da presença generalizada de conflito e dos custos emocionais, físicos e outros que costumam estar associados a ele, as pessoas sempre buscaram maneiras de lidar, de forma efetiva, com suas diferenças (2014, p. 20).

Para ele, os humanos, na tentativa de gerenciar e resolver conflitos, criaram e vêm moldando procedimentos que sejam eficazes para satisfazer os seus interesses, minimizando desgastes físicos, emocionais e financeiros.

Geralmente, quando se escuta a palavra conflito, é fácil associá-la a ações e/ou sentimentos negativos. A origem da palavra, conceitos e sinônimos encontrados em dicionários também nos remetem a essa percepção. Senão vejamos:

> Conflito: vocábulo originado do latim *conflictus*, de *confligere*, é aplicado na linguagem jurídica para indicar embate, oposição, encontro, pendência, pleito.

> Dá, por essa forma, o sentido de entrechoque de ideias ou de interesses, em virtude do que se forma o embate ou a divergência entre fatos, coisas ou pessoas (DE PLÁCIDO E SILVA, 2002, p. 200).

No entanto, por mais que haja esse estigma negativo associado ao "choque de interesses", os conflitos podem ser encarados de forma positiva, acarretando mudanças, amadurecimento e novas oportunidades na vida dos seres humanos.

Nesse sentido, Morton Deutsch e Mary Parker Follet defendem que os conflitos podem gerar reflexos positivos aos envolvidos. Para Deutsch – psicólogo social norte-americano e um dos grandes doutrinadores deste campo de estudos –, o conflito previne a estagnação, estimula interesses e curiosidade, é o meio através do qual problemas podem ser resolvidos e soluções atingidas, é a raiz das mudanças pessoais e sociais (DEUTSCH, 1973, p. 8).

Além disso, Deutsch defende que os processos de resolução de conflitos podem ser compreendidos como destrutivos e construtivos. Sob a ótica destrutiva, possivelmente os relacionamentos preexistentes a ele serão enfraquecidos, ou mesmo rompidos com o seu desenvolvimento. Assim, quando estão à frente de conflitos destrutivos, as pessoas tendem a lidar de forma competitiva, destacando-se as diferenças entre elas. Por outro lado, se o processo de resolução do conflito for construtivo, possivelmente os envolvidos conseguirão resolver, de forma satisfatória, as suas diferenças, construindo uma solução que atenda os interesses e necessidades de todas as partes envolvidas (AZEVEDO, 2016, p. 53).

Nesses casos, o especialista norte-americano defende que os indivíduos tendem a ter mais empatia pelo lado contrário, bem como lidam de forma colaborativa, aumentando as chances de manterem suas relações, minimizando as divergências existentes.

Mary Parker Follet – jurista e economista norte-americana – defende que existem três formas de resolver um conflito: a dominação, o compromisso ou a integração. Na primeira delas, a dominação, que vem da palavra "domínio", significa uma vontade que se sobrepõe a outra.

Na segunda, compromisso, as partes estariam fazendo a concessão de algo de que gostariam para chegar a um meio termo. Por fim, a perspectiva integrativa, apontada pela professora como a mais adequada, pressupõe a possibilidade de lidar com o conflito de uma forma positiva, com a integração de interesses, criação de novas opções e busca por uma solução na qual ambos encontrem espaço, atendendo aos objetivos, às necessidades e às vontades das partes (FALECK; TARTUCE, 2014, p. 173).

De toda forma, caso não haja uma gestão adequada, seja pela escolha do método ou por dificuldades de comunicação entre os envolvidos, o conflito pode se intensificar, acentuando as diferenças e tornando-se cada vez mais negativo – muitas vezes destrutivo – para o relacionamento preexistente.

Nesse sentido, é de extrema importância compreender como ocorre o "escalonamento" do conflito e o que deve ser feito para evitar este fenômeno. Sobre o tema, podemos citar Friedrich Glasl, que desenvolveu um modelo chamado de "Escalada do Conflito" (GLASL, 1999).

De acordo com a análise feita pelo economista e mediador austríaco, se o conflito não for gerido de forma adequada e continuar se intensificando, os indivíduos envolvidos na disputa tendem a seguir um padrão repetitivo de comportamentos que possivelmente os levará para o que ele denomina de "Abismo". Segundo o modelo apresentado, o escalonamento do conflito pode ser representado por uma escada com nove degraus – estágios – dividida em três "níveis", ou seja, cada nível do modelo proposto é representado por três degraus desta "escada". [3]

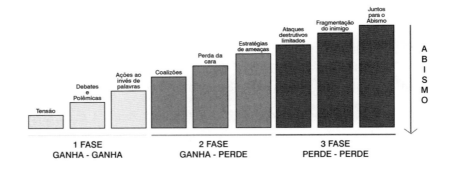

Adaptado de Friedrich Glasl, *Confronting Conflict*, 1999[4]

No primeiro nível, chamado de "Ganha-Ganha", o foco do conflito ain-

---

3. JORDAN, Thomas. *Glasl's Nine-Stage Model of Conflict Escalation*. Disponível em: https://www.researchgate.net/profile/Thomas_Jordan2/publication/265452970_Glasl's_Nine-Stage_Model_Of_Conflict_Escalation/links/54a5257d0cf257a63607693d/Glasls-Nine-Stage-Model-Of-Conflict-Escalation.pdf. Acesso em: 05 nov. 2020.

4. Tradução livre feita pelos autores dos seguintes termos da obra de Friedrich Glasl, *Confronting Conflict. A First-Aid Kit for Handling Conflict*. 1.Hardening 2 Debate and polemics 3 Actions, not word; 4 Images and coalitions; 5 Loss of face; 6 Strategies of threat; 7 Limited destructive blows; 8 Fragmentation of the Enemy; 9 Together into the abyss.

da está no problema e não na relação existente entre os envolvidos, sendo possível que as partes consigam trabalhar em conjunto para buscar uma solução que atenda os seus respectivos interesses.

Nesse sentido, o degrau inicial do nível "Ganha Ganha" é a "Tensão", momento em que surge a divergência de opinião entre as partes, mas não há necessariamente um conflito instaurado. No segundo degrau, denominado de "Debate", as partes criam estratégias para convencer a outra sobre o seu ponto de vista.

Caso não consigam resolver consensualmente através do diálogo a diferença enfrentada, as partes sobem ao degrau denominado "Ações ao invés de palavras" – último deste primeiro nível –, sendo o estágio onde não há mais debates, a empatia pelas razões do outro começa a desaparecer e certamente há uma disputa instaurada.

Quando o conflito deixa de ser sobre o problema e começa a ser sobre o relacionamento das partes, este chegou até o segundo nível da escalada denominada "Ganha-Perde". A partir deste momento, de acordo com Glasl, é recomendável que as partes tenham o acompanhamento de um terceiro facilitando a comunicação entre elas, já que dificilmente buscarão trabalhar em conjunto e cooperativamente para resolver o conflito.

Os três estágios desta fase são denominados "coalizões", "perda da cara" e "estratégias de ameaças". No degrau das "coalizões", é o momento em que surge o estereótipo de inimigo e os envolvidos na disputa buscam simpatizantes para sustentar o seu ponto de vista. Quando chegam ao quinto degrau – "perda da cara" –, os indivíduos começam a depreciar a idoneidade moral do lado contrário e o relacionamento entre elas dificilmente voltará a ser como antes.

A partir dessa etapa do escalonamento, possivelmente a postura de ambos os lados esteja totalmente adversarial e combativa, assim chegando ao degrau denominado de "Estratégias de Ameaça", no qual as partes envolvidas tentam, através de ameaças, demonstrar "poder" para assumir o controle da disputa.

Se o conflito não tiver uma gestão adequada até esse momento, o terceiro e mais crítico nível descrito pelo mediador austríaco, "Perde-Perde", se inicia. Neste momento, o conflito está tão intenso que se torna literalmente destrutivo para os envolvidos, a ponto de as partes aceitarem perdas, desde que o outra sofra danos maiores. Não há mais comunicação entre os envolvidos e o foco da disputa está em quem perderá mais.

Os dois primeiros degraus, "Ataques destrutivos limitados" e "Fragmentação do inimigo", dessa última fase são diferenciados pelo nível da perda que as partes estão dispostas a ter e das ações que serão tomadas para ver o outro lado derrotado. Por fim, no último e mais crítico degrau da escalada de Glasl, as partes estão dispostas a aceitar a própria "destruição" para conseguir derrubar o lado contrário, o que as leva, literalmente, "Juntos para o Abismo".

A lógica apresentada nesse modelo propicia uma análise objetiva da evolução do conflito e dos seus impactos na vida dos envolvidos. Existem muitas outras teorias sobre os conflitos e as reações humanas a eles, mas com o breve panorama apresentado fica claro quão complexos e multifatoriais são e que, se não forem geridos de forma adequada, podem levar indivíduos, nações ou organizações empresariais ao ponto de se prejudicarem para derrotar o seu algoz.

Assim, o mapeamento do conflito se torna totalmente imprescindível para compreender todo o contexto, as necessidades das partes e os aspectos subjetivos que o permeiam. Nesse sentido, segundo Morton Deutsch, independentemente do tipo do conflito – seja ele entre empresas, entre nações, pessoas ou mesmo entre marido e mulher –, para que haja uma ampla compreensão do contexto enfrentado é importante ter conhecimento sobre as características e os objetivos das partes em conflito, sobre o relacionamento prévio entre os envolvidos e a natureza das causas que deram início às divergências, além do ambiente em que o conflito está instaurado.

Ainda, para ele, é de extrema importância ter a noção de quais seriam as consequências do conflito para cada participante e para outras partes que eventualmente possam estar interessadas no desfecho da situação, especialmente para avaliar as consequências da tomada de decisão (DEUTSCH, 1973).

Quanto mais conhecimento se tem sobre todos os elementos que podem influenciar na tomada de decisão das partes, melhor e mais preciso será o mapeamento do conflito. Nessa linha, cabe aos profissionais de resolução de disputas identificar todos esses elementos para auxiliarem as partes na busca do método mais adequado para solucionar o conflito de forma eficaz e com o menor dano possível para os envolvidos.

Das diferentes formas de resolver os conflitos

O escopo deste artigo não é adentrar a fundo nos métodos existentes e suas peculiaridades. Para tanto, sugere-se a leitura do artigo "Afinal, quais são os principais meios para solução de conflitos?". De toda forma, resta necessário fazer uma breve introdução sobre quais são os mais utilizados, a fim de contextualizar a sua adoção no contexto brasileiro e internacional.

Atualmente, os principais processos de gestão e resolução de conflitos podem ser diferenciados pelos métodos que possibilitam às partes envolvidas nas disputas ter controle sobre o resultado e, por outro lado, aqueles em que há a intervenção e decisão de um terceiro privado ou vinculado ao Poder Judiciário.

Nesse sentido, há aqueles considerados autocompositivos, em que a decisão final está na mão dos envolvidos no conflito. Geralmente, as partes adotam uma postura colaborativa quando optam por esses métodos – que são também considerados como métodos consensuais –, buscando construir consensualmente uma solução que atenda os interesses e necessidade de ambos. Negociação, mediação, conciliação e as práticas colaborativas são formas de resolver através da autocomposição.

Por outro lado, os métodos heterocompositivos, como a adjudicação estatal (Poder Judiciário) e a arbitragem, são aqueles em que há intervenção de um terceiro, que profere de maneira impositiva uma decisão final sobre o problema existente. Nesses métodos, as partes assumem uma postura combativa e adversarial na busca de um desfecho para a disputa enfrentada.

Considerando que cada conflito tem suas peculiaridades, que requerem diferentes formas de resolução, diferentes métodos podem ser usados conjuntamente e de forma combinada, como é o caso do *Design System Dispute*, que poderia ser traduzido para o português como "Desenho de Sistema de Disputas".

Para Moore, as pessoas envolvidas em um conflito geralmente possuem uma variedade de procedimentos disponíveis para resolver suas diferenças. A escolha do procedimento e abordagem adequada depende de diversos fatores, como: quem são os atores da disputa; o quão intenso e destrutivo está o conflito; se as partes estão adotando posturas cooperativas ou adversariais; o grau de privacidade desejado; nível da qualidade das decisões dos terceiros que possam vir a decidir a controvérsia (MOORE, 2014, p. 23).

No caso da arbitragem, por exemplo, as partes envolvidas nas disputas escolhem um terceiro técnico capaz de proferir uma decisão de alta qualidade para decidir a controvérsia existente. Este procedimento é vantajoso para empresas, por estar respaldado pela confidencialidade e pelo curto tempo de duração. Por outro lado, é um método extremamente custoso e que é utilizado para resolver conflitos complexos e de alto valor, o que, por consequência, restringe os tipos de demandas que podem ser efetivamente resolvidas por essa via.

Pelo fato de ser o guardião e garantidor do cumprimento das leis, o Poder Judiciário se tornou o principal canal que indivíduos e empresas buscam para resolver seus problemas. Ocorre, entretanto, que, em muitos países, as instituições judiciárias não gozam de uma estrutura que consiga resolver satisfatoriamente todas as demandas, o que torna o sistema moroso, gerando custos financeiros e desgaste emocional aos envolvidos.

Tem-se como exemplo o Poder Judiciário brasileiro: em 2019, para uma população de aproximadamente 200 milhões de cidadãos, havia perto de 80 milhões de processos em trâmite.[5]

Ao optar por um método adversarial, como é o caso da adjudicação estatal ou da arbitragem, o foco da disputa permanece, em sua grande parte, em questões jurídico-processuais e legais, deixando de lado questões subjetivas que muitas vezes são tão importantes quanto ou até mais relevantes do que aquelas juridicamente tuteladas e que, se fossem observadas, poderiam mudar o rumo da situação. A partir do momento em que somente discussões legais permeiam a resolução da disputa, os atores principais ficam em segundo plano e acaba-se esquecendo quão humanos os conflitos são.

Por isso, além de não conseguir dar uma resposta satisfatória para todas as demandas, por fatores de ineficiência da estrutura estatal, frequentemente o procedimento judicial também se mostra inadequado, porque não é capaz de melhorar relacionamentos preexistentes ao conflito, especialmente aqueles que envolvem uma grande carga emocional. O longo tempo de

---

5. *Justiça em Números 2020*. Disponível em: https://www.cnj.jus.br/justica-em-numeros-2020-nova-edicao-confirma-maior-produtividade-do-judiciario/#:~:text=Al%C3%A9m%20disso%2C%20o%20Poder%20Judici%C3%A1rio,semelhante%20ao%20verificado%20em%202015. Acesso em: 07 dez. 2020.

duração dos processos, aliado a uma postura completamente adversarial, pode fazer com que conflitos cresçam e se intensifiquem a ponto de destruir famílias e organizações empresariais.

Um dos primeiros a questionar essa falha estrutural existente no Poder Judiciário foi o professor de Harvard Frank Sander. Em 1975, enquanto morava na Suécia, remeteu a outros professores de Harvard observações que tratavam da ineficiência dos tribunais na resolução dos conflitos familiares, e quão promissora se apresentava a arbitragem para a resolução de conflitos trabalhistas. Por ironia do destino, seus questionamentos chegaram ao presidente da Suprema Corte Americana na época, Warren Burguer, que o convidou para palestrar na The Pound Conference no ano de 1976 – que teria como foco central o debate sobre a insatisfação popular com a administração da Justiça nos Estados Unidos (ALMEIDA; ALMEIDA; CRESPO, 2012, p. 31-32).

O tema apresentado por Sander era denominado de as "Variedades de processamentos de conflitos". Em sua apresentação, expôs que a insuficiência do Poder Judiciário para atender todas as demandas era consequência do fato de que as cortes americanas recepcionavam todas as demandas da mesma forma, como se houvesse uma única maneira de resolver os problemas ali apresentados. Inicialmente, segundo Sander, a proposta era examinar as diferentes formas de resolução de conflito, para ver a viabilidade de implementação no âmbito do Poder Judiciário norte-americano, de mecanismos de resolução de conflitos diversos da adjudicação (ALMEIDA; ALMEIDA; CRESPO, 2012, p. 31-32).

Nesse sentido, não haveria apenas uma "porta" para recepcionar as demandas que viessem até o Estado para serem resolvidas. O modelo proposto por Sander visava oferecer diversas "portas" – cada uma representando um método diferente –, que atenderiam às peculiaridades de cada demanda, de forma mais efetiva e célere, minimizando as perdas financeiras e emocionais inerentes ao litígio.

Após a apresentação, uma revista da ABA – American Bar Association, a OAB norte-americana – publicou artigos sobre a conferência. A capa da revista trazia a imagem de diversas portas, com o título de Tribunal Multiportas (*Multidoor Courthouse System*), que acabou tornando-se o nome da proposta idealizada por Sanders. Com apoio da Suprema Corte norte-americana, ao longo das décadas seguintes, o sistema de Tribunal Multiportas começou a ser adotado em diversos estados americanos e em outros países espalhados pelo mundo (ALMEIDA; ALMEIDA; CRESPO, 2012, p. 31-32).

Para Mariana Hernández Crespo – professora de Resolução de Conflitos –, o sistema proposto por Sander quebra o paradigma do processo judicial como principal forma de resolver conflitos, pois proporciona aos cidadãos a oportunidade de exercer a participação, escolhendo o processo de resolução de conflitos, experimentando uma forma diferente de resolução de conflitos, e dispondo de novas opções — além das salas de audiências e das medidas de coerção dos tribunais como principais mecanismos para a resolução dos conflitos (ALMEIDA; ALMEIDA; CRESPO, 2012, p. 30).

No Brasil, o sistema multiportas inspirou a Resolução nº 125 do CNJ de 2010[6], que foi um grande marco na adoção de métodos consensuais – especialmente a mediação e a conciliação – como meios de garantir a pacificação social e, consequentemente, como forma de melhorar a qualidade da prestação jurisdicional, assim como de resolver parte dos problemas estruturais que acometem o sistema do Judiciário. Além disso, a referida Resolução vem ajudando a fomentar a adoção destes métodos no âmbito extrajudicial, sem que haja a necessidade de se levar a disputa para o Judiciário.

---

6. Resolução nº 125 do CNJ. Disponível em: https://atos.cnj.jus.br/atos/detalhar/156. Acesso em: 10 dez. 2020.

Por mais que existam leis e políticas[7] que incentivem a adoção de métodos consensuais, ainda assim a "cultura da sentença", como classifica o professor Kazuo Watanabe, está muito presente na cultura brasileira em resolver seus conflitos.

Para ele, existem alguns fatores – como tabus e componentes históricos – que explicam o porquê da busca desenfreada pela solução de uma disputa através de uma decisão judicial. Um deles advém da formação acadêmica dos profissionais de resolução de disputas, que são preparados para atuar de forma combativa perante o Poder Judiciário, dando-se pouca atenção, durante a sua formação, para os meios consensuais (WATANABE, 2005).

Além disso, no âmbito brasileiro existem alguns tabus sobre a adoção de métodos não adversariais, advindos dos advogados e dos próprios juízes. Parte dos advogados possui a falsa percepção que conciliar ou mediar demonstraria sinais de fraqueza perante a parte adversa e que eventual busca por acordo deve ser feita após o ajuizamento da ação judicial.

Segundo o professor Kazuo, existiria entre os magistrados a ideia de que conciliar seria uma atividade menos nobre, eis que o momento de proferir a sentença seria a atribuição mais importante para aquele que exerce a função de juiz, de forma que muitos tendem a ter a falsa impressão de que sua autoridade poderia ser comprometida.

Infelizmente, muitos desses magistrados que compactuam com a cultura da sentença não percebem que a sua função é de pacificar e solucionar os conflitos. Para tanto, sugere-se a leitura do artigo "Por que um terceiro decide melhor do que eu?", mais adiante. Além disso, segundo ele, há um componente na formação histórica do povo, definido como uma dependência do paternalismo da autoridade pública (WATANABE, 2005).

---

7. Lei dos Juizados Especiais, Lei de Mediação, Código de Processo Civil (2015).

Nesse sentido, no Brasil[8] tem-se enraizada a percepção de que o Estado é o único capaz de garantir a "Justiça". No entanto, como se tem eficiência em um sistema tão saturado e moroso? Oportuno mencionar uma conhecida frase do famoso jurista Rui Barbosa, "a justiça atrasada não é justiça, senão injustiça qualificada e manifesta".

Assim, o que falta para mudar definitivamente esta cultura pró-processo judicial para uma cultura que resolva consensual e agilmente os conflitos que permeiam a sociedade brasileira?

No âmbito europeu, grande parte dos países – como a Alemanha, por exemplo – ainda possuem um elevado número de pessoas buscando a adjudicação estatal. Por outro lado, ao longo dos últimos anos o legislador europeu tem demonstrado tendência em promover a resolução de conflitos fora de um processo judicial, ao transferir os litígios cíveis dos tribunais estatais a instituições privadas extrajudiciais de solução alternativa de litígios (STÖBER, 2015, p. 4).

Em 2008, a União Europeia editou a Diretiva de Mediação e, mais recentemente, em 2013, editou a Diretiva sobre a Resolução Alternativa de Litígios de Consumo, abreviado como Diretiva RAL. A referida medida visa assegurar o acesso a métodos extrajudiciais que sejam mais simples, eficazes, céleres e econômicos em resolver litígios nacionais e transfronteiriços no âmbito consumerista, resultantes de contratos de venda ou de prestação de serviços (STÖBER, 2015, p. 6).

Nessa linha, na Inglaterra – sistema muito parecido com o dos Estados Unidos –, há muito tempo é observada uma forte utilização da mediação e de outros meios alternativos de resolução de conflitos, influenciados, especialmente, pela evolução do direito anglo-americano e pelo fato de

---

8. Vale destacar que tal mentalidade também se replica no contexto internacional e vem sendo alvo de muitas ações por parte de organismos internacionais.

que o acesso aos tribunais estatais americanos e ingleses é mais restrito em decorrência do elevado custo e por questões procedimentais que proporcionam que a disputa seja resolvida em pré-julgamentos[9], evitando assim que o conflito se arraste por diversas instâncias e por anos dentro do Poder Judiciário.

No continente asiático, ainda há uma grande dependência do poder estatal, especialmente em países menos desenvolvidos. De toda forma, na China e no Japão, por exemplo, a mediação e a conciliação não são métodos alternativos, eis que há séculos a abordagem conciliatória é adotada, algo já enraizado na cultura de resolver disputas e conflitos de ambos os países (FALECK; TARTUCE, 2014, p. 173).

Futuro do campo de resolução de conflitos

Neste mundo com relações tão complexas e diversificadas, os conflitos vão se multiplicando, gerando um aumento considerável da busca do Poder Judiciário para resolvê-los de forma litigiosa, o que acaba culminando na escassez de recursos humanos e financeiros para dar conta dessa função, e que muitas das vezes é insuficiente para resolver de forma satisfatória todas as demandas.

Por isso, é fundamental observar programas bem-sucedidos ao redor do mundo e refletir se a ordem dos métodos utilizados e suas respectivas funcionalidades alterariam o resultado alcançado.

Neste sentido, vale a pena citar o programa REDRESS, que se iniciou na década de 1990, nos Estados Unidos, atrelado ao programa de serviço postal. A proposta era experimentar a adoção do método da mediação e

---

9. No procedimento de adjudicação estatal de ambos os países, existe um procedimento preliminar, chamado de *pre-trial proceedings* ou *pre-trial discovery*. Este procedimento precede o processo judicial e, em particular, a audiência perante o juiz ou júri (STÖBER, 2015, p. 9).

observar os resultados obtidos a partir daí. Dos vinte mil casos mediados nos primeiros dois anos do programa, por exemplo, 80% foram encerrados com sucesso. De acordo com Bingham, a expressão "encerrados com sucesso" para avaliar a resolução dos conflitos surge no sentido de que as partes lidaram com seu conflito de maneira satisfatória, chegando a uma solução e, portanto, não sentiram necessidade de levar o caso a um foro adicional (*apud* BUSH; FOLGER, 2005, p. 218).

Não se pretende realizar aqui uma análise detalhada quanto às diversas políticas e aos programas adotados ao redor do mundo, mas tão somente destacar a importância de estar aberto a novas possibilidades relativas aos meios de se resolver os conflitos existentes.

Quando se analisam as formas de resolução de conflito ao longo dos anos, é importante observar esse tema sob diversas perspectivas. Não apenas a celeridade com que se toma uma decisão, por exemplo, mas também o quão eficiente este processo será para a vida em sociedade.

Ao ensinar indivíduos que, "quando tiverem um problema, devem entregá-lo a um terceiro para que este decida quem detém a razão ou direito sobre o que se está se discutindo", que tipo de mensagem estamos refletindo enquanto sociedade?

Assim, ao cultivar a cultura de adoção de meios consensuais – em que os indivíduos participam ativamente da resolução do seu problema –, estaríamos também cultivando a oportunidade social para gerar empoderamento e reconhecimento, encorajando as partes a se engajarem em um diálogo construtivo para considerar informações e pontos de vista alternativos para ganhar clareza e tomar decisões por si próprias.

Desta forma, precisamos estar atentos aos estudos que vêm sendo realizados e às experiências vivenciadas ao redor do mundo, a fim de confirmar qual o real impacto de bons mecanismos de resolução de disputas para uma determinada sociedade e se os conflitos, que nascem diariamente, estão sendo geridos de forma satisfatória.

Conclusão

O conflito é algo inerente à natureza humana e ao convívio em sociedade, formada por indivíduos e suas visões políticas, religiosas e ideológicas etc. Portanto, gerir de forma adequada os conflitos é de extrema importância para semear uma cultura de paz, proporcionando um convívio harmônico entre os seres humanos.

Além disso, a compreensão exata das causas e dos elementos dos conflitos é essencial para evitar que se escalonem a ponto de serem destrutivos para os envolvidos, possibilitando, inclusive, que esse momento de diferença se transforme em novas oportunidades e muito aprendizado para as partes em disputa.

Neste momento de tanto dinamismo e desenvolvimento, em que as relações sociais são complexas e multifatoriais, os profissionais de resolução de conflitos têm papel importantíssimo neste processo de gestão, cabendo a eles identificar e mapear todos os elementos objetivos e subjetivos que podem influenciar no desfecho daquela situação, para auxiliar as partes na escolha do método mais adequado para as peculiaridades de cada caso.

Com os diversos exemplos existentes mundo afora, não restam dúvidas quanto à necessidade de termos profissionais mais preparados para os mais diferentes cenários. Além disso, deve-se propagar conhecimento para que as pessoas tenham a possibilidade de compreender e escolher o método mais adequado para controlar o conflito em que estão inseridas, transformando a situação desconfortável em oportunidades de mudanças e crescimento, seja no mundo dos negócios ou na vida pessoal.

Por isso, para que este campo de estudo evolua e se aperfeiçoe da melhor forma possível, é muito importante que os indivíduos participem ativamente da gestão e resolução dos seus próprios conflitos. Uma vez que as pessoas conhecem os diversos métodos – entendendo os prós e contras da via consensual como da combativa –, passam a poder escolher e até mesmo procurar advogados que trabalhem com esta mentalidade.

A escolha do método está ligada à cultura de cada nação em solucionar seus conflitos. Desta forma, é importante que os atores do conflito, sejam os cidadãos, as empresas ou os operadores do Direito, não se deixem levar pela ideia de resolver a disputa existente através da forma mais "comum" ou mais "utilizada".

É sob essa ótica que é necessário cultivarmos a cultura da solução consensual de conflitos, compreendendo que o Poder Judiciário não é mais a única forma de solucionar disputas e buscando meios mais eficazes, céleres e satisfatórios para sanar os impasses, possibilitando, ainda, que os envolvidos naquele conflito exerçam um papel ativo na sua resolução, especialmente pelo fato de que cabe a eles encontrar um desfecho adequado para o problema que está sendo vivenciado.

Referências bibliográficas

ALMEIDA, Rafael Alves de; ALMEIDA, Tania; CRESPO, Mariana Hernández (Orgs.). *Tribunal Multiportas: investindo no capital social para maximizar o sistema de solução de conflitos no Brasil.* Rio de Janeiro: FGV, 2012.

AZEVEDO, André Gomma de (Org.). *Manual de Mediação Judicial*, 6ª Edição (Brasília/DF:CNJ), 2016. Disponível em: https://www.mpdft.mp.br/portal/pdf/programas_projetos/gase/Manual_de_Mediacao_Judicial_MPDFT_CNJ.pdf. Acesso em: 01 dez. 2020.

BINGHAM, L. B. Mediating Employment Disputes: Perceptions of Redress at the United States Postal Service. *Review of Public Personnel Administration*, 1997, *In*: BUSH, Robert A. Baruch; FOLGER, Joseph P. *The Promise of Mediation: The Transformative Approach to Conflict*. San Francisco: Jossey Bass, Wiley Print, 2005.

CONSTITUIÇÃO IMPERIAL BRASILEIRA DE 1824. Disponível em: http://www. planalto.gov.br/ccivil_03/constituicao/constituicao24.htm. Acesso em: 10 dez. 2020.

DE PLÁCIDO E SILVA. *Vocabulário Jurídico*. 19. Rio de Janeiro: Forense, 2002.

DEUTSCH, Morton. *The Resolution of Conflicts*. Yale University Press, 1973. Disponível em: http://www.arcos.org.br/livros/estudos-de-arbitragem-mediacao -e-negociacao-vol2/quinta-parte-resenhas-de-livros/deutsch-morton-the-reso- lution-of-conflict-constructive-and-destructive-processes-new-haven-and-lon- don-1973-yale-university-press. Acesso em: 17 nov. 2020.

FALECK, Diego; TARTUCE, Fernanda. Introdução histórica e modelos de media- ção. *In*: TOLEDO, Armando Sérgio Prado de; TOSTA, Jorge; ALVES, José Carlos Ferreira (Orgs.). *Estudos Avançados de Mediação e Arbitragem*. Rio de Janeiro: El- sevier, 2014.

GLASL, Friedrich. *Confronting Conflict. A First-Aid Kit for Handling Conflict*. Gloucestershire (UK): Hawthorn Press, 1999.

JORDAN, Thomas. *Glasl's Nine-Stage Model of Conflict Escalation*. Disponível em: https://www.researchgate.net/profile/Thomas_Jordan2/publication/265452970_ Glasl's_Nine-Stage_Model_Of_Conflict_Escalation/links/54a5257d0c- f257a63607693d/Glasls-Nine-Stage-Model-Of-Conflict-Escalation.pdf. Acesso em: 05 nov. 2020.

JUSTIÇA EM NÚMEROS 2020. Disponível em: https://www.cnj.jus.br/justica-em -numeros-2020-nova-edicao-confirma-maior-produtividade-do-judiciario/#:~:- text=Al%C3%A9m%20disso%2C%20o%20Poder%20Judici%C3%A1rio,seme- lhante%20ao%20verificado%20em%202015. Acesso em: 07 dez. 2020.

KRIESBERG, Louis. The Evolution of Conflict Resolution. *In*: BERCOVITCH, Ja- cob; KREMENYUK, Victor; ZARTMAN, I. William (Eds.). T*he Sage Handbook of Conflict Resolution*. Thousand Oaks, CA: Sage, 2009.

LEI DOS JUIZADOS ESPECIAIS (Lei 9099/1995). Disponível em: http://www. planalto.gov.br/ccivil_03/leis/l9099.htm. Acesso em: 18 nov. 2020.

MENKEL-MEADOW, Carrie. Roots and Inspirations: A Brief History of the Foundations of Dispute Resolution. *In*: MOFFITT, Michael L.; BORDONE, Robert C. (Coords.). *The Handbook of Dispute Resolution*. San Francisco: Jossey-Bass, 2005. Disponível em: https://www.researchgate.net/publication/256033060_Introduction_Foundations_of_Dispute_Resolution_Vol_I_of_Complex_Dispute_Resolution. Acesso em: 15 nov. 2020.

MOORE, Christopher W. *The mediation process: practical strategies for resolving conflict*. 4th Edition. San Francisco, Wiley, 2014.

RESOLUÇÃO 125 DO CNJ. Disponível em: https://atos.cnj.jus.br/atos/detalhar/156. Acesso em: 10 dez. 2020.

WATANABE, Kazuo. Cultura da sentença e cultura da pacificação. *In*: YARSHEL, Flávio Luiz; MORAES, Maurício Zanoide de (Coords.). *Estudos em homenagem à professora Ada Pellegrini Grinover*. São Paulo: DPJ, 2005. Disponível em: https://edisciplinas.usp.br/pluginfile.php/3079662/mod_resource/content/1/1.1.%20Kazuo%20-%20Cultura%20da%20sentenca%20e%20da%20pacificao.pdf. Acesso em: 02 dez. 2020.

3. PARA QUEM SERVE O DIREITO?

Juliana Guimarães Cruz de Almeida e Rodrigo D'Orio Dantas

> "O legislador não deve perder de vista que as leis são feitas para os homens, e não os homens para as leis; que devem ser adaptadas ao caráter, aos hábitos, à situação do povo para o qual são feitas; que cumpre ser sóbrio de novidades em matéria de legislação, porque, se é possível, numa instituição nova, calcular as vantagens que a teoria nos oferece, não o é conhecer todos os inconvenientes que apenas a prática pode descobrir."
>
> PORTALIS, *Discours préliminaire prononcé lors de la présentation du projet du Code Civil, ano XI.*[10]

Introdução

O presente artigo é, antes de tudo, um convite à reflexão sobre o aspecto subjetivo do Direito, assim como entendemos os indivíduos enquanto destinatários de um complexo normativo regulador das condutas no espectro social. Perquirições epistemológicas e mesmo teleológicas do Direito – isto é, acerca da conceituação e estrutura normativa ou da sua finalidade – ganharam muitas páginas filosóficas ou históricas e, de alguma maneira, sempre retornam à guisa de discussão. De outro lado, todas essas construções costumam estar sombreadas ou diretamente associadas ao papel estatal na produção normativa ou no cumprimento de seus comandos, sendo certo que ganham relevância, nos tempos atuais, as discussões relacionadas ao braço judicante do Estado, com especialíssimo destaque aos juízes, enquanto representantes estatais da coercibilidade.

---

10. *Apud* ROULAND, Norbert. *Nos confins do direito.* Tradução de Maria Ermantina de Almeida Prado Galvão. São Paulo: Martins Fontes, 2003, p. 1.

Ainda que em todas essas ponderações sejam reservados espaços importantes de reflexão – mormente diante de uma arguta observação do devir histórico –, provoca-nos a circunscrição das discussões nos aspectos mais objetivos, como o são os estudos da epistemologia e teleologia. É que, para nós, a abstração dos indivíduos do foco central de análise do Direito, denota, de certa maneira, a sua objetificação.

Historicamente, esse movimento tem alguma justificativa, claro, sempre em comparação com os paradigmas anteriores, no esteio de acabar com privilégios absolutos, fundados em parâmetros irracionais e apelativos à pretensa ignorância humana. E é nesse caminho, aparentemente calcado em critério objetivos, que se sobreleva o direito positivo em umbilical relação com a formação do Estado Moderno.

Movimentos históricos seguintes, paulatinamente, vão trotando em direção a uma mudança de olhar, quando, por exemplo, os choques das forças sociais convidam a privilegiar este ou aquele tipo de direito, denotando essa dialética inerente ao tecido social. E assim são marcadas as gerações de direito, de que tanto cuidam os hoje ditos Direitos Humanos. Por mais que a figura subjetiva do indivíduo, suas inter-relações pessoais e a implicação das escolhas na esfera da coletividade assumam o centro da norma positiva e da principiologia do ordenamento jurídico, esse movimento ainda nos parece insuficiente para resgatá-lo da sua objetificação, enquanto ficar à mercê de uma estrutura institucional impositiva e pretensamente única e suficiente.

Aliada a essa breve incursão histórica marcando o alcance à Modernidade, também analisaremos brevemente a contraposição entre direito natural e direito positivo ao longo do tempo, a fim de observar se há alguma influência na percepção da formação estatal e no papel exercido pela sociedade civil.

Com esses pequenos pousos em paradigmas construídos historicamente, e com o olhar na marcha da Pós-Modernidade, analisaremos alguns elementos que nos indicam um novo processo de transição, com destaque para a percepção cada vez mais premente da "ressureição" do sujeito, enquanto um ser relacional, convocando-o à autoimplicação na tomada de decisões e a assumir, diretamente, a responsabilidade no enfrentamento dos conflitos e na coconstrução de soluções. Tudo isso ainda dentro deste contexto vivente de grande solidez do aparelhamento estatal, mas de profundo questionamento acerca de sua capacidade satisfativa dos interesses e necessidades dos sujeitos diante das complexidades das relações sociais, o que vem a reclamar uma força generativa de coexistência de instrumentos diversos e não mutuamente excludentes.

Assim, com o olhar no resgate da subjetividade neste momento contemporâneo de transição paradigmática, o convite ao leitor será para o redirecionamento da reflexão, a partir das seguintes premissas e pergunta: se, no final do dia, o indivíduo é a razão de ser de toda a estrutura institucional, tanto do ponto de vista estrutural quanto funcional, e se a norma é apenas instrumento objetivo de estabilidade das relações sociais, dentro ou fora dos confins estatais, afinal, para quem serve o Direito?

O impulso histórico para a legislação é mesmo irreversível?

Independente da concepção filosófica ou mesmo epistemológica, o "Direito" – enquanto corpo normativo norteador de condutas – ocupa espaço de preocupação das sociedades e dos próprios indivíduos. E a sua relevância está diretamente associada ao contexto sócio-histórico-cultural em que inserto.

Talvez a primeira reflexão que se busca estimular – e, certamente, faz parte das primeiras lições a que os acadêmicos de Direito se veem convidados – seja a seguinte: O que é Direito? O que está por trás desse tipo de questionamento é a busca por um conceito, que, naturalmente, encontra empecilhos que vão além das questões semânticas.

Não se poderia deixar de ressaltar a proposta trazida no artigo sequente ao presente nesta obra: *"Por que um terceiro decidiria melhor do que eu?"*. Nele, há a proposta de que o Direito agiria como uma resposta ao *Mal-Estar* gerado na civilização, a fim de que se possa viver de forma harmônica em sociedade.

É como se o indivíduo, ao renunciar à satisfação ilimitada de seus desejos (o que geraria o *Mal-Estar*), para poder desfrutar da organização de uma vida em cultura (tornando-se sujeito de direitos), tivesse garantido que essa ordem de regramentos fosse observada pelos demais a partir daquilo determinado pelo e para o Direito (FREUD, 1997).

Renunciar-se-ia a parte daquilo que se gostaria de ter, para ter "mais" do permitido/não proibido, a partir da produção estruturada de uma ordem social organizada, denominada por muitos sociedade, sendo que aquilo que não fosse Direito deveria ser reordenado, repelido.

Além dessa proposta psicanalítica, com base na antropologia, existem diversas correntes que se propõem a justificar a ciência do Direito.

Em uma linha tradicional de estudos, a palavra mais associada ao conceito de Direito, e que, aliás, não raro tem uso indiscriminado e equívoco, é "lei". Destaque-se que, assim como em português, também em diversos idiomas, Direito e lei são indicados por termos distintos, por exemplo: *Right* e *law* (inglês); *Jus* e *lex* (latim); *Derecho* e *ley* (espanhol); *Diritto* e *legge* (italiano); *Droit* e *loi* (francês); *Recht* e *Gesetz* (alemão); *Pravo* e *zakon* (russo).

Como nos ensina Roberto Lyra Filho, esse fato, por si só, já deveria

> servirmo-nos de advertência contra tal confusão. (...) Em todo caso, não se trata de um problema de vocabulário. A diversidade das palavras atinge diretamente a noção daquilo que estivemos dispostos a aceitar como Direito. (2012, p. 7-8)

Tomando por base a língua inglesa, o autor ainda exemplifica a distinção entre os termos *Right* e *Law*, sendo certa a adoção do primeiro quando se pretenda a referência exclusiva ao Direito, independente da lei ou até mesmo contra ela (mas, como ressalva o autor, o que não implicaria dizer que o verdadeiro *Right* não possa ser um Direito legal).

Direito a fim de reordenar, realinhar ou tornar "reto" novamente aquilo que pode ter se tornado "torto", descompassado, fora de uma órbita esperada. Seria, basicamente, a previsão das pautas de condutas (previsibilidade) e a forma de restabelecer-resolver a não observância dessas pautas de conduta, além das demais normas de organização do sistema jurisdicional.

Como cediço, lei, no sentido estrito, é o fruto de um processo legislativo de produção de normas jurídicas de caráter geral por um ente investido de poder soberano. Desta forma, essa confusão entre os termos Direito e Lei, por si só, já nos fornece uma pista acerca da correspondência histórica entre a concepção epistemológica do Direito e o processo de formação estatal, mormente o do Estado Moderno.

Relembremo-nos de que o fenômeno de redução do valor jurídico à norma posta pelo poder soberano do ente estatal, mediante um processo legislativo próprio – e, portanto, associado e identificado com a legislação –, ficou designado, na filosofia do direito, como positivismo jurídico.

Nos dizeres de Norberto Bobbio:

> Logo, o positivismo jurídico nasce do impulso histórico para a legislação, se realiza quando a lei se torna a fonte exclusiva – ou, de qualquer modo, absolutamente prevalente – do direito, e seu resultado último é representado pela codificação. (1995, p. 119)

Ainda que alguns estudos históricos sobre a sua origem alcancem os séculos XII e XIII, época em que se institui a doutrina canonista[11], o desenvolvimento do positivismo jurídico está fortemente atrelado à formação do Estado Moderno, o que novamente nos é confirmado por Bobbio, senão vejamos:

> O impulso para a legislação não é um fato limitado e contingente, mas um movimento histórico universal e **irreversível**, indissoluvelmente à formação do Estado moderno. Nem todos os países formularam a codificação (resultado último e conclusivo da legislação), mas em todos os países ocorreu a supremacia da lei sobre as demais fontes de direito. (*grifo nosso*) (1995, p. 120)

Como afirmado acima, a correspondência íntima do movimento histórico legislativo com a formação do Estado Moderno é inegável. O que nos provoca, nesta reflexão do filósofo turinês, é a adjetivação "irreversível". De fato, não podemos imaginar o desfazimento (sequer hipotético) do Estado, tanto em termos da sua importância institucional, enquanto organizador social, ou mesmo da utilização do instrumental de regência, que é a própria legislação (ainda mais em Estados eminentemente civilistas, como o nosso). Mas a movimentação histórica prossegue (no tempo e no espaço) e a sociedade, até dentro da estrutura organizacional-institucional, apresenta novas demandas e necessidades, implicando o repensar dos meios disponíveis para o enfrentamento de conflitos.

Quando olhamos essa relação íntima da legislação (enquanto direito positivo) e a estrutura do Estado Moderno, até podemos estar propensos a focar no "O que é o Direito? " e "para que serve o Direito?". Mas nos questionamos: são essas as perguntas que, de fato, hoje, interessam? Bastam as leis? Basta a estrutura estatal? Como a própria sociedade se enxerga dentro

---

11. Sobre este assunto, conferir os estudos de Gagner, em "Estudos sobre a história da ideia da legislação" (*Studien zur Ideengeschichte der Gesetzgebung*, Uppsala, 1960), referidos por Norberto Bobbio em seu *O positivismo jurídico: lições de filosofia do direito*. Tradução e notas de Márcio Pugliesi, Edson Bini e Carlos E. Rodrigues. São Paulo: Ícone, 1995, p. 119.

desse espectro organizacional e o que ela pode fazer? E no fim das contas, para *quem* servem as instituições e os instrumentos disponíveis para a intervenção na vida social? *E no fim: para quem serve o Direito?*

Breve incursão histórica nos confins do Direito: Direito Natural x Direito Positivo

Para auxiliar as perquirições teóricas, entendemos salutar uma breve incursão histórica para averiguarmos traços distintivos e correlacionais entre direito natural e direito positivo, e aferirmos a evolução das concepções jusfilosóficas e potencial implicação para a contemporaneidade. Desde já, é importante salientar que uma investigação profunda de todos os pressupostos históricos não encontra espaço neste artigo, razão pela qual procedeu-se a uma escolha de alguns momentos históricos, com remissões, quando possível, aos demais de que conscientemente tenhamo-nos olvidado.

Ainda que se possa fazer uma generalização de critérios distintivos entre direito natural e direito positivo, perder-se-ia a gradação teórica pela perspectiva histórica, que tem essa capacidade de apontar a evolução do pensamento humano e a sua aplicação nas respectivas áreas de interesse.

Antiguidade Clássica

Como já referimos acima, a expressão "positivismo jurídico" – estando atrelada à concepção legiferante, isto é, pela produção normativa por parte de um ente soberano, correlaciona-se diretamente com a fonte produtora da norma posta – tem a sua origem no início do século XIX, com a concepção e formação de um Estado Moderno. Mas a concepção e contraposição entre um direito natural e um direito positivo deita raízes no pensamento clássico grego e latino.

Aristóteles, no capítulo VII do livro V do seu *Ética a Nicômaco*, distingue um direito natural (*physikón*) de um "direito legal" (*díkaion*)[12], assim expressando:

> A justiça política é em parte natural e em parte legal; são naturais as coisas que em todos os lugares têm a mesma força e não dependem de as aceitarmos ou não, e é legal aquilo que a princípio pode ser determinado indiferentemente de uma maneira ou de outra, mas depois de determinado já não é indiferente. (...) De maneira idêntica, as coisas que são justas não por natureza mas por decisões humanas não são as mesmas em todos os lugares, já que as constituições não são também as mesmas, embora haja apenas uma que em todos os lugares é a melhor por natureza. (ARISTÓTELES, 2001, p. 103)

Desta forma, pode-se depreender que Aristóteles elege dois critérios para a distinção: a) em primeiro lugar, trata do espectro espacial de eficácia, já que o direito natural terá a mesma eficácia em toda parte; enquanto o positivo, apenas nas comunidades políticas onde for posto; e b) em segundo lugar, trata da fonte de onde emana, atrelando o efeito valorativo da validade normativa a essa simples escolha e prescrição: assim, o direito natural prescreverá ações independente da valoração subjetiva , considerando a bondade objetiva; já o direito positivo, ao prescrever ações, torná-las-á obrigatórias nos exatos termos da prescrição. O seu exemplo é lúcido: antes da existência de uma lei de ritual, seria indiferente sacrificar uma ovelha ou duas cabras; mas, uma vez prescrita uma lei que ordene o sacrifício de uma ovelha, tal se tornará obrigatório, não porque essa ação seja boa por sua natureza, mas simplesmente porque posto por uma lei desta forma.

A dicotomia também se encontra no Direito Romano, interessando-nos

---

12. Como nos advertem Bobbio (p. 16) e Lyra Filho (p. 7), a rigor, não seria apropriado traduzir o grego *díkaion* pela palavra direito, dado o significado dual do termo, abarcando, ao mesmo tempo, a ideia de direito e de justiça; i.e., o termo em si traria uma dupla significação como "direito justo".

a distinção, nas *Instituições*, entre *jus gentium*, correspondente ao direito natural; e *jus civile*, ao direito positivo, sob três critérios: a) enquanto o *jus gentium* é posto pela natureza (*naturalis ratio*), não possui limites e permanece imutável no tempo; b) o *jus civile* é posto por uma entidade social criada pelos homens (*populus*), sua aplicação é limitada a este povo e pode mudar, no tempo e no espaço, já que uma norma pode ser modificada ou anulada por costume (*costume ab-rogatio*) ou por outra lei.

Outra distinção apresentada por Paulo no *Digesto* traz dois critérios: a) o primeiro reitera a questão supra referida da mutabilidade no tempo e no espaço, sendo universal e imutável para o direito natural (*semper*) e particular para o direito civil; b) já o segundo traz o critério bivalorativo: o direito natural estaria fundado em critério moral, estabelecendo aquilo que é bom (*bonum et aequum*); enquanto o civil estaria baseado em um critério utilitário ou econômico, estabelecendo aquilo que seja útil.

Pensamento medieval

Tendo por referência a história da Europa entre os séculos V e XV, a Idade Média se situa entre os períodos históricos da queda do Império Romano do Ocidente e a transição para a Idade Moderna. É importantíssimo relembrarmos que se trata de um período longo na história, frequentemente dividido em Alta e Baixa Idade Média.

A Alta Idade Média (séculos V ao IX) é notadamente marcada, de um lado, pelas invasões bárbaras e pelo recrudescimento do Império Romano do Oriente (Bizantino); e por outro, do lado do Ocidente, pela formação do sistema feudal e pela disseminação do Cristianismo pela Europa Ocidental, exercendo a Igreja Medieval forte papel na sociedade. Já a Baixa Idade Média (séculos X ao XV) experimentou um adensamento populacional e um renascimento comercial, com o surgimento da burguesia, implicando um declínio do feudalismo. Nesse período também se iniciaram as Cruzadas, expedições militares de caráter econômico, político e religioso, que acabaram fortalecendo as relações comerciais com o Oriente. A vida cultural foi dominada pela escolástica (a partir do século XII), que era uma filosofia que procurou unir a fé e a razão, cujo método pautava-se na dialética para a descoberta da verdade. A partir do século X tem início uma reestruturação econômica, social, política e cultural, que culminará no Renascimento Cultural e Urbano, donde também podemos destacar a formação das monarquias nacionais (entre os séculos XII e XV).

Estas ponderações históricas são importantes porque acabam por refletir no pensamento medieval e até na maneira como este acabou sendo visto nas eras seguintes, como se depreende da própria alcunha que ganhou na Idade Moderna e com o Iluminismo, sendo chamado, pelos humanistas dos séculos XV e XVI, de "Idade das Trevas", que afirmavam o retrocesso intelectual, artístico, filosófico e institucional, em relação à Antiguidade Clássica. Ademais, dado o grande poder da Igreja neste período, a sua influência em aspectos sociais, políticos e econômicos era notória.

Quando à distinção entre direito natural e direito positivo, no pensamento medieval, é espraiado em escritos filosóficos, teológicos e canonistas, que tinham forte influência na época, como asseverado acima.

São Tomás de Aquino (1225-1274) foi o principal filósofo da Escolástica, conhecido como o "Príncipe da Escolástica", e a ele se deve a racionalização do pensamento cristão, aproximando a fé da razão. Em sua *Summa Theologica*, trata de diferentes tipos de lei: *lex aeterna, lex naturalis, lex humana* e *lex divina*. Correspondendo ao direito natural e ao direito positivo, estão, respectivamente, a *lex naturalis* e a *lex humana*. A primeira seria o princípio da lei eterna na consciência das criaturas racionais; já a segunda seria derivada da lei natural por obra do legislador, que a faz valer, mediante dois processos de derivação possíveis: a) *per conclusionem*, quando a lei positiva deriva da lei natural por um processo lógico necessário, como se fosse a conclusão lógica de um silogismo (por exemplo, se a norma positiva impede o falso testemunho, então decorre da lei natural de dizer a verdade); ou b) *per determinationem*, na hipótese em que uma lei natural for muito geral e genérica e couber ao direito positivo determinar, em concreto, a aplicação de tal lei. Por exemplo, a lei natural determina que delitos devem ser punidos, mas a lei humana determina a medida e o modo de punição. Com relação a essa categoria, São Tomás de Aquino afirma que a lei humana somente tem vigor por força do legislador que a põe.

Idade Moderna

A Idade Moderna é o período da história compreendido entre o século XV e o XVIII, e que se caracteriza por grandes transformações na mentalidade ocidental, implicando mudanças de ordem econômica, científica, social e religiosa.

Em termos políticos, o Absolutismo era a forma de governo estabelecida, havendo uma identidade entre a vontade do príncipe e da lei, cujo poder foi paulatinamente sendo corroído por diversas revoluções liberais, até que a Revolução Francesa, em 1789, marcasse o processo de queda definitiva do chamado *Ancien Régime*. Já em termos socioculturais, deve ser destacado o Iluminismo, que é o movimento intelectual do século XVIII (posteriormente apelidado de o "Século das Luzes"), fortemente marcado pelo racionalismo, isto é, uso da razão sobreposta à fé para a reestruturação social, marcando a crítica racional em todas as esferas de conhecimento, sobretudo para desconstruir ideologias religiosas e para desconstituição do Antigo Regime, com a limitação do poder do governante, pela constituição de um Estado de Direito, marcado pela sua própria submissão à lei.

Outros movimentos importantes foram a Reforma Protestante, liderada por Martinho Lutero (ensejando a reação da Igreja Católica com a Contrarreforma), e o próprio Renascimento comercial e artístico (que já vinha "anunciado" na Baixa Idade Média), em que se destacam, com muita relevância, algumas características marcantes: a) racionalismo: a razão como o único caminho para se chegar ao conhecimento, tudo podendo ser explicado pela razão e pela ciência; b) cientificismo: todo o conhecimento deveria ser demonstrado pela ciência; c) individualismo: afirmação da identidade do ser humano, passando o direito individual a ficar acima do coletivo; d) antropocentrismo: homem como o centro do universo; e) classicismo: artistas buscavam retornar à inspiração na Antiguidade Clássica; e f) humanismo.

Essa contextualização também se faz necessária para que possamos compreender os reflexos quanto à concepção do Direito, já que as grandes transformações de ordem política ecoaram as mudanças sociais e trouxeram implicações na esfera jurídica. Vejamos alguns destaques.

É neste período, no século XVII, que se dá a mais célebre distinção entre direito natural e direito positivo no pensamento moderno, pelo filósofo e jurista dos Países Baixos Hugo Grocio (1583-1645), conhecido como o Pai do Direito Internacional. Para ele, o direito natural seria um ditame da justa razão e, portanto, atrelado à natureza racional do homem:

> O direito natural é um ditame da justa razão destinado a mostrar que um ato é moralmente torpe ou moralmente necessário segundo seja ou não conforme à própria natureza racional do homem, e a mostrar que tal ato é, em consequência disto vetado ou comandado por Deus, enquanto autor da natureza. (...) Os atos relativamente aos quais existe um ditame da justa razão são obrigatórios ou ilícitos por si mesmos.[13]

Já o direito civil (positivo) seria derivado do poder civil do Estado, este,

---

13. *In De jure belli ac pacis apud* BOBBIO, Op. Cit, p. 20-21.

por sua vez, "reconhecido como a associação perpétua de homens livres, reunidos em conjunto com o fito de gozar os próprios direitos e buscar a utilidade comum."[14]

No século XVIII, momento histórico em que justamente se dá o nascimento do movimento do positivismo jurídico, podemos citar Federico Glück, que em seu *Commentario alle Pandette* traça a seguinte distinção entre direito natural e direito positivo:

> O direito se distingue, segundo o modo pelo qual advém à nossa consciência, em natural e positivo. Chama-se direito natural o conjunto de todas as leis, que por meio da razão fizeram-se conhecer tanto pela natureza, quanto por aquelas coisas que a natureza humana requer como condições e meios de consecução dos próprios objetivos[15]... Chama-se direito positivo, ao contrário, o conjunto daquelas leis que se fundam apenas na vontade declarada de um legislador e que, por aquela declaração, vêm a ser conhecidas.

O mais interessante a se notar em Federico Glück, como nos chama a atenção Norberto Bobbio, é que o critério distintivo entre o direito natural e o direito positivo não mais reside na fonte do direito, mas *"ao modo pelo qual os destinatários vêm a conhecer as normas".* Isto é, **o foco está no destinatário das normas e não exatamente na sua origem.** Neste sentido, o direito natural é aquele cujo conhecimento se obtém a partir da razão humana, já que derivado da natureza das coisas – veja-se aqui a influência da filosofia racionalista, típica do tempo histórico, como apontando acima –; ao passo que o direito positivo, é aquele que se passa a conhecer mediante a declaração de vontade do legislador.

---

14. Para Grocio, superior ao Estado é a comunidade internacional, que põe o *jus gentium*, que é o direito inter gentes, i.e., que regula a relação entre os povos ou entre Estados.

15. No original, continua Glück: "*Si chiama perciò anche diritto della ragione. (...) Giacchè le leggi naturalli sono, come dice um apostolo, quase scritte nel cuore dell'uomo.*"

Os exemplos oferecidos por Glück são bastante simples e inteligíveis: o usucapião, *e.g.*, é direito positivo, uma vez que não deriva da natureza, mas é determinado pelo legislador; já o princípio do *pacta sunt servanda* e o dever de um comprador em pagar ao vendedor o preço combinado seriam direito natural, já que racionalmente apreensíveis.

Glück também complementa um certo critério temporal para a diferenciação, que se evidencia pelo momento em que se dá a compreensão racional da norma pelo seu destinatário (a partir de quando, então, o seu cumprimento seria esperado):

> Pode-se, então, assinalar com toda evidência o limite entre direito natural e direito positivo dizendo: **a esfera do direito natural limita-se àquilo que se demonstra 'a priori'; aquela do direito positivo começa, ao contrário, onde a decisão sobre se uma coisa constitui**, ou não, direito depende da vontade de um legislador. (*Apud* BOBBIO, 1995, p. 22)

Como se depreende, essa visão, efetivamente, **imprime um olhar ao sujeito**, sem que isso represente, de qualquer forma, uma desconsideração aos atributos da norma (abstração e generalidade) ou mesmo à própria fonte normativa. O que ela faz, ao revés, é dar o devido **reconhecimento e destaque ao aspecto subjetivo**, o que nos parece relevantíssimo se tomarmos em conta a razão de ser própria das normas. Ora, se qualquer arcabouço normativo somente faz sentido se aplicável aos indivíduos; se esses indivíduos somente precisarão de um regramento de condutas porque estão em relação entre eles; se é a complexidade das relações que justifica a estruturação da sociedade e, consequentemente, a institucionalização política; então, não há que se cogitar preterir o elemento mais essencial à existência normativa – que é o indivíduo – do seu próprio reconhecimento enquanto tal.

Idade Contemporânea ou a Pós-Modernidade

A Idade Contemporânea ou a Pós-Modernidade tem o seu início no século XVIII, tendo como marco inicial a Revolução Francesa, de 1789, alcançando, em tese, até os dias atuais (etimologicamente vem do latim *"contemporaneus"*, que significa "o que é do mesmo tempo"). Diz-se "em tese", porque muitos historiadores discutem o fim dessa era, de modo que, desde logo, já podemos afirmar que estamos, potencialmente, em algum momento de transição paradigmática.

De toda sorte, trata-se de um momento muito prolífico em transformações de todas as ordens: políticas, sociais, econômicas e culturais. Muitos foram os acontecimentos em escala global, dentre os quais são significativos: a própria Revolução Francesa e o Iluminismo, ganhando relevância a instituição do Estado de Direito, fundado e limitado pela lei; a era Napoleônica, em que se destaca a instituição da Codificação; diversas rebeliões liberais e o desenvolvimento do nacionalismo, ensejando a unificação de países da Europa (como Itália e Alemanha); desenvolvimento dos Estados Unidos; a Revolução Industrial (dos séculos XVIII e XIX); a Crise de 1929; a 1ª Guerra Mundial (1914-1918); Revolução Russa (1917); crises no capitalismo e surgimento de regimes totalitários (como o nazismo e fascismo); a 2ª Guerra Mundial (1939-1945); a criação da ONU (1945) e a Declaração Universal dos Direitos do Homem (1948); a Guerra Fria (1945-1991), terminada com a queda do Muro de Berlim (1989); expansão da globalização, imperialismo, terrorismo e neoliberalismo; crescimento populacional e urbano; crises ambientais; aumento de desigualdades socioeconômicas e preconceitos.

Nenhum desses eventos tem existência isolada, como sói acontecer em história, havendo um certo fio invisível que permeia e encadeia, dialeticamente, as transformações sociais.

Para fins do presente estudo, interessa destacar, em primeiro lugar, a formação do Estado de Direito[16] como novo paradigma frente ao Estado Absolutista, fortemente fundado na soberania da lei – à qual, tanto os indivíduos quanto o próprio Estado e seus representantes são submetidos –, além da tripartição de poderes e dos direitos e garantias fundamentais.

Com efeito, a relevância que o tal "império da lei" ganhou contribui para a correspondência semântica – que citamos alhures – entre Direito e lei. É neste contexto, então, que direito natural e direito positivo deixam de ter uma certa equivalência em termos de grau de qualificação, não podendo compartilhar, concomitantemente, a acepção do termo direito. Eis que exsurge a corrente jusfilosófica do positivismo jurídico, admitindo a unicidade da correspondência semântica entre direito e direito positivo, implicando, por conseguinte, a exclusão do direito natural da categoria de direito. Elucidativas são as palavras no mestre turinês:

> A partir deste momento o acréscimo do adjetivo 'positivo' ao termo 'direito' torna-se um pleonasmo mesmo porque, se quisermos usar uma fórmula sintética, o positivismo jurídico é aquela doutrina segundo a qual não existe outro direito não o positivo. (BOBBIO, 1995, p. 26)

Com a perspectiva de observar as transições paradigmáticas para melhor acomodação conceitual do Direito nos tempos atuais, não podemos deixar de voltar os olhos para a perspectiva institucional.

Daí a relevância em reiterarmos a nossa tese inicial, de que o juspositivismo está atrelado à formação do Estado moderno, que se dá com a dissolução da sociedade medieval. Como esta era constituída de vários agrupamentos sociais, cada qual possuía uma organização jurídica própria, razão pela qual o Direito, até então, era um fenômeno social produzido pela

---

16. Não serão consideradas, aqui, as múltiplas concepções filosóficas do termo, nem tão pouco as influências ideológicas ou correspondentes distintas concepções políticas.

própria sociedade civil. Já com a formação do Estado moderno, adota-se a referida estrutura monista, concentrando o Estado, primordialmente, todos os poderes para a criação do Direito.

E é assim que se pode dizer que, *latu sensu*, a corrente do positivismo jurídico[17] funda-se em dois postulados típicos, quais sejam: a concepção do Direito como uma realidade socialmente "dada" ou "posta", em processo de produção monopolizado pelo Estado; e como unidade sistemática de normas gerais.

E aqui se estabelece um novo paradigma, com o qual nos confrontamos hodiernamente: o de que não apenas haveria uma identidade entre Estado e Direito – retirando da sociedade civil a potencialidade de exercer o papel de fonte normativa –, mas também ainda no âmbito daquele é que estaria concentrada a única via para a solução de controvérsias envolvendo a aplicação das normas por ele produzidas. Em outras palavras, se o direito positivo, imposto pelo Estado, é o único e verdadeiro, então será o único com aplicação possível nos tribunais.

Veja-se, ainda, sobre outra perspectiva. A observação dos movimentos de conquista dos direitos, do ponto de vista dos seus destinatários, também se ressalta no devir histórico. Com efeito, os ditos direitos do homem também possuem seu nascedouro neste momento de inversão histórica perpetrada pela formação do Estado Moderno, deslocando o olhar dos interesses do monarca (típico do Antigo Regime) e voltando-o aos dos indivíduos, já não mais concebidos como súditos, mas como cidadãos. E conforme avançamos na história, consolidamos a influência da visão individualista da sociedade, "segundo a qual, para compreender a sociedade, é preciso

---

17. Por não ser o objeto central do presente artigo, deixa-se de adentrar em diversas correntes filosóficas que se debruçaram sobre o positivismo jurídico. De toda sorte, para o leitor que tenha interesse, referimos, a título exemplificativo e complementar, os estudos sobre a Escola Histórica do Direito (Savigny), Escola Científica (Jehring), Escola da Exegese, Utilitarismo Inglês (Burke).

partir de baixo, ou seja, dos indivíduos que a compõem" (BOBBIO, 1992, p. 4). Iniciados com os movimentos de resistência à opressão, primeiramente com as guerras de religião e alcançando ápice na Revolução Francesa, firmam-se os direitos de primeira geração, atrelados a direitos e garantias individuais, sobretudo no que tange às liberdades fundamentais, tanto civis, quanto políticas e sociais.

Posteriormente, amplia-se a gama de direitos em foco, passando-se a exigir dos poderes públicos mais do que a garantia de liberdade pessoal e da liberdade negativa, mas todos aqueles atrelados ao seu bem-estar social. São os chamados direito sociais ou de segunda geração.

Ganhando complexidade as relações sociais – não apenas com o adensamento populacional, mas com o crescimento urbano e todas as revoluções tecnológicas, por exemplo –, emergem novas categorias de direito de terceira e quarta geração, atrelados aos hoje designados direitos difusos e coletivos.

Neste contexto é que se amplifica o reconhecimento dos direitos de um cidadão de um Estado para o cidadão do mundo, o que se dá com a Declaração Universal dos Direitos do Homem, de 1948, com o que se inauguram os ditos direitos humanos.[18]

Transição paradigmática

A marcação importante de todo esse histórico está na evolução da percepção do indivíduo enquanto sujeito e na sua alocação dentro do seio social. Se os direitos individuais ecoaram uma necessidade inicial de reco-

---

18. "O caminho contínuo, ainda que várias vezes interrompido, da concepção individualista da sociedade procede lentamente, indo do reconhecimento dos direitos do cidadão de cada Estado até o reconhecimento dos direitos dos cidadãos do mundo, cujo primeiro anúncio foi a Declaração Universal dos Direitos do Homem; a partir do direito interno de cada Estado, através do direito entre os outros Estados, até o direito cosmopolita, para usar a expressão kantiana, que ainda não teve o acolhimento que merece na teoria do direito." (BOBBIO, Norberto. *A era dos direitos*. Rio de Janeiro: Campus, 1992, p. 5).

nhecimento de afirmação do sujeito, em seguida veio complementada pela oposta, de percepção desse sujeito inserto em um âmbito social, cujas necessidades deveriam ser agora supridas totalmente pela atuação estatal mais positiva. Ou seja, da primazia do indivíduo livre e atuante para o totalmente acolhido e resguardado. Posteriormente, remodela-se e valora-se novamente essa composição de necessidades, passando a nova harmonização entre o indivíduo e o tecido social, aumentando a percepção de simbiose.

Paulatinamente parece haver uma mudança de valores, sempre acompanhando os contextos históricos e dialogando com os paradigmas precedentes, renovando-se os questionamentos acerca da tônica teleológica do Direito; a princípio a partir da etimologia e posteriormente alçando a sua função. Nenhum processo de transição paradigmática se dá em um instante, nem em linha reta, e muito menos desprovido de dialética. Neste adiantado contemporâneo, parece-nos estarmos experimentando mais um desses movimentos – que a Agenda 2030 da ONU parece apontar como a "Era da Consciência" –, e que, no que tange ao Direito, volta a sua tônica ao indivíduo, não mais como um objeto de análise, mas como sujeito atuante; e não mais ensimesmado em suas necessidades, mas conectado com as suas relações. É a perspectiva de um ser relacional, com potencial de consciência de suas necessidades na mesma proporção da sua autoimplicação derivada de suas ações. É um aprofundamento da reflexão acerca do *para quem serve o Direito?*" e isso muda tudo.

Boaventura Souza Santos, sociólogo português, em seu ensaio *A crítica da razão indolente: contra o desperdício da experiência*[19], parte do pressuposto de que os paradigmas socioculturais nascem, desenvolvem-se e morrem; mas, ao contrário dos indivíduos, "a morte de um dado paradigma traz dentro de si o paradigma que lhe há-de suceder" (SANTOS, 2000, p.

---

19. Primeiro volume: "Para um novo senso comum: a ciência, o direito e a política na transição paradigmática".

15), assim como, somente após muito tempo (prováveis séculos), é que se poderá confirmar, com segurança, o seu desaparecimento.

A passagem entre paradigmas – a **transição paradigmática** – é, assim, semi-cega e semi-invisível. Só pode ser percorrida por um pensamento construído, ele próprio, com economia de pilares e habituado a transformar silêncios, sussurros e ressaltos insignificantes em preciosos sinais de orientação. (*grifo nosso*) (SANTOS, 2000, p. 15)

E, nesse sentido, delineia interessante reflexão sobre a construção do conhecimento e a transição paradigmática, partindo de que "não há conhecimento em geral, tal como não há ignorância em geral. O que ignoramos é sempre a ignorância de uma certa forma de conhecimento e vice-versa" (SANTOS, 2000, p. 29). Segundo ele, todo ato de conhecimento é uma trajetória que parte de um ponto de ignorância para outro de conhecimento.

No contexto histórico da Modernidade ocidental, entre os séculos XVI e XVII, emergira um paradigma revolucionário fundado na tensão dinâmica entre regulação social e emancipação social. Em meados do século XIX, e já no contexto da Pós-Modernidade, dada a consolidação do capitalismo, observa-se um longo processo histórico de degradação dessa dialética entre regulação e emancipação, ensejando a transformação das energias emancipatórias em, justamente, energias regulatórias. Ou seja, a nova métrica assume a roupagem do seu objeto de crítica e, assim, perde a oportunidade de renovação e colapsa. "O facto de continuar ainda como paradigma dominante deve-se à inércia histórica" (SANTOS, 2000, p. 15).[20]

---

20. No que concerne à Modernidade, duas seriam as formas de conhecimento: 1) o conhecimento-regulação, cujo ponto de ignorância se designaria caos e o ponto de saber seria a ordem; e 2) o conhecimento-emancipação, cujo ponto de ignorância seria o colonialismo; o ponto de saber, solidariedade. A matriz eurocêntrica moderna vivenciou o sobrepujamento do conhecimento-regulação sobre o conhecimento-emancipação, justamente porque a ciência moderna se hegemonizou e se institucionalizou. A questão é que a crítica moderna negligenciou a crítica epistemológica e, assim, o que era para ser dialético (e, portanto, um conhecimento-e-mancipação), se viu convertido em conhecimento-regulação. (Op. Cit., p. 29).

E o que podemos dizer de hoje, em que contexto estamos? Estamos com o sociólogo no sentido de que vivemos um tempo de transição paradigmática, de efervescência preparatória. Ocorre que o processo em si tem uma dialética e tensão inerentes, já que, enquanto a transição paradigmática tem um objetivo de longo prazo, os mais diversos embates sociais, políticos e culturais, para serem eficazes, possuem ritmos diversos adequados a cada geração. E como esclarece Boaventura,

> as lutas paradigmáticas tendem a ser travadas, em cada geração, como se fossem subparadigmáticas, ou seja, como se ainda se admitisse, por hipótese, que o paradigma dominante pudesse dar resposta adequada aos problemas para que eles chamam atenção. A sucessão das lutas e a acumulação de frustrações vão aprofundando a crise do paradigma dominante, mas, em si mesmas, pouco contribuirão para a emergência de um novo paradigma ou de novos paradigmas. (SANTOS, 2000, p. 19).

Há um certo diálogo entre as premissas de Boaventura e a consideração de Bobbio, no sentido de relevância do contexto para uma melhor compreensão do Direito:

> quando identificamos o direito com as normas postas pelo Estado, não damos uma definição geral do direito, **mas uma definição obtida de uma determinada situação histórica, aquela em que vivemos**. (*grifo nosso*) (SANTOS, 2000, p. 29)

Conclusão

Tendo sempre em mente o devir histórico e tomando por premissa vivermos justamente nesse ínterim de potencial transformativo, não poderíamos trazer senão questionamentos, no intuito de contribuírem, ainda que subparadigmaticamente, para a ampliação de um olhar mais adequado aos nossos tempos: se esse "empoderamento" do Estado (que é a sociedade política) em detrimento da sociedade civil e dos próprios indivíduos teve a sua justificação no contexto histórico da Modernidade, continua a fazer exatamente o mesmo sentido neste estágio atual da Contemporaneidade? Um Direito posto por uma abstração política, que é o Estado, satisfaz, efetivamente, os interesses dos seus destinatários? Se são esses indivíduos que compõem as relações sociais – que, por sua vez, ganham a conotação jurídica somente quando positivados –, não seria legítimo reconhecer-lhes algum espaço razoável para administrar as consequências de eventuais desajustes? E, por último, se a razão última das normas e do próprio Estado é a harmonização das relações intersubjetivas, o que fazer quando esses mecanismos de contenção não dão conta do recado? O que isso tudo significa?

Uma hipótese seria a de que estamos em mais um momento histórico de transição paradigmática quanto à solução das controvérsias entre os indivíduos em suas relações. É cada vez mais legítimo o questionamento: o Poder Judiciário e o direito positivo – cuja produção também é de monopólio estatal – serão, necessariamente, os melhores remédios para todas as situações de choques de interesses?

Norbert Rouland, na sua obra *Nos Confins do Direito*, reflete:

> Que terão que ver o direito e os juristas com tudo isso? Mais do que se acredita. Em primeiro lugar, o direito já não se acha reduzido a uma superestrutura trazida pela agitação da produção econômica, ou formada pelas mentiras e meandros da psique. Em segundo lugar, remata a **ressureição do sujeito**. Porque, propondo ou impondo normas, inspirando (...) condutas, fundamentando ou utilizando representações (...), ele **manifesta que o homem permanece capaz de determinar opções e efetuar escolhas, mesmo que estas sejam largamente influenciadas pela cultura na qual vive**. (2003, p. 20)

Vislumbramos a construção de um novo paradigma, em que o direito positivo seja apenas mais um dos critérios possíveis na solução de conflitos. Seria um critério objetivo, com uma função fundamental de agente de realidade e adequado para determinadas situações; mas apenas um dentre alguns outros critérios que possam nortear a escolha das partes.

Não se está, obviamente, a dizer que atitudes ilegais sejam admitidas ou devam ser perpetradas. O âmbito da licitude é uma premissa, porque está atrelada à principiologia da própria coexistência ética, que é maior do que a licitude meramente positiva. Mas a premissa maior é a do sujeito e da relação entre sujeitos, e no espaço de criação de soluções de harmonização de seus interesses, obviamente sem que possa afetar terceiros interessados que não tomem parte neste novo contexto de cocriação.

De outra parte, também se desconstrói parte da importância do Estado, naquilo que toca a justiça, já que direito justo não é, necessariamente, o que vem do Estado – como já refletido pelas filosofias grega e latina (*jus*). O Poder Judiciário permanece como uma possibilidade, o que, *de per si*, basta para a solidificação da importância do ente estatal na institucionalização social. Mas deixa de ser a primeira e única opção, porque não mais uma mera imposição institucional. Voltando-se o olhar ao sujeito, a ele cabe a escolha do meio que mais se cole com as suas necessidades.

No esteio de Boaventura Souza Santos:

> Estamos tão habituados a conceber o conhecimento como um princípio de ordem sobre as coisas e sobre os outros que é difícil imaginar uma forma de conhecimento que funcione como princípio de solidariedade. No entanto, tal dificuldade é um desafio que deve ser enfrentado. (...) Não nos podemos contentar com um pensamento de alternativas. Necessitamos de um pensamento alternativo de alternativas." (SANTOS, 2000, p. 30)

Talvez seja um privilégio dos meios autocompositivos devolver aos sujeitos a responsabilidade das escolhas e da coconstrução do direito e do justo. Esses são os novos paradigmas a cuja construção nos convida a "Era da Consciência". Afinal, para quem serve o Direito?

Referências bibliográficas

ARISTÓTELES. *Ética a Nicômacos*. 4ª Ed. Tradução de Mário da Gama Kury. Brasília: UNB, 2001, p. 103.

BOBBIO, Norberto. *A Era dos Direitos*. Campus: Rio de Janeiro, 1992.

BOBBIO, Norberto. *O positivismo jurídico: lições de filosofia do direito*. Tradução e notas de Márcio Pugliesi, Edson Bini e Carlos E. Rodrigues. São Paulo: Ícone, 1995.

FREUD, Sigmund. *O mal-estar na civilização*. Tradução de José Octávio de Aguiar Abreu. *In: Edição standard brasileira das obras completas de Sigmund Freud*. v. XXI. Rio de Janeiro: Imago, 1997.

GLÜCK, Federico. *Commentario alle pandette*. Tradotto ed arricchito di copiose note e confronti col codice civile del regno d'italia, tradotto e annotato da Filippo Serafini ... [et al.]. Imprenta: Milano, Societa Editrice Libraria, 1888. Disponível em: https://www.bdl.servizirl.it/bdl/bookreader/index.html?path=fe&cdOggetto=1922#page/72/mode/2up. Acesso em: 14 mar. 2021.

LYRA FILHO, Roberto. *O que é direito*.18ª Ed. São Paulo: Brasiliense, 2012.

ROULAND, Norbert. *Nos confins do direito*. São Paulo: Martins Fontes, 2003.

SANTOS, Boaventura Souza. *A crítica da razão indolente: contra o desperdício da experiência*. V1. Para um novo senso comum: a ciência, o direito e a política na transição paradigmática. São Paulo: Cortez, 2000.

4. POR QUE UM TERCEIRO DECIDIRIA MELHOR DO QUE EU?

Rodrigo D'Orio Dantas e
Maria Inês Alves de Campos

Introdução

O presente artigo tem como escopo a tentativa de responder à seguinte indagação: "por que um terceiro decidiria melhor do que eu? " – indagação esta que ensejaria o contraste entre a forma de resolução de conflitos decorrente de uma decisão compartilhada entre as próprias partes em conflito (composição amigável) com a forma de resolução por meio de uma decisão jurisdicional.

O ponto de partida é a ideia de que, nos acordos realizados entre as partes em um conflito – seja por meio da mediação, ou até mesmo por conciliação –, o grau de pacificação seria, em geral, maior do que nas decisões jurisdicionais (sejam as proferidas por juiz togado ou, ainda, por árbitro legalmente constituído).

E tal ideia vai no sentido do velho aforismo segundo o qual *"mais vale um mau acordo do que uma boa demanda".*

Por mais que não haja muitos estudos empíricos sobre o tema específico, é comum esse sentimento entre os operadores do Direito, ainda mais naqueles que não militam necessariamente com a prática da mediação.

Nessa linha, a proposta aqui assumida consiste, inicialmente, na tentativa de justificar não apenas que uma composição amigável seria interessante por não se saber qual o deslinde que a demanda poderia ter, mas, principalmente, pelo resultado refletido nas partes sob o viés da pacificação.

Nesse ponto, ainda que fosse adotada como premissa a existência de um maior grau de pacificação nas composições amigáveis do que nos casos decorrentes de resolução por um julgador, seria possível apontar os respectivos 'porquês' dessa afirmação?

A resposta a essa pergunta pode ajudar em muito a elucidar a demanda principal, descrita no título do presente artigo.

Para tanto, este ensaio é iniciado por uma breve introdução da evolução do processo decisório dos conflitos alocados nas mãos de um terceiro – no nosso caso, o Estado, por se tratar de um Estado Democrático de Direito (Estado-juiz) –, adentrando ao princípio da cooperação entre as partes em conflito e, conjuntamente, aos aspectos psíquicos dessas partes, tanto na forma de resolução dos conflitos por meio do Estado-juiz, quanto na forma de resolução por meio de uma composição amigável.

Ao final, propõe-se uma resposta à indagação central.

O processo decisório e a figura do terceiro

Antes de ser proposta qualquer tipo de resposta às demandas pretendidas, não se pode deixar de refletir sobre vários fatores que estariam na base das indagações indicadas acima.

Um primeiro fator que pode ser apontado consiste na alocação do poder decisório para um terceiro imparcial.

Decidir não é tarefa fácil, podendo envolver questões complexas e pessoas com opiniões e visões de mundo diversas. Os conflitos surgem naturalmente e acompanham a humanidade desde os primórdios.

No dizer de Mauro Maldonato:

> Decidir quer dizer permitir que o nosso olho inconsciente aprenda aquelas "evidências inevidentes" que tornam a realidade possível. De resto, toda descoberta é uma decisão que implica invenção e criação. Como uma vanguarda da mente, a decisão precede a consciência e, ao mesmo tempo, persegue-a para utilizar o imenso repertório de conhecimento acumulado pela evolução biológica. O que sabemos é apenas uma mínima parte do que poderíamos saber, se ultrapassássemos as fronteiras atuais das disciplinas que, por diversas razões, tratam disso; em suma, se déssemos vida a uma ciência da decisão. (2017, p.120)

O autor ainda refere:

> Desde as primeiras fases da história do homem, a decisão representou o fator mais poderoso de seleção e adaptação, de transformação e criatividade. Abrindo o seu caminho entre vínculos e possibilidades, a decisão dá lugar a uma nova forma da realidade. Uma decisão emerge no desconhecido, de processos inconscientes profundos que desafiam o pensamento racional". (2017, p.119)

Dentro da trajetória do processo decisório na humanidade, ainda se tem a expectativa de que o ser humano seja um animal majoritariamente racional e que, de alguma forma, seja possível tomar decisões "neutras", quase que isentas de conteúdos emocionais. Sobre o tema, interessantíssima a leitura de *Rápido e Devagar* (KAHNEMAN, 2012).

Nessa linha, qual seria a melhor forma de resolver conflitos de diferentes sujeitos, sendo que eles mesmos estariam emocionalmente envolvidos, podendo dificultar muito o manejo da situação?

Uma das saídas verificada na história da civilização foi a da utilização de um terceiro, que não estivesse emocionalmente envolvido, com uma visão livre de parcialidade. É possível afirmar que a utilização de um terceiro foi fundamental na trajetória da evolução das resoluções dos conflitos e essa prática acompanha a humanidade há séculos (LUZ, 2017, p.12).

Apenas para destaque, é válido lembrar que as comunidades mais primitivas chamavam os anciões para colaborar nas decisões de questões complexas – eles se reuniam para decidir com "sabedoria" as questões de interesse coletivo.

Nesse sentido, a figura do terceiro estaria intimamente ligada à imparcialidade, instituto importante quando se trata de decisão na qual há distintos interesses envolvidos e, também, para a soma das forças na busca de atender os interesses comuns, a exemplo da conhecida solução salomônica[21] (BÍBLIA, 2008, p. 370).

Tomando como base a figura do juiz, pode-se afirmar que tal tem gênese com o início das próprias civilizações. Na Roma antiga, os senadores se dedicavam aos julgamentos. Inicialmente, a figura do juiz era percebida como representante divino, e sua decisão simbolizava uma postura de um ser superior que conseguia ver os casos de uma maneira mais neutra (CRETELLA JÚNIOR, 2007, p. 27). Já o contratualismo social é parte da trajetória da figura do terceiro tomando as decisões[22] (ROUSSEAU, 2019, p. 23).

Assim, dentro do breve período histórico pesquisado, haveria uma "evolução" do exercício da jurisdição, por meio da decisão proferida por um terceiro imparcial – *terzietá* –, em face da autotutela que imperou nos primórdios das relações entre os homens.

---

21. Entre os registros históricos mais antigos, pode-se citar a figura do Rei Salomão, que julgou o caso de duas mulheres, as quais se diziam mães da mesma criança. BÍBLIA, A. T. I Reis 3:16-28. In: *Sagrada Bíblia Católica*: Antigo e Novo Testamentos. Tradução de José Simão. São Paulo: Sociedade Bíblica de Aparecida, 2008. p. 370.

22. O Estado, supostamente desinteressado nas causas individuais e interessado na causa coletiva, decide. Ou melhor, decidiria de uma forma imparcial, buscando a justiça – um terceiro que vem para facilitar a resolução das questões particulares. Para Rousseau, "o homem nasceu livre e em toda a parte é posto a ferro. Quem se julga senhor dos outros não deixa de ser tão escravo quanto eles." (ROUSSEAU, Jean-Jacques. *O Contrato Social*. Porto Alegre: L&PM, 2019. p. 23).

E, conforme ensina a doutrina, a evolução para essa alocação de poder teria ocorrido em quatro fases ou etapas até chegar ao modelo que temos hoje:

> No princípio, quando ainda inexistia o Estado, como poder político, os conflitos de interesses eram resolvidos pelos próprios litigantes, ou pelos grupos a que pertenciam, sendo a transposição dessa modalidade de justiça privada para a justiça pública produto de uma lenta e segura evolução. Registra Moreira Alves, com base em indícios, que essa evolução se fez em quatro etapas: a) na primeira, os conflitos entre particulares são, em regra, resolvidos pela força (entre a vítima e o ofensor, ou entre os grupos de que cada um dele faz parte), mas o Estado – então incipiente – intervém em questões vinculadas à religião; e os costumes vão estabelecendo, paulatinamente, regras para distinguir a violência legítima da ilegítima; b) na segunda, surge o arbitramento facultativo: a vítima, em vez de usar a vingança individual ou coletiva contra o ofensor, prefere, de acordo com este, receber uma indenização que a ambos pareça justa, ou escolher um terceiro (o árbitro) para fixá-la; c) na terceira etapa, nasce o arbitramento obrigatório: o facultativo só era utilizado quando os litigantes o desejassem e, como esse acordo nem sempre existia, daí resultava que, as mais das vezes, se continuava a empregar a violência para a defesa do interesse violado; por isso o Estado não só passou a obrigar os litigantes a escolherem árbitro que determinasse a indenização a ser paga pelo ofensor, mas também a assegurar a execução da sentença se, porventura, o réu não quisesse cumpri-la; e d) finalmente, na quarta e última etapa, o Estado afasta o emprego da justiça privativa e, por meio de funcionários seus, resolve os conflitos de interesses surgidos entre os indivíduos, executando, à força se necessário, a decisão. (ALVIM, 2000, p. 15/16)

Mesmo que "as profundezas" do processo decisório sejam desconhecidas pela humanidade, sabe-se que as pessoas envolvidas em uma relação conflituosa tendem a estar sob a ação das fortes emoções que as ligam à situação.

Nessa linha, uma terceira pessoa que não esteja emocionalmente envolvida tenderia a ter uma visão mais distanciada da situação e, consequentemente, perceber as coisas com maior clareza, como podemos auferir da leitura de *Como chegar ao sim*[23] (URY, 2005).

Assim, a ideia de trazer um profissional para ajudar na busca da solução para a decisão a ser tomada para algum determinado caso teria como ponto positivo que tal terceiro teria mais facilidade de perceber o todo de uma forma ampliada e ainda com menos envolvimento emocional.

Por outro lado, um fator que pode ser citado, agora em contraponto a essa decisão ser tomada por um terceiro, consiste na própria estrutura democrática, em que apenas os membros do Poder Judiciário não são eleitos diretamente pelo exercício do poder "do povo" (como ocorre no caso dos membros do Legislativo e Executivo).

Assim, por mais que o poder decorresse do povo, no que tange à função jurisdicional, a atuação desse poder se daria de forma indireta, por meio do exercício do direito de ação e de defesa.

Por fim, um último fator que também deveria ser analisado esbarraria no próprio conceito do que seria a "justiça".

Por mais que inúmeros sejam os possíveis caminhos, a favor ou contra esse modelo da decisão por um terceiro, a finalidade do presente trabalho não é a de propor um novo modelo de Estado, ou de exercício da jurisdição.

A finalidade consiste na reflexão sobre os "porquês" de uma participação efetiva das partes em um conflito – e entenda-se participação efetiva não pela possibilidade de influenciar decorrente do exercício do contradi-

---

23. Neste sentido, o livro ícone do Projeto de Negociação de Harvard, *Como Chegar ao Sim*, publicado no início da década de 1980 por William Ury, Roger Fischer e Bruce Patton, traz a importância de, durante um conflito ou processo de tomada de decisão, saber o momento em que a negociação nos pede para: "*go to the balcony*". (URY, William; FISHER, Roger; PATTON, Bruce. *Como chegar ao sim*: negociação de acordos sem concessões. Tradução de Vera Ribeiro e Ana Luiza Borges. 2. Ed. Rio de Janeiro: Imago, 2005).

tório e da ampla defesa, mas principalmente pela resolução dos conflitos por meio da tomada de decisões compartilhadas –, levar a sensação de pacificação maior do que a de uma decisão jurisdicional que resolve o feito, proferida por um terceiro, ainda que imparcial, julgando ou não o mérito do conflito[24]. Em suma, a questão é: se a "paz é o fim que o direito tem em vista"(IHERING, 2006, p. 1), por que haveria a sensação maior de pacificação por meio de composições decorrentes de mediação/conciliação, do que mediante uma decisão jurisdicional?

Dessa forma, partindo-se da premissa de que a sensação de paz – ou, ainda, até mesmo de "justiça" – seria maior nesses casos, passa-se a tentar justificá-la.

Do princípio da cooperação processual, da pulsão de morte e do mal-estar na civilização

"Cooperai uns com os outros"... Por mais que não exista um mandamento bíblico *ipsis litteris* como esse, observa-se, pela redação do art. 6º do CPC, a determinação expressa de que *todos os sujeitos do processo devem cooperar entre si para que se obtenha, em tempo razoável, decisão de mérito justa e efetiva.*

E em que consistiria essa cooperação? E quais são esses sujeitos? Leonardo José Carneiro da Cunha (2015) e Eduardo Talamini (2015) compartilham a ideia de que a cooperação adviria do direito material, especialmente por influência das cláusulas gerais, como a boa-fé e o abuso do direito (movimento de eticização do processo).

Vale destacar que a cooperação – ou colaboração – processual é tão antiga quanto o próprio processo e tem sua gênese intimamente ligada ao princípio

---

24. Ao invés de a norma concreta ser produzida por meio da aplicação da lei por um juiz ou árbitro (decisão jurisdicional), a decisão se daria de forma compartilhada, determinando qual seria a referida norma concreta para a solução do conflito.

do contraditório. Como consta na literatura de Ovídio Batista e Fábio Luiz Gomes (SILVA, 2011, p. 56), desde o Direito Romano primitivo a presença do demandado no processo era questão imposta, que ensejava até mesmo sanção pelo pretor romano — havia uma disposição que "obrigava" à presença do demandado no litígio, mesmo que este não quisesse nele atuar.

Essa "obrigação" decorria da necessidade da formação bilateral da relação processual, a fim de que o julgador, na presença do demandado dito "*rebelde*", pudesse obter as informações e os elementos necessários para a resolução do conflito, dada a característica da dialeticidade do processo.

O juiz – ou o árbitro –, na sua função de julgar, deveria sempre buscar os fatos e, a partir deles, proferir seu julgamento. Assim, a busca dos fatos tornava-se necessária porque o juiz não os viveu.

Quem os viveu foram as partes e, pela ausência da qualidade de onisciência do julgador, os fatos necessitam a ele ser entregues. Natural, portanto, que fossem elas as fornecedoras diretas, em uma estreita colaboração/cooperação com o juiz – o que era/é imprescindível para a própria função do julgador.

Dessa forma, a necessidade de cooperação para com o julgador, desde o Direito Romano primitivo, é uma característica vinculada aos processos embasados no contraditório – cooperação, para com o julgador, a fim de permitir a ele o exercício da função jurisdicional (GIL, 2003, p. 156/157)[25].

Nesse ponto, residiria o denominado princípio da cooperação no processo, princípio natural a todo processo litigioso, como aduz Francesco Carnelutti (2003, p. 69).

---

25. "A função jurisdicional somente poderá ser desempenhada satisfatoriamente pelo magistrado, se este contar com a colaboração das partes (autor e réu) através da formulação de suas razões, o fornecimento de informações e a produção de provas. O contraditório presta-se justamente, de início, para a manutenção do processo como fenômeno dialético, necessário para que ambos os litigantes tenham no decorrer da atividade processual as mesmas condições para a defesa de seus interesses, já que sujeitos parciais da relação jurídica processual." GIL, Ferreira de. *Princípios do Contraditório e da Ampla Defesa no Processo Civil Brasileiro*. São Paulo: Juarez de Oliveira, 2003, p. 156/157.

Pensando dentro da antiga sistemática do CPC/73, é possível afirmar que, com base no modelo constitucional do processo (Estado *Democrático de Direito*), o princípio do contraditório deveria ser pensado a partir da cooperação e do diálogo entre as partes, a fim de que o Estado-juiz decida somente após terem sido disponibilizadas as mais amplas possibilidades de participação no processo (BUENO, 2020. Vol. 1, p. 108).

E o que mudou, então, a partir da sistemática do Novo CPC?

Aparenta ser consenso dentro dos juristas de que houve um verdadeiro *reforço*[26] desse modelo constitucional do processo, tendo como diretriz a cooperação no sentido das partes para com o julgador – e vice-versa, como uma verdadeira "via de mão-dupla" –, aumentando (e melhorando, por assim dizer) o campo do diálogo entre tais (MAZZOLA, 2015), a fim de que haja a plena prestação jurisdicional, com a realização do direito material.

Ao analisar o instituto, muitos citam as lições do jurista e professor português Miguel Teixeira de Sousa, que explicita a cooperação como uma soma de deveres – principalmente destinados aos magistrados – que envolve desde prestar esclarecimentos[27], como também de consultar[28] a parte quando necessário, prevenindo-a[29] e a auxiliando[30].

Nessa linha, esclarecedoras são as lições de Daniel Mitidiero[31] (MARINONI, 2015, p.102).

---

26. Grifo nosso

27. Nas causas em que se tratar de matéria complexa, o juiz poderá designar audiência para que as partes integrem/esclareçam as suas alegações (Novo CPC, art. 357, § 3º).

28. A proibição de proferir decisões surpresa (Novo CPC, art. 10).

29. A oportunização obrigatória à parte para que corrija vício sanável antes de ser proferida decisão sem julgamento de mérito (Novo CPC, art. 317).

30. A possibilidade de ampliar o prazo quando se tornar complexo o seu cumprimento (Novo CPC, art. 139, IV e 437, § 2º).

31. "O princípio da colaboração estrutura-se a partir da previsão de regras que devem ser seguidas pelo juiz na condução do processo. O juiz tem deveres de conhecimento, de diálogo, de prevenção e de auxílio para com os litigantes. Esses deveres consubstanciam as regras que estão sendo enunciadas quando se fala em colaboração no processo". MARINONI, Luiz Guilherme *et al*. *Código de processo Civil comentado*. São Paulo: RT, 2015, p. 102.

Assim, como dito, aparenta ter havido um verdadeiro reforço do modelo constitucional de processo, no qual a cooperação se daria entre partes e juiz.

Mas, e as partes *"entre si"*? Haveria, também, o dever (ou ainda a possibilidade) da aplicação da cooperação processual entre elas?

Em que pese o próprio código prever algumas hipóteses de cooperação entre as partes adversas – como, por exemplo, na escolha comum de perito para a realização da perícia "consensual" (BUENO, 2015, p. 86) –, há quem entenda pela impossibilidade natural da cooperação *entre* elas.

Essa impossibilidade é tão antiga como a própria cooperação processual: a situação assumida pelas partes, dentro de um conflito materializado pelo processo, principalmente no que se refere ao estado psicológico delas, não condiz com uma postura normalmente altruística, em que uma parte visaria a cooperar com a outra, de forma honesta, sincera e fidedigna.

A tendência das partes, em razão dos ânimos acirrados por uma disputa (CARNELUTTI, 1959, p. 302-306), muitas vezes, visa apenas ao resultado final do processo – resultado positivo –, sem que haja uma preocupação maior, de ordem moral, com meios realizáveis para que tal fim seja alcançado.

Como se, por ser um jogo ou, ainda, uma batalha travada entre as partes (MILHOMENS, 1961, p. 42)[32], a regra seria "não ter regras", valendo tudo para a obtenção da vitória.

E de onde viria essa impossibilidade de uma cooperação plena dentro do processo?

Aqui, pegando emprestado um dos conceitos basilares da psicanálise,

---

32. "O processo é, de certo modo, um campo onde se trava batalha, no sentido figurado. A lide exprime uma luta, em que as partes, cada uma de seu lado, tudo fazem para tirar vantagens, para ver triunfante a sua pretensão, o seu direito. Pela própria existência do conflito de interesses nela contido, o processo é campo propício para desenvolvimento da astúcia, vizinha próxima da fraude, da má-fé. Não é de admirar que cada um dos contendores procure sacar do processo o máximo de proveito pessoal." (MILHOMENS, Jônatas. *Da presunção de boa-fé no processo civil.* Rio de Janeiro: Forense, 1961, p. 42).

pode-se citar, como fundante para a impossibilidade dessa cooperação plena, a figura das pulsões, mais precisamente a da *pulsão de morte*.

Antes que o leitor tenha uma resistência aceitável à terminologia, comecemos pela pulsão: o que seria uma pulsão?

Em brevíssima síntese, Freud ensina que há, no ser vivente, uma força vital que faz com que se mova[33]. Faz com que ele queira respirar, relacionar-se, escrever livros e artigos, alimentar-se.

É uma força que poderia ser denominada como força vivente (ROCHA, 2000, p. 99)[34]: "(...) carga energética que se encontra na origem da atividade motora do organismo e do funcionamento psíquico inconsciente ..." (ROUDINESCO, 1998, p. 628).

Assim, no texto *Além do princípio do prazer* (FREUD, 1920, p. 11/75), aliado à figura das pulsões de vida[35] — já trabalhada por ele em textos anteriores –, Freud introduz a ideia da pulsão de morte:

> O quadro da última teoria freudiana das pulsões designa uma categoria fundamental de pulsões que se contrapõem às pulsões de vida e que tendem para a redução completa das tensões, isto é, tendem a reconduzir o ser vivo ao estado anorgânico. (LAPLANCHE; PONTALIS, 2001, p. 407)

Essa pulsão, quando dirigida para o "exterior da psique", se manifestaria sob a subespécie da pulsão de agressão" (LAPLANCHE; PONTALIS, 2001, p. 397)[36], devido à sua finalidade básica, a destruição do objeto externo —

---

33. Para Freud, as pulsões são forças internas portadoras de excitação, das quais o organismo não pode escapar, sendo mobilizadoras do funcionamento do aparelho psíquico. Para essa proposta teórica, a pulsão de vida é de caráter construtivo e tende à autoconservação – age em função de manter o prazer e evitar o desprazer.

34. As pulsões sexuais, juntamente com as pulsões sublimadas e as pulsões de autoconservação, foram reunidas sob o nome de Eros, e, dessa forma, foram colocadas a serviço da vida e do amor (ROCHA, Zeferino. *Os destinos da angústia na psicanálise freudiana*. São Paulo: Escuta, 2000, p. 99).

35. Englobaria as pulsões de autoconservação e as pulsões sexuais.

36. "Designa para Freud as pulsões de morte enquanto voltadas para o exterior. A meta da pulsão de agressão é a destruição do objeto". Laplanche Pontalis. Op. Cit., p. 397.

como se decorresse dessa pulsão todo o dinamismo de atos de um sujeito, pensado a partir da vasta dimensão de sentimentos destrutivos possíveis do ser humano (raiva, ira, ódio etc.).

Para Freud, ambas as pulsões (de vida e morte) estariam não apenas interligadas, mas amalgamadas, acompanhando o sujeito por toda a sua vida — em toda e qualquer manifestação consciente deste sujeito, haveria uma certa dose de ambas as pulsões: "Aquilo com que deparamos nunca são, por assim dizer, moções pulsionais puras, mas misturas de duas pulsões em proporções variadas" (LAPLANCHE; PONTALIS, 2001, p. 410).

Nesse sentido, tem-se como natural do ser humano, classificado como sujeito do inconsciente, ter suas porções ou doses de manifestação conscientes, decorrentes da pulsão de morte.

Essas "doses" seriam aguçadas quando presentes ambientes de rivalidade ou conflituosos, como, por exemplo, o processo judicial (ou um conflito em geral).

É claro que não se justificaria, apenas por ser da substância do sujeito do inconsciente a existência dessa pulsão perpétua, a exteriorização de toda e qualquer manifestação destrutiva.

Na verdade, faz-se necessário o devido controle dessas doses, seja para ser possível a vida em sociedade, seja ainda dentro de um processo, uma vez que não se poderiam permitir eventuais abusos.

E a forma mais comum do controle dessa categoria das pulsões consiste na própria capacidade do sujeito de conseguir viver em sociedade, por meio de um *pacto* por ele realizado: passa-se a viver em sociedade desde que haja uma renúncia à plena satisfação de desejo dos sujeitos; renuncia à satisfação dessas pulsões, em razão de benefícios oriundos da vida organizada em sociedade.

Ou melhor dizendo: renuncia-se aos desejos ilimitados para poder usufruir da vida organizada. Este é o pacto social civilizatório do sujeito do inconsciente.

Neste sentido, Sigmund Freud (1997, p. 55), no texto *O mal-estar na civilização*, ratificando as constatações elaboradas em *Totem e tabu* – e, principalmente, em *Psicologia de grupo e análise do ego* – observa que todo sujeito teria uma dose de agressividade inata, decorrente de suas pulsões.

Freud observa ainda que, com a instauração da civilização, tal agressividade, deixando de se voltar para o outro, direcionar-se-ia para o próprio ego, gerando uma tensão entre Ego e Superego, ocasionando um mal-estar que deveria ser suportável em razão dos benefícios de se viver em sociedade:

> Outra questão nos interessa mais de perto. Quais os meios que a civilização utiliza para inibir a agressividade que se lhe opõe, torná-la inócua ou, talvez, livrar-se dela? Já nos familiarizamos com alguns desses métodos, mas ainda não com aquele que parece ser o mais importante. Podemos estudá-lo na história do desenvolvimento do indivíduo. O que acontece neste para tornar inofensivo seu desejo de agressão? Algo notável, que jamais teríamos adivinhado e que, não obstante, é bastante óbvio. Sua agressividade é introjetada, internalizada; ela é, na realidade, enviada de volta para o lugar de onde proveio, isto é, dirigida no sentido de seu próprio ego. Aí, é assumida por uma parte do ego, que se coloca contra o resto do ego, como superego, e que então, sob a forma de 'consciência', está pronta para pôr em ação contra o ego a mesma agressividade rude que o ego teria gostado de satisfazer sobre outros indivíduos, a ele estranhos. A tensão entre o severo superego e o ego, que a ele se acha sujeito, é por nós chamada de sentimento de culpa; expressa-se como uma necessidade de punição. A civilização, portanto, consegue dominar o perigoso desejo de agressão do indivíduo, enfraquecendo-o, desarmando-o e estabelecendo no seu interior

um agente para cuidar dele, como uma guarnição numa cidade conquistada (FREUD,1997, p. 83-84).

Assim, por mais que a vida em sociedade seja mais aprazível, a não satisfação plena citada ensejaria um mal-estar. Um mal-estar cultural ou da civilização, haja vista que implicaria uma renúncia não apenas individual – do sujeito –, mas, sim, da própria coletividade.

Uma renúncia de iguais, de situações iguais (o mesmo valendo para os desiguais, dentro de suas desigualdades). Haveria, assim, padrões de renúncias, decorrentes de respectivos "mal-estares", a partir de padrões de igualdades.

E aqui, por mais que o tema merecesse maiores aprofundamentos, aponta-se uma "nova classificação", ou ainda um novo "padrão" de justiça, ainda que não seja a aristotélica universal (justiça universal decorrente da Lei) (ARISTÓTELES, 2015, p.125-128)[37].

Sabe-se que, por mais que haja esse ensinamento aristotélico de que a justiça universal estaria diretamente ligada à lei, haveria, também em Aristóteles a indicação do que foi nomeado como justiça privada, em que um ato, por mais que fosse classificado legalmente como indevido (universalidade), sob o viés de seu agente não seria necessariamente injusto:

> Aristóteles afirma que é possível cometer injustiça sem, no entanto, ser injusto, e essa diferença diz respeito não ao ato em si, mas à disposição do sujeito. Sublinha a diferença entre a justiça — qualidade moral, e a justiça política ou jurídica que deve presidir as instituições da Pólis. Nem sempre o ato injusto, proscrito pela lei, revela um caráter injusto ou pervertido. O julgamento do ato não é necessariamente um julgamento moral do sujeito. O ato pode ter sido cometido e imposto pela violência ou pela força, ou ainda na ignorância e sem conhecimento de causa. Só

---

37. "De fato, a lei prescreve todas as virtudes e proíbe qualquer vício. E as coisas capazes de produzir a virtude completa são as ações que foram ordenadas pela lei visando à educação e ao bem comum". Op. cit., p. 128.

quando ele é fruto de uma deliberação consciente e é livremente praticado é que se torna revelador do caráter moral do sujeito: "por outro lado, se a escolha [do mal] é deliberada, o autor do ato é injusto e perverso. (FARIA, 2007, p. 49)

Ou seja, do coletivo para o individual, haveria o padrão geral daquilo que seria aguardado pelo ordenamento jurídico — aplicação da lei e previsibilidade das decisões –, e ainda o julgamento privado do sujeito, que não necessariamente coincidiria com o comando que advém da lei.

Nesse sentido, o sentimento de justiça do sujeito está diretamente ligado ao mal-estar ocasionado pela renúncia à satisfação plena de seus desejos (renúncia igual entre os iguais; permissão/proibições iguais etc.).

O mal-estar aceito para se viver em sociedade implica o padrão de justiça, que todos os iguais deveriam ter, a partir do conjunto de suas renúncias. O que seria injusto, sob a ótica do sujeito, seria um igual ter a possibilidade de não ter que abrir mão de seus desejos, tal qual os demais iguais.

De forma exemplificada, todos poderiam ter os mesmos direitos, desde que iguais e essa igualdade, ainda que gerasse um mal-estar por não permitir uma liberdade plena da satisfação dessas pulsões, implicaria uma condição suportável de se viver em sociedade, em razão dos diversos outros benefícios que uma vida organizada socialmente pudesse proporcionar.

Logo, se não é respeitado esse sentimento de igualdade (justiça), dentro do âmbito do sujeito, fazendo com que iguais tenham diferentes níveis de permissão-proibição de satisfação, passa a deixar de valer a pena suportar o mal-estar decorrente do direcionamento dessas pulsões para o Ego, voltando-se a direcioná-las ao Outro.

No mesmo sentido, quando uma decisão jurisdicional — ainda que adequada sob o viés da aplicabilidade do ordenamento jurídico, sem a presença de irregularidades (seja na forma ou em seu conteúdo) – destoar desse sentimento individual de justiça (ou ainda das 'regras' contidas em um julgamento individual, que delimitaria/justificaria esse mal-estar, gerando um sentimento de desigualdade), pode ocasionar efeitos avessos ao de uma pacificação.

Pior: poderia ainda mais intensificar o conflito, seja interno, seja para com o outro e, também, estabelecer uma perda maior, a da confiança na existência de em um "Estado-justo".

De outro lado, se a decisão fosse tomada pelo sujeito, ainda que de forma compartilhada entre as partes de um conflito (e ainda que fiscalizada por um representante do Estado-Juiz), a dinâmica psíquica seria outra.

E qual seria?

Dentro do 'mal-estar' aceito pelas partes e, logo, dentro daquilo que cada um entenderia como justiça – como regras necessárias a serem seguidas por aceitarem abrir mão do desejo de satisfação plena de suas pulsões, em razão da vida em sociedade –, haveria um novo pacto ou, simbolicamente, haveria uma ratificação daquele pacto de outrora (pacto de instituição da civilização), em que os ajustes realizados entre as referidas partes reforçariam a suportabilidade do 'mal-estar' individual, em prol de se viver em sociedade.

Como se as composições amigáveis, principalmente ocorridas em sessões de mediação, fossem, simbolicamente, um instrumento de ratificação do pacto de se viver em sociedade, suportando o mal-estar individual em razão dos benefícios coletivos, que nada mais são do que a expectativa de justiça dos sujeitos.

Dessa forma, tendo em vista que a finalidade do Direito é a própria paz, pelo raciocínio aqui proposto, o nível de pacificação seria maior em uma composição amigável face a uma decisão judicial.

Ou seja: nem mesmo a aplicação da lei, dentro da previsibilidade mínima do ordenamento, poderia ser mais pacificadora do que uma decisão compartilhada entre as partes, a partir daquilo que fosse comum sobre o mal-estar dos sujeitos em conflito.

Nesse sentido, sábias já eram as palavras de Carnelutti ao afirmar que a sentença é uma espécie de mediação[38] imposta pelo juiz, enquanto a mediação é uma sentença determinada pelas partes.

O terceiro seria, então, dispensável para a solução dos conflitos?

É importante destacar um sutil detalhe a respeito do papel do terceiro no processo decisório.

Ao lado da figura daquele que decide pelas partes, resolvendo o conflito, existem aqueles que agem como facilitadores, e não julgadores.

Seriam verdadeiros agentes responsáveis, não apenas para o restabelecimento da comunicação entre as partes, mas, principalmente, para a construção de um campo frutífero para que seja, pelas partes, tomada uma decisão compartilhada – restabelecimento dos "*laços*" até então rompidos ou desgastados.

Ou seja, um agente capaz de mitigar os fatores emocionais que acabam potencializando o próprio conflito, permitindo que as partes consigam visualizar, em conjunto, caminhos alternativos para a solução — e pacificação – da controvérsia.

Neste caso, ocorreria a preservação da autonomia da vontade das partes, já que a solução decorreria do interior dos "protagonistas"[39] do conflito.

---

38. Ainda que o mestre italiano se referisse à conciliação, a *ratio* pode também ser aplicada à mediação.
39. Pessoas ativas em seu processo psíquico, atitudinal e comportamental.

Dessa forma, os envolvidos seriam, diretamente, sujeitos da ação e parte da solução, o que faz uma grande diferença no nível de satisfação de cada um deles em relação ao resultado obtido[40], ao mesmo tempo em que ainda se percebem, de certa maneira, no controle dos fatos e não como reféns deles.

Um destes terceiros, que possui as citadas funções e finalidades descritas, é a figura do mediador. A atuação profissional do mediador consiste, em suma, em atuar como terceiro[41], mas sem a função de julgar; sem a função de resolver o conflito, como um verdadeiro facilitador.

Como mais bem descrito nos demais artigos desta coletânea – e com a devida profundidade –, a finalidade da mediação é a de facilitar o processo de interação negocial entre os envolvidos, na busca de entendimentos de ganhos mútuos, cuidando para que a autonomia da vontade das partes seja preservada, respeitada, e ainda colaborando para que ambos vislumbrem seus reais interesses, sem permitir — ou, ao menos, mitigando-os – que processos emocionais inconscientes prejudiquem o diálogo produtivo.

Por assim ser, a figura do terceiro, não como julgador, mas como um facilitador (como na mediação), ainda se mostra fundamental para a resolução dos conflitos.

---

40. Há ainda quem defenda que o novo "laço" formado por meio de uma solução com a participação direta das partes formaria uma tendência natural de honrarem com o combinado – ocorreria uma maior tendência ao cumprimento da prestação de forma espontânea e satisfatória, na grande maioria das vezes sem a necessidade de processo de execução.

41. O professor Robert Birnbaum (1984), trabalhando a estratégia *neutral thirdy party* (a terceira parte neutra), ao realizar um estudo na Columbia University sobre negociação coletiva, afirmou que o debate, embora possa ter muitos benefícios institucionais e organizacionais, pode também causar problemas significativos no *campus*, no que se refere à produção de conflitos entre administradores e sindicatos. Destacou que os fatores dificultadores, como os estereótipos, a hostilidade, a criação da imagem do inimigo, o julgamento comprometido e a incapacidade de entender a posição do outro lado, geram conflitos intergrupais. Neste sentido, a terceira parte neutra seria uma alternativa para melhorar as relações nos *campi* (DE LUCENA FILHO, Humberto Lima. *As Teorias do Conflito*: contribuições doutrinárias para uma solução pacífica dos litígios e promoção da cultura da consensualidade. Revista Direitos Culturais, V.7, N. 12, 2012. Universidade Regional Integrada do Alto Uruguai e das Missões, URI – Campus de Santo Ângelo. Disponível em: http://srvapp2s.urisan.tche.br/seer/index.php/direitosculturais/article/view/649. Acesso em: 10 set. 2020).

Considerações finais

Um terceiro decidiria, portanto, melhor do que eu?

A partir do breve ensaio, e dentro do critério da pacificação esperada, pode-se afirmar que não.

E isso em razão da expectativa individual de cada sujeito, dentro do 'novo' padrão que se identificou como o de justiça, diretamente relacionado à preservação do 'mal-estar' que cada um necessita e está disposto a suportar para viver em sociedade.

Um terceiro seria indispensável, então?

A resposta também parece ser negativa. Um terceiro que não julga consegue facilitar a solução do conflito, mostrando-se, assim, necessário, em casos como os de mediação.

Frise-se que não se pretendeu, no presente ensaio, a mudança do modelo de exercício jurisdicional, no qual a inafastabilidade da jurisdição é a base do Estado Democrático de Direito.

Contudo, dentro desse exercício jurisdicional, podem-se justificar alguns dos "porquês", a partir da premissa adotada, para ser mais frutífero que as soluções dos conflitos se dessem por meio de composições amigáveis do que pela resolução por meio de uma decisão jurisdicional.

Nessa linha, pode-se afirmar que o sentimento de pacificação seria maior nos casos de composição amigável, uma vez que as condições para a renúncia aos desejos, para se viver em sociedade, seriam observadas — e respeitadas –, independentemente da previsibilidade das decisões decorrentes do ordenamento jurídico, justificando aos sujeitos a parcela de mal-estar gerado pela referida renúncia.

Referências bibliográficas

ALVIM, José Eduardo Carreira. *Tratado geral da arbitragem*. Belo Horizonte: Mandamento, 2000.

ARISTÓTELES. *Ética à Nicômaco*. Coleção A Obra Prima de Cada Autor. Tradução de Luciano Ferreira de Souza. Martin Claret: São Paulo, 2015.

BÍBLIA, A. T. I Reis 3:16-28. *In: Sagrada Bíblia Católica*: Antigo e Novo Testamentos. Tradução de José Simão. São Paulo: Sociedade Bíblica de Aparecida, 2008.

BIRNBAUM, Robert. *The Effects of a Neutral Third Party on Academic Bargaining Relationships and Campus Climate*. The Journal of Higher Education, vol. 55, no. 6, 1984, pp. 719–734. JSTOR. Disponível em: <www.jstor.org/stable/1981510>. Acesso em: 22 jun. 2020.

BUENO, Cassio Scarpinella. *Manual de direito processual civil*. São Paulo: Saraiva, 2015.

BUENO, Cássio Scarpinella. *Curso sistematizado de direito processual civil*. 10ª Ed. São Paulo: Saraiva, 2020. Vol. 1, p. 108.

CARNEIRO DA CUNHA, Leonardo. *O princípio contraditório e a cooperação no processo*. Disponível em: < http://www.leonardocarneirodacunha.com.br/artigos/o-principio-contraditorio-e-a-cooperacao-no-processo/>. Acesso em: 05 out. 2015.

CARNELUTTI, Francesco. *Gioco e Processo. Rivista di Diritto Processuale*, Pádua, Parte II, 1959.

CARNELUTTI, Francesco. *Como se faz um processo*. São Paulo: JG Editor, 2003.

CRETELLA JÚNIOR, José. *Curso de direito romano*. 30ª Ed., Rio de Janeiro: Forense, 2007.

DE LUCENA FILHO, Humberto Lima. *As Teorias do Conflito: contribuições doutrinárias para uma solução pacífica dos litígios e promoção da cultura da consensualidade*. Revista Direitos Culturais, V.7, N. 12, 2012. Universidade Regional Integrada do Alto Uruguai e das Missões, URI – Campus de Santo Ângelo. Disponível em: http://srvapp2s.urisan.tche.br/seer/index.php/direitosculturais/article/view/649. Acesso em: 10 set. 2020.

FARIA, Maria do Carmo B. *Direito e Ética:* Aristóteles, Hobbes, Kant. São Paulo: Paulus, 2007.

FREUD, Sigmund. *Além do princípio do prazer.* Rio de Janeiro: Imago, 1996.

FREUD, Sigmund. *O mal-estar na civilização.* Tradução de José Octávio de Aguiar Abreu. In: *Edição standard brasileira das obras completas de Sigmund Freud.* v. XXI. Rio de Janeiro: Imago, 1997.

IHERING, Rudolf Von. *A luta pelo Direito.* São Paulo: Forense, 2006.

KAHNEMAN, Daniel. *Rápido e devagar: duas formas de pensar.* Tradução de Cássio de Arantes Leite. Rio de Janeiro: Objetiva, 2012.

LAPLANCHE, Jean; PONTALIS, Jean-Bertrand. *Vocabulário de psicanálise.* São Paulo: Martins Fontes, 2001.

LUZ, E. S.; SAPIO, G. *Métodos alternativos de resolução de conflitos e a problemática do acesso a justiça em face da cultura do litígio.* Interfaces Científicas – Direito, v. 6, n. 1, p. 9-22, 14 out. 2017, p. 12.

MALDONATO, Mauro. *Na Hora da Decisão somos sujeitos conscientes ou máquinas biológicas?* São Paulo: Edições SESC, 2017.

MARINONI, Luiz Guilherme *et al. Código de Processo Civil comentado.* São Paulo: RT, 2015.

MAZZOLA, Marcelo. *Dever de cooperação no novo CPC: uma mudança de paradigma.* 05 out. 2015. Disponível em: <https://ids.org.br/dever-de-cooperacao-no-novo-cpc-uma-mudanca-de-paradigma/>. Acesso em: 11 out. 2021.

MESQUITA, Gil Ferreira de. *Princípios do Contraditório e da Ampla Defesa no Processo Civil Brasileiro.* São Paulo: Juarez de Oliveira, 2003.

MILHOMENS, Jônatas. *Da presunção de boa-fé no processo civil.* Rio de Janeiro: Forense, 1961.

ROCHA, Zeferino. *Os destinos da angústia na psicanálise freudiana.* São Paulo: Escuta, 2000.

ROUDINESCO, Elisabeth; LAPON, Michel. *Dicionário de Psicanálise.* Rio de Janeiro: Zahar, 1998.

ROUSSEAU, Jean-Jacques. *O Contrato Social.* Porto Alegre: L&PM, 2019.

SILVA, Ovídio Batista da; GOMES, Fábio Luiz. *Teoria Geral do Processo Civil*. 4ª Ed. São Paulo: RT, 2011.

TALAMINI, Eduardo. *Cooperação no novo CPC (primeira parte): os deveres do juiz*. Disponível em: <http://www.migalhas.com.br/dePeso/16,MI226236,41046-Cooperacao+no+novo+CPC+primeira+parte+os+deveres+do+juiz>. Acesso em: 05 out. 2015.

URY, William; FISHER, Roger; PATTON, Bruce. *Como chegar ao sim*: negociação de acordos sem concessões. Tradução de Vera Ribeiro e Ana Luiza Borges. 2ª Ed. Rio de Janeiro: Imago, 2005.

5. AFINAL, QUAIS SÃO OS PRINCIPAIS MEIOS PARA SOLUÇÃO DE CONFLITOS?

Beatriz Vidigal Xavier da Silveira Rosa, Cecília Patrícia Mattar, Flávio Faibischew Prado, Marília Campos Oliveira e Telles e Míriam Bobrow

> "Para que possamos nos colocar como atores e autores de mudança, faz-se necessário descrever nossa participação também como construtores desta realidade em que vivemos e que queremos mudar."
>
> Vania Curi Yazbek

Hoje, pode-se afirmar que o cidadão comum e as empresas em geral, sejam públicas ou privadas, têm a possibilidade de optar pelo caminho que consideram mais adequado quando estiverem diante de um conflito, escolhendo a melhor forma de justiça que considerem para atender seus interesses. Neste sentido, ficou no passado o Estado como única opção para solução de conflitos. Em linguagem jurídica, o Estado deixou de ter o monopólio da Justiça.

Ao se falar em resolução de conflitos, vários métodos vêm à mente e cada um deles possui características próprias que os diferenciam entre si, oferecendo peculiaridades que permitem ao usuário escolher aquele que considere mais adequado para o deslinde da questão concreta, conforme as necessidades dos envolvidos no conflito.

Deste modo, o presente artigo oferece breves comentários sobre os principais métodos de resolução de conflitos disponíveis no País: a negociação, as práticas colaborativas, a conciliação, a mediação, a justiça restaurativa, a avaliação neutra, a arbitragem e o *dispute board*.

Além desses métodos usados individualmente, importa notar que podem ser feitas combinações entre eles, em situações que envolvem conflitos complexos. Para essas combinações feitas sob medida para cada caso concreto, a doutrina deu o nome de Desenho de Solução de Disputas.

Da mesma forma, uma vez que atualmente a resolução de conflitos pode acontecer de maneira remota, também serão apresentadas as peculiaridades da resolução consensual de disputas em linha, conhecida por seu acrônimo em inglês, ODR, ou *Online Dispute Resolution*.

Evidentemente, não temos a pretensão de esgotar o tema e outras metodologias poderiam ser objeto de considerações, porém tomamos por critério apresentar aquelas que são mais praticadas no Brasil.

Negociação

Negociar vem do latim *negotiare*, que significa, em linhas gerais, chegar a um acordo, trocar, agir para concretizar ou finalizar uma coisa[42]. E há diversas maneiras de se fazer a negociação, dentre as quais são mais conhecidas o modelo distributivo ("ganha-perde") e o modelo integrativo ("ganha-ganha"), baseados nas teorias econômicas dos jogos de John Von Neumann e John Nash, na primeira e segunda metades do século XX, respectivamente. Daí nasceu o desenvolvimento da negociação pela escola de Harvard, notoriamente conhecida e divulgada especialmente pelo livro campeão de vendas *Como chegar ao sim*, de William Ury, Bruce Patton e Roger Fisher.

Doutrinariamente, tem-se algumas definições do que é o processo de negociação. Para Ury (1991, p. 22) "a negociação é um processo de mútua comunicação destinado a conseguir um acordo com outros, quando existem alguns interesses compartilhados e outros opostos". Da mesma forma,

---

42. Definição do dicionário online DICIO. Disponível em: https://www.dicio.com.br/negociar/. Acesso em: 27 nov. 2020.

Schoonmarker (1989) defende que "as negociações são métodos para se chegar a um acordo com elementos tanto cooperativos como competitivos". Já Cohen (1980, p. 13) entende que a "negociação é o uso da informação e do poder, com o fim de influenciar o comportamento dentro de uma 'rede de tensão'". Wanderley (1998, p. 21) explica que "Negociação é o processo de alcançar objetivos por meio de um acordo nas situações em que existem interesses comuns, complementares e opostos, isto é, conflitos, divergências e antagonismos de interesses, ideias e posições".

Assim, pode-se dizer que negociação é um processo interativo de comunicação entre duas ou mais partes, que ocorre sempre que alguém queira algo de alguém ou que ambos desejem a mesma coisa, podendo estas partes ser ou não representadas por um profissional, seu assistente.

Uma negociação envolve, quase sempre, três aspectos essenciais: posições – aquilo que é colocado de forma rápida e visível sobre a mesa; interesses – aquilo que as partes realmente desejam conseguir na negociação, e que às vezes está sob a mesa; valores – são as razões, as crenças mais profundas e que, na maioria das vezes, não são negociáveis.

É preciso compreender a história, a cultura e a perspectiva da outra parte. O professor William Ury aborda esta perspectiva como "vestir os sapatos alheios" para se fazer uma boa negociação, além de procurar "deixar bem claro que seu interesse é chegar a um acordo mutuamente satisfatório de maneira eficiente e amistosa" (1991, p. 24).

Assim se chega à conclusão de que uma negociação bem-sucedida é aquela em que as partes envolvidas terminam conscientes de que o resultado, ou seja, o acordo obtido, é maior e melhor se comparado àquele obtido pela decisão de um terceiro fora da relação, além de se caracterizar pela satisfação mútua das partes.

Por fim, ao envolver uma comunicação direta e um processo simples, a negociação pode ser entendida como um modo mais célere, informal, autônomo, independente e menos oneroso que os métodos de resolução de disputas, no qual a parte tem sua autonomia de decisão resguardada na medida que se autorresponsabiliza pelas decisões tomadas para solucionar a disputa, mesmo que de maneira parcial.

No contexto deste livro, a negociação será entendida como um dos métodos de resolução de disputas que podem ou não envolver um terceiro assistente. Neste último caso, denominado de negociação assistida, uma das partes ou ambas contratam negociadores treinados para agir em seu nome na negociação, visando obter a maximização de seus interesses em um eventual acordo. Desta forma, o assistente é um terceiro técnico parcial que age de acordo com os interesses e entendimentos da parte, tal como, por exemplo, o advogado faz em relação aos seus clientes quando lhes defende uma causa.

Práticas colaborativas

No contexto de uso do diálogo como ferramenta essencial, nasciam as práticas colaborativas, na década de 1990, nos Estados Unidos. Stuart Webb, advogado cansado de longas e infrutíferas batalhas judiciais, propôs a um grupo de advogados que passassem a trabalhar de forma efetivamente colaborativa e não litigiosa. Este movimento encontrou ressonância no trabalho que vinha sendo desenvolvido pela terapeuta de família Peggy Thompson junto a advogados, no sentido de assessorar conjuntamente famílias durante o divórcio e evitar ações litigiosas.

As práticas colaborativas são um método não adversarial, extrajudicial e interdisciplinar de resolução de conflitos que prestigia o diálogo produtivo e respeitoso entre as partes, na busca de acordos sustentáveis. Cada cliente é representado por um advogado devidamente capacitado nesta técnica e, juntos, todos assinarão um Termo de Participação, com o objetivo de negociar com transparência e com o compromisso de não litigar durante todo o procedimento. Caso não seja possível chegar a um acordo, o processo de negociação colaborativa será interrompido, com a consequente retirada dos profissionais.

Os advogados comprometem-se a recorrer ao Poder Judiciário apenas para homologar acordos ou tomar medidas legais previamente acordadas entre os clientes no que diz respeito à matéria que está sendo negociada.

As práticas colaborativas têm como princípios a boa-fé, que pode ser entendida como confiança, lealdade, honestidade, sinceridade, e a confidencialidade. Nas práticas é adotado o termo *transparência* para designar este compromisso assumido por toda a equipe que adotará o procedimento, sendo condição imprescindível para contratá-la e, com o mesmo peso, sua quebra é motivo para interromper o procedimento e obrigar à retirada de toda a equipe multidisciplinar, que não mais poderá atender estes clientes com relação às questões negociadas.

Neste método, há a oportunidade de constituir uma equipe interdisciplinar, trazendo um profissional da saúde mental (PSM)[43] para assessorar os clientes e os advogados nas dinâmicas de comunicação e na escuta dos aspectos subjetivos.

Os PSM auxiliam as partes e os próprios advogados no mapeamento dos pontos de conflito, acolhem as emoções e desenvolvem forças e competências junto com os clientes, dando sustentação emocional ao procedimento. Em casos de família, podem ser chamados também para promover a escuta dos filhos, levando ao conhecimento do pai, da mãe e de seus advogados

---

43. O Profissional da Saúde Mental Colaborativo deve ter formação em Psicologia, Psiquiatria, Assistência Social com especialização em Saúde Mental e/ou Formação em Terapia Sistêmica de Casais e Famílias; demais requisitos podem ser consultados no *site* do Instituto Brasileiro de Práticas Colaborativas: https://ibpc.praticascolaborativas.com.br/standarts-eticos-2/. Acesso em: 27 set. 2020.

o modo como a prole está lidando com a situação, isto é, dando-lhes voz e garantindo que suas necessidades sejam levadas em consideração. Os PSM auxiliam as partes a ampliar e fortalecer o próprio processo de comunicação, o que se mostra útil tanto durante as tratativas colaborativas quanto posteriormente, quando o acordo for concluído e as partes tiverem que permanecer se relacionando diretamente. Essas funções não se confundem com a de um terapeuta, na medida em que trazem especificidades para auxiliar os clientes diretamente nas questões provenientes do conflito.

Da mesma forma, é possível ter na equipe colaborativa um profissional de finanças, que também atuará de forma imparcial, colhendo as informações dos clientes para fazer um diagnóstico do patrimônio envolvido e ajudar na construção de cenários econômicos para o futuro.

Toda a equipe profissional colaborativa mantém a atenção nas necessidades e interesses das partes, objetivando sempre a construção do consenso, em coautoria, mediante a harmonização de diferenças no sentido de criar soluções com as quais todos os envolvidos possam conviver. Trocas de informações, relatos das percepções e sentimentos são realizados durante todo o percurso, que busca a criação de opções mediante a expansão de possibilidades e de oportunidades através de dinâmicas mediadas pelos profissionais. O uso de estratégias de barganha, imposições unilaterais de posições e ameaças, diretas ou veladas, não tem espaço, pois não auxiliam para construção de consenso. As práticas colaborativas colocam, portanto, foco na cocriação e na solução de problemas de forma compartilhada.

Assim, os clientes encontram campo para conversar com a necessária confiança, tornando-se protagonistas ao decidir com base em informações confiáveis, com responsabilidade direta sobre o resultado pretendido, tendo ambos os advogados como assessores jurídicos e parceiros na construção de um acordo que beneficie a todos.

As práticas colaborativas representam uma mudança de paradigma na resolução de conflitos, com uma abordagem centrada nas pessoas, baseada no diálogo, com encorajamento da expressão dos envolvidos na situação conflituosa, dando oportunidade a todos de serem escutados ao escutar o outro. Enquanto o advogado litigante (do processo contencioso) vê a outra parte e seu advogado como adversários que devem ser combatidos e derrotados, o advogado colaborativo, ao mesmo tempo em que protege e assessora seu cliente, estabelece uma parceria com a outra parte no sentido de querer sua colaboração para que seja possível fazer um acordo frutífero para ambos. Esta mudança pode ser percebida inclusive na linguagem utilizada, uma vez que não se trata de convencer o julgador, mas de identificar os interesses de todos os envolvidos e as formas possíveis de acomodá-los, minimizando os danos emocionais e financeiros advindos de posturas adversariais.

Outro aspecto importante é que no processo colaborativo as pessoas envolvidas no conflito têm o tempo de que necessitam para tomar as decisões relacionadas ao acordo a ser feito. O trabalho colaborativo é flexibilizado para atender às necessidades dos envolvidos, que decidem quanto tempo ele vai durar, podendo ser muito célere.

Uma vez que o acordo foi construído em coautoria, torna-se sustentável e será cumprido espontaneamente pelos envolvidos, fato que elimina a necessidade de intermináveis recursos e futuras ações de execução ou revisionais.

Com relação aos custos, as práticas colaborativas trazem a vantagem de serem previsíveis e contratadas diretamente pelas pessoas, sem surpresas. Os advogados propõem seus honorários levando em consideração a mão de obra que será envolvida, a duração estimada do trabalho, custos diretos e indiretos para sua realização, sem atrelar o valor ao patrimônio do cliente.

Da mesma forma, os demais profissionais que poderão participar da equipe apresentarão suas propostas, sendo que em geral os profissionais da saúde mental costumam cobrar por consulta ou hora de trabalho.

As práticas colaborativas têm efeito emancipador nas pessoas, que se sentem capazes de analisar e resolver os próprios conflitos e de conduzir a própria vida de maneira responsável, cooperativa e solidária.

Conciliação

O Brasil adota, assim como outros países de cultura jurídica romano-germânica, o modelo positivista de Direito, no qual as *Alternative Dispute Resolution* – ADRs apoiam-se em diversos dispositivos legais para sua utilização (TARTUCE, 2018, p. 5).

Apesar de o termo "reconciliar" ser usado desde os tempos do Império[44], foi por meio da Resolução nº 125/2010 do Conselho Nacional de Justiça – CNJ, órgão este ligado ao Poder Judiciário da República Federativa do Brasil, que a mediação e a conciliação se institucionalizaram como práticas de resolução de disputas legais, muito embora já estivessem a ser utilizadas há algum tempo tanto no âmbito público como privado. Com a criação dos Cejuscs – Centros Judiciários de Solução de Conflitos e Cidadania, tais métodos passaram a se configurar inclusive como política pública do Estado.

Se, por um lado, tal difusão ajuda a propagação de uma prática não adversarial, por outro os conceitos de conciliação e mediação se misturaram na desafiadora prática judicial. Concentrada na conciliação, a Resolução nº 125/2010 não definiu ou previu a diferença entre o mediador e conciliador. Após cinco anos de prática, em 2015 o artigo 165 do Código de Processo Civil (Lei nº 13.105/2015) procurou trazer a diferença entre os profissionais

---

44. Constituição Política do Império do Brazil de 1824: "Art. 161. Sem se fazer constar, que se tem intentado o meio da reconciliação, não se começará Processo algum."

judiciais da autocomposição. Nesta lei, o mediador judicial é aquele que atua preferencialmente na presença de vínculo anterior entre as partes e que as auxilia na comunicação em busca de um consenso; e o conciliador judicial é aquele que atua preferencialmente na ausência de vínculo e que sugere às partes um acordo. Isto revela que estão no poder de sugestão, na eventual ausência de vínculo e no foco em busca do acordo as diferenças nos papéis destes profissionais. Contudo, no mesmo ano, a Lei de Mediação (Lei nº 13.140/2015) trouxe a definição da mediação e do papel de mediador, parecendo sobrepor-se aos mesmos elementos da conciliação quando assim define e em seu artigo 1º.: "(...) mediação a atividade técnica exercida por terceiro imparcial sem poder decisório, que, escolhido ou aceito pelas partes, as auxilia e estimula a identificar **ou** desenvolver soluções consensuais para a controvérsia". Apesar de a Lei da Mediação tratar da esfera privada do Direito, acabou por não esclarecer se as sugestões estariam ou não abarcadas pela definição mencionada, instaurando uma confusão conceitual que parece trazer insegurança aos operadores do Direito e, consequentemente, à adesão a tais procedimentos.

Derivando da confusão acima exposta, os papéis de negociador, mediador e conciliador são tratados como sinônimos na esfera privada, o que pode trazer comprometimentos éticos importantes aos profissionais e prejudicar a utilidade prática dos diferentes institutos *vis a vis* às expectativas dos participantes dos procedimentos.

Cabe esclarecer, assim, que o conciliador, diversamente do mediador, pode emitir uma opinião não vinculativa sobre a questão que está sendo tratada na negociação entre as partes daquele procedimento, baseada em algum critério elegido pelas partes, tais como sua experiência, *expertise*, conhecimento agregado em vivências internacionais etc. Como não é vinculado a nenhum juízo, é livre e independente para emitir esse parecer não vinculativo, cabendo às partes considerá-lo ou não na decisão tomada. Assim, o conciliador acaba por intervir na tomada de decisão das partes, na medida em que busca junto a elas critérios objetivos de tomada de decisão, podendo produzir, inclusive, informações que as auxiliem (princípio da decisão informada), desde que não seja afetada sua imparcialidade em relação ao processo ou ao seu resultado.

Dito isto, ainda há diferenças importantes a destacar entre o conciliador judicial e o extrajudicial: o primeiro obedece aos princípios éticos da mediação previstos no Código de Ética, Anexo III, da Resolução nº 125 CNJ[45], e na Lei nº 13.105/15[46]; enquanto o segundo obedece à Lei nº 13.140/15[47] e àqueles princípios vinculados aos órgãos ou entidades a que estiver submetido. Os conciliadores podem responder civil e criminalmente com relação à obediência a tais parâmetros legais, especialmente no âmbito do Judiciário, já que são equiparáveis a servidor público no que concerne à tipologia penal. E, por fim, se o conciliador for vinculado ao Tribunal de Justiça de seu estado federativo, pelo artigo 784, inciso IV da Lei nº 13.105/15, sua assinatura no acordo extrajudicial valerá como título executivo, dispensando a assinatura de testemunhas.

Por fim, destaca-se que a conciliação, diferentemente da mediação, tem por objetivo o acordo entre as partes, e, na intenção de buscar este objetivo o conciliador utiliza técnicas de negociação, mediação e todo o seu conhecimento e *expertise* em prol das partes e do processo em si.

---

45. Resolução nº 125 do CNJ, anexo III, art. 1º, traz o Código de Ética de Conciliadores e Mediadores Judiciais, segundo o qual: "São princípios fundamentais que regem a atuação de conciliadores e mediadores judiciais: confidencialidade, decisão informada, competência, imparcialidade, independência e autonomia, respeito à ordem pública e às leis vigentes, empoderamento e validação".

46. Art. 166 da Lei nº 13.105/15: "a **conciliação** e a mediação são informadas pelos **princípios** da independência, da imparcialidade, da autonomia da vontade, da confidencialidade, da oralidade, da informalidade e da decisão informada".

47. Segundo o art.2º da Lei de Mediação, "a mediação será orientada pelos seguintes princípios:

I – imparcialidade do mediador; II – isonomia entre as partes; III – oralidade; IV – informalidade; V – autonomia da vontade das partes; VI – busca do consenso; VII – confidencialidade; VIII – boa-fé.

Mediação

De maneira introdutória[48], poder-se-ia conceituar a mediação com menção à disposição trazida pela Lei nº 13.140/2015, que a define como "atividade técnica exercida por terceiro imparcial sem poder decisório, que, escolhido ou aceito pelas partes, as auxilia e estimula a identificar ou desenvolver soluções consensuais para a controvérsia".

Dentre várias acepções possíveis, para além da própria definição legal, o *propósito* que impulsiona a prática do mediador é <u>ajudar os mediandos a transformar a interação que ocorre no conflito de negativa e destrutiva em positiva e construtiva</u>. Isto é, possibilitar que a comunicação entre as pessoas envolvidas na situação conflituosa seja produtiva e criativa. A premissa é a profunda aceitação de que as pessoas têm o desejo e a capacidade para realizar essa transformação por si próprias (BUSH; FOLGER, 2005, p. 70).

A mediação é uma prática voltada à gestão colaborativa e consensual do conflito, que tem como margens a preservação da voluntariedade e a legitimação da autodeterminação das pessoas.

Para promover a transformação da qualidade da interação interpessoal que está em crise (conflito), o mediador estimula a conexão entre as pessoas, a fim de que elas extraiam dessa interação assistida o melhor resultado que possam produzir. Ao mediador cabe, desse modo, construir conjuntamente com as pessoas envolvidas um sistema de comunicação eficaz que as instigue a ir adiante em suas próprias escolhas conscientes, de acordo com suas próprias crenças, valores e lógicas.

O mediador, com um olhar sistêmico para a situação conflituosa, oferece aos mediandos um "convite ao protagonismo e à autoimplicação... como

---

48. O artigo "A mediação – aspectos gerais e algumas áreas de utilização", mais adiante, apresentará a mediação com uma abordagem experiencial, que demonstrará, pela prática, possíveis usos eficazes deste método autocompositivo de gestão de conflitos.

estou contribuindo para o que ocorre comigo e com o outro é a pergunta indispensável para mediandos e para mediadores – a autoimplicação convida à corresponsabilidade", segundo Tania Almeida. A mesma autora acrescenta mais adiante: "Somente a autoimplicação possibilita o lugar potente de protagonistas – aqueles que podem provocar mudança em uma situação (ALMEIDA, 2017, pp. 139 e 260).

A deterioração da interação humana inerente ao conflito aliena os indivíduos de sua própria força e os afasta da conexão com os outros indivíduos envolvidos. A crise do conflito acaba por levar essas pessoas a se comportar em relação a si e aos outros de uma maneira destrutiva. O primordial para o mediador é reverter a espiral degenerativa do conflito, ou seja: ajudar as pessoas a se relacionar de um modo diferente daquele que as levou ao conflito.

Com o estímulo do terceiro imparcial, por meio de um trabalho pautado pelo diálogo, os mediandos adquirirem maior grau de conhecimento e consciência a respeito de todo o contexto conflituoso e também a respeito de suas próprias metas, alternativas e recursos. Rumam, assim, para a tomada de decisões informadas, refletidas e livres. Além disso, a mediação dá destaque às oportunidades de os mediandos reconhecerem a perspectiva que os outros envolvidos no conflito têm.

Pessoas fortalecidas (esclarecidas) e que consideram a perspectiva dos outros envolvidos tendem a construir decisões para a situação conflituosa que respeitarão as necessidades verdadeiras de todos, fato que contribui para a construção de entendimentos e acordos genuínos e duradouros (sustentáveis).

Feita essa introdução teórica à mediação, convidamos você, caro leitor, para a leitura do artigo "A mediação – aspectos gerais e algumas áreas de utilização", mais adiante, a fim de que a prática possa mostrar com mais detalhes o trabalho de mediação e o seu verdadeiro potencial.

Justiça restaurativa

Mais do que um único método de gestão consensual de conflitos, a justiça restaurativa reúne um sem-número de práticas de prevenção e de resolução de conflitos. Sua aplicação pode se dar em ambientes corporativos, educacionais, comunitários, familiares, condominiais, de vizinhança, entre outros. A abordagem restaurativa é focada nas necessidades geradas por um ato danoso ou potencialmente danoso e nos papéis de todos os envolvidos na relação (ZEHR, 2012, p. 27).

Como princípio, a justiça restaurativa considera que atos danosos prejudicam as pessoas envolvidas e as relações interpessoais. Considera que o dano gera obrigações (ZEHR, 2008, p. 185-186)[49], dentre as quais a principal é a de corrigir os efeitos do mal praticado. Essa correção tem como meta a satisfação das necessidades específicas de todos os envolvidos, cuidando-se também das necessidades da comunidade na qual eles estão inseridos. Pressupõe-se, pois, um senso de responsabilidade mútua, com o qual todos assumem obrigações, visando ao bem-estar geral.

O objetivo direto das práticas de justiça restaurativa não é a reconciliação entre as pessoas nem a volta às circunstâncias anteriores ao ato danoso (ZEHR, 2012, p. 19-20). Objetiva-se a reparação dos danos e também a transformação das relações (ASSUMPÇÃO; YAZBEK, 2014, p. 53-54), de forma a não perpetuar padrões de conduta disfuncionais. Permite-se, assim, a *restauração* do tecido social esgarçado ou rompido por um ato lesivo.

A lógica restaurativa difere de modos punitivos de lidar com situações conflituosas[50]. A justiça restaurativa pode atuar de modo substitutivo (alternativo) ou de modo complementar (paralelo, concorrente) a meios pu-

---

49. Expressamente, afirma o autor: "Violações geram obrigações... Quando alguém prejudica outrem, tem a obrigação de corrigir o mal".

50. Nesse sentido, veja-se quadro comparativo: *"Formas de ver o crime: lente retributiva e lente restaurativa"* (ZEHR, 2008, p. 175-176).

nitivos de tratamento de atos danosos. Para além de tratar dos danos (*obrigação de consertar*), busca-se tratar das causas (ZEHR, 2012, p. 45-46), com a corresponsabilização das famílias e da comunidade (que são os sistemas nos quais as pessoas estão inseridas). Prevalece o valor da solidariedade, com a intenção de gerar novos padrões de conduta harmônicos, funcionais e sustentáveis. A lógica restaurativa, portanto, diferencia-se do padrão retributivo (vingativo) de resposta aos conflitos.

Através da aplicação de práticas de justiça restaurativa, sem quaisquer respostas ou soluções pré-definidas, busca-se a construção consensual de uma solução justa para o caso específico, voltada para o futuro e que considere o contexto comunitário de pessoas interconectadas e interdependentes.

A tendência de um trabalho restaurativo é a de incluir todos os legítimos interessados na relação, com efetivo engajamento e participação das pessoas direta e indiretamente afetadas pelo conflito[51]. Todos os participantes devem ser informados com clareza, em encontros preparatórios, sobre os procedimentos que serão adotados e os objetivos perseguidos – devidamente informados, eles decidirão se integrarão ou não a prática, podendo dela retirar-se a qualquer momento.

Os trabalhos restaurativos caracterizam-se por ser dialógicos, colaborativos, inclusivos, não adversariais, confidenciais e com desfecho alcançado por consenso dos participantes, tendo como premissa a participação voluntária das pessoas.

Os seguintes questionamentos servem como balizas para a boa aplicação da justiça restaurativa: 1. Quem sofreu o dano? 2. Quais são suas necessidades? 3. De quem é a obrigação de atender às necessidades? 4. Quem são os legítimos interessados (afetados) no caso? 5. Quais são as causas do

---

51. "Vítimas, ofensores e comunidades deverão ter oportunidades de participação ativa no processo de Justiça Restaurativa tão cedo e o mais plenamente possível" (ASSUMPÇÃO; YAZBEK, 2014, p. 50).

ato lesivo? 6. Qual é o processo adequado para envolver os interessados num esforço para consertar a situação e lidar com as causas? (ZEHR, 2012, p. 55).

Iluminadas pelos princípios e balizas apresentadas, as práticas de justiça restaurativa têm como característica o encontro entre os envolvidos, no qual facilitadores[52] supervisionam e orientam o processo, de modo equilibrado e imparcial, aproveitando oportunidades de explorar e melhor compreender: as perspectivas de cada pessoa sobre o que aconteceu; os sentimentos e os pensamentos que informam um comportamento e que são gerados por ele; os danos causados a pessoas e aos relacionamentos; as necessidades das pessoas para seguir adiante de maneira sustentável, quebrando ciclos de comportamentos indesejados; as resoluções consensuais possíveis, que englobem a responsabilidade individual e coletiva.

Os facilitadores restaurativos estimulam as pessoas envolvidas a contar suas histórias e refletir sobre elas, a fazer perguntas, a expressar seus sentimentos e a trabalhar em conjunto para a construção de uma decisão mútua e aceitável. Além disso, os facilitadores cuidam para que haja reconhecimento das responsabilidades e a criação de um plano de ação (acordo) exequível, voltado à satisfação das necessidades dos envolvidos e à preservação de relações futuras.

Respeitados os parâmetros citados, são exemplos de práticas de justiça restaurativa: a mediação vítima-ofensor, a conferência de grupos familiares, os círculos e encontros restaurativos (GRECCO, 2014).

Reunindo algumas das características apresentadas e embasadas pelos mesmos princípios, outras práticas podem ser consideradas restaurativas, como a mediação, a mediação informal e a mediação de pares. Há, tam-

---

52. Sobre o papel do facilitador em justiça restaurativa, de maneira profunda e exauriente, que ultrapassa o escopo do presente artigo, veja-se: DAOU, 2014.

bém, exemplos de práticas menos formais (por exemplo: as aplicadas em ambientes corporativos ou escolares) para a construção de relações harmônicas, como os círculos proativos, atividades de construção de combinados ou até mesmo o desenvolvimento, em determinada comunidade, de habilidades comunicacionais consideradas restaurativas.

Avaliação neutra

Há setores, como, por exemplo, o de construção civil e infraestrutura, em que os conflitos são inevitáveis, devido a imprevistos, alterações de projeto, evolução tecnológica ou mudanças de custo e prazo, entre outros. Estes setores necessitam que os seus conflitos sejam resolvidos de maneira célere, pois a falta de solução, invariavelmente, leva a prejuízos nos empreendimentos e projetos.

Os conflitos decorrentes de contratos desses setores são, geralmente, de caráter técnico, sendo que muitos deles envolvem questões de engenharia. A avaliação neutra é um método de resolução de disputas bastante adequado para solucionar esses conflitos, no qual um terceiro imparcial e independente (o perito) avalia a controvérsia e emite um laudo. Trata-se de um método simples e relativamente rápido, que, devido à independência, autoridade e respeitabilidade do avaliador neutro, confere segurança e respaldo às partes para a tomada de decisões (MAIA NETO, 2020, p. 269).

A avaliação neutra surgiu para auxiliar as partes em impasse relacionado com questões técnicas, quando estão em fase de negociação ou de mediação para se buscar uma solução consensual. Esse método é mais usual e eficaz antes de se optar por mecanismos de resolução de conflitos adversariais. A avaliação neutra por terceiro ainda não é difundida no Brasil, mas já há interesse por seu uso.

O perito deverá ser um terceiro, sem vínculo com as partes, especialista nas matérias em conflito, escolhido pelas partes de comum acordo. O perito deverá ser diligente durante o trabalho de avaliação, de maneira a solicitar informações e seguir o cronograma definido em conjunto com as partes.

O perito escolhido irá tomar conhecimento sobre as controvérsias em conjunto com as partes, quando serão expostas as matérias a serem trazidas à avaliação. Cada parte apresentará sua visão da controvérsia ou das controvérsias para que o perito leve em consideração. Deve-se dar atenção à definição clara do escopo a ser submetido à avaliação e à definição das regras que serão adotadas durante os trabalhos do perito, especialmente dos prazos a serem seguidos pelo perito e pelas partes.

O perito irá estudar toda a documentação apresentada, podendo solicitar mais documentos às partes ou realizar diligências, se entender necessário, e a partir daí elaborará o seu laudo.

As partes são responsáveis por apresentar documentos que auxiliem a análise do perito, de maneira que este alcance as suas conclusões. Note-se que falhas ou omissões das partes no oferecimento de informações técnicas podem levar o perito a conclusões equivocadas.

O laudo do perito deve conter, de forma clara e objetiva, a sua avaliação sobre os problemas apresentados, indicando ao final as suas conclusões e os cálculos. As conclusões do perito podem ser recomendações não vinculantes ou decisões vinculantes, dependendo da vontade das partes, manifestada na contratação da avaliação neutra. O perito deve realizar reunião para apresentação de suas conclusões e seus cálculos, de forma que as partes possam apresentar comentários.

Com o laudo do perito entregue, no caso de recomendação não vinculante, as partes têm condições de melhor decidir sobre as soluções possíveis e os caminhos que deverão tomar dali em diante, de maneira mais consciente e objetiva. A contribuição da avaliação do perito é no sentido de esclarecer pontos técnicos e nortear as partes para que encontrem uma solução consensual.

No caso de decisão vinculante, conforme desejo das partes manifestado na contratação da avaliação neutra, elas passam a adotar a decisão do laudo, podendo recorrer a alguma forma de resolução de conflitos adversarial.

Caso não esteja estabelecida a confidencialidade nas regras da avaliação neutra, o laudo do perito poderá ser reconhecido como uma prova técnica por julgadores em procedimentos adversariais que venham a acontecer após a sua realização.

A grande vantagem da avaliação neutra é a celeridade para uma solução imparcial e independente, com custos menores comparados com a análise de questões técnicas em resolução de conflitos adversariais. A utilização da desse método é o reconhecimento, pelas partes, dos benefícios da resolução consensual.

Arbitragem

A arbitragem é um método privado de resolução de conflitos, referentes a direitos patrimoniais disponíveis em que um terceiro ou terceiros, imparcial(is) e independente(s), o(s) árbitro(s), recebe(m) poderes de uma convenção denominada arbitral para decidir qual a solução da controvérsia, sendo que a decisão proferida é denominada de sentença arbitral, recebendo o *status* de título executivo judicial (SAMPAIO; BRAGA NETO, 2007, p. 17).

A arbitragem é norteada pelos princípios da autonomia da vontade, da boa-fé, da obrigatoriedade das convenções, do devido processo legal e da competência-competência (LEVY, 2013, p.72). A autonomia da vontade em seu patamar máximo se exprime pela liberdade de escolha que os participantes possuem em submeter a controvérsia à solução arbitral, na escolha dos árbitros, da legislação vigente, da instituição arbitral, entre outras. A obrigatoriedade das convenções é o cumprimento fiel do que foi estipulado pelas partes contratantes. O devido processo legal é entendido como a garantia da imparcialidade dos árbitros, da igualdade das partes, do direito ao contraditório e do livre convencimento dos árbitros. O princípio da competência-competência assegura a autonomia da arbitragem, dando ao árbitro o poder de decidir acerca de sua própria existência, da validade e eficácia da convenção de arbitragem e do contrato que contenha cláusula compromissória, conforme o art. 8º da Lei de Arbitragem (Lei nº 9.307/1996).

Muitos outros princípios podem ser agregados, como o da igualdade dos participantes, do devido processo legal, do livre convencimento e da imparcialidade e independência do árbitro, dentre outros (LEMES, 2001, p. 45).

Convém observar que no Brasil a arbitragem está regulada pela lei acima citada e recebeu alterações em 2015 com o advento da Lei nº 13.129, que promoveu algumas mudanças e ampliações, como a do seu uso no âmbito da administração pública, dentre outros. Nesse contexto, tornou superado o debate sobre a impossibilidade de a administração pública fazer parte. Além disso, lançou luzes sobre a interrupção da prescrição, quando da instituição da arbitragem, não deixando margem a diferentes interpretações quanto a retroagir à data do requerimento de sua instauração (BRAGA NETO, 2021, p. 65).

Além disso, a arbitragem também está regulada pela Código de Processo Civil em vigor, em função de seus instrumentos. Nesse sentido, a Lei nº 13.105/2015 reforça seu caráter jurisdicional: após destacar que não excluirá da apreciação jurisdicional ameaça ou lesão a direito (art 3º), informa ser permitida a arbitragem na forma da lei (art 3º § 1º) (TARTUCE, 2016, p. 61).

Dispute boards

Os *dispute boards* ou comitês de resolução de disputas ou, ainda, comitês de solução de controvérsias, como vêm sendo conhecidos no Brasil, são métodos de prevenção e resolução de conflitos, utilizados em contratos complexos de infraestrutura e construção. Além de estes contratos sofrerem com conflitos devido a imprevistos técnicos, alterações de projetos, evolução tecnológica ou mudanças de custo e prazo, existem influências externas fortes relacionadas a regulação setorial, a exigências legais sobre meio ambiente, a interferências de outras empresas no mesmo sítio de trabalho, entre outros.

Os *dispute boards* surgiram nos Estados Unidos, para prevenir e solucionar conflitos, garantindo menores custos das obras e cumprimento dos seus prazos. O método foi utilizado com sucesso em 1975, pela primeira vez, na construção de um túnel na segunda pista de uma autoestrada no estado do Colorado. Os órgãos financiadores de projetos de infraestrutura complexos, tais como o Banco Mundial, passaram a exigir a utilização dos *dispute boards* nos contratos que financiavam, devido à sua evidente eficácia.

No Brasil, foram utilizados os DB nos contratos de construção da Linha Amarela (Linha 4) do Metrô de São Paulo, na construção do Rodoanel Mario Covas no estado de São Paulo e em alguns outros. Houve, na ocasião desses contratos, questionamentos muito fortes relativos à autorização para o setor público utilizar os DBs, de tal forma que, para garantir a segurança jurídica, diversos municípios promulgaram leis recomendando o seu uso, tais como São Paulo-SP (Lei nº 16.873/2018), Belo Horizonte-MG (Lei nº 11.241/2020), Porto Alegre (Lei nº 12.810/2021) e Joinville-SC (Lei nº 161/2021). Foi também promulgada a nova Lei de Licitações e Contratos Administrativos (Lei nº 14.133/2021), que estabeleceu o uso de DB para licitações e contratos para as administrações públicas diretas, autárquicas e fundacionais da União, dos Estados, do Distrito Federal e dos Municípios. Está, ainda, em discussão no Congresso Nacional o Projeto de Lei do Senado nº 206/2018 (já tramitado no Senado), que foi remetido à Câmara dos Deputados, onde recebeu o nº 2.421/2021, que teve apensado o Projeto de Lei da Câmara dos Deputados nº 9.883/2018.

Os membros do *dispute board* devem ser profissionais experientes imparciais e independentes. Os comitês são, geralmente, constituídos por três membros, podendo ser formados por apenas um membro ou mais de três membros em casos que envolvam diversas disciplinas, no entanto, sempre em número ímpar, de maneira a permitir uma decisão por maioria.

Recomenda-se que os membros do DB sejam contratados no início da execução do contrato entre as partes (no início da obra), de maneira que possam tomar conhecimento do andamento dos trabalhos desde o começo. Os membros do DB devem acompanhar os acontecimentos da execução do contrato, o cronograma, curvas de avanço, os processos de planejamento, compras, execução e conclusão da obra ou empreendimento. Ressalte-se que se trata de acompanhamento, de conhecimento sobre o que está acontecendo e, jamais, de executar o contrato. Não é papel do membro do DB executar o contrato, nem parte dele, muito menos prestar consultoria às partes. Embora os membros do DB devam ser especialistas e ter conhecimento técnico e comercial sobre o objeto do contrato, jamais poderão atuar como consultores das partes ou gestores do contrato. O objetivo do comitê é preservar o contrato e a realização da obra.

Os membros do comitê promovem o diálogo precoce entre as partes, de maneira a permitir a prevenção de conflitos. Caso as partes, ainda assim, não consigam encontrar solução, o DB poderá ser acionado pelas partes para que emita uma recomendação/decisão que poderá ser de três tipos (DRBF, 2019, p.130-134), conforme o tipo de DB contratado por elas: (i) recomendações não vinculantes, que as partes não estão obrigadas a cumprir de imediato, tendo um prazo para questioná-las, a partir do qual se comprometem a cumpri-las, podendo ser encaminhadas à arbitragem ou ao Poder Judiciário em momento posterior; (ii) decisões vinculantes, que as partes se obrigam a cumprir imediatamente e, se insatisfeitas, podem submeter a questão à arbitragem ou ao Poder Judiciário; e (iii) recomendações não vinculantes ou decisões vinculantes, conforme solicitação das partes e critérios preestabelecidos, sendo possível, se insatisfeitas com a recomendação/decisão, submeter a questão à arbitragem ou ao Poder Judiciário.

A grande vantagem do *dispute board* é o seu papel de prevenção de disputas, que permite que as partes se dediquem a encontrar soluções mais adequadas às suas necessidades. Caso não as encontrem, o DB estará preparado para, rapidamente, decidir ou recomendar da melhor maneira possível sobre a questão.

Desenho de sistemas de disputas

O desenho de sistemas de disputas, conhecido como DSD também no idioma inglês (*dispute system design*), é uma técnica que conjuga e organiza procedimentos e métodos de resolução de conflitos que interagem entre si com o objetivo de prevenir, gerenciar ou resolver disputas, buscando a solução mais adequada para cada caso concreto, dentro de uma visão sistêmica.

O *designer* de sistemas deve possuir habilidades essenciais como, por exemplo, "(i) a escuta ativa e a capacidade de entrevistar efetivamente; (ii) o planejamento de reuniões e definição de agenda; (iii) a criatividade; e (iv) a condução de grupos focais e facilitação" (FALECK, 2018, p.37).

O desenho necessariamente passa pelas etapas de concepção, construção e implementação. A concepção começa no diagnóstico do sistema existente, verificando quais são as partes interessadas e afetadas, quais são os focos de conflito a serem solucionados e quais mecanismos podem ser usados. Ressalte-se que o diagnóstico deve ser feito cuidadosamente para considerar inclusive aspectos emocionais, além dos técnicos e jurídicos envolvidos. Nesta etapa, também será possível o mapeamento dos interesses implexos.

Com estas informações, então deverão ser avaliadas as opções procedimentais, analisando o impacto do mecanismo e/ou do canal utilizado para o resultado final. A título de ilustração sobre a escolha do canal, *sites* de comércio eletrônico em geral elegem o meio on-line como canal de resolução por ser um meio acessível e que permite resposta rápida, independente da localização geográfica das pessoas envolvidas. Por seu turno, operadoras de saúde privilegiam o atendimento por telefone, que permite o contato direto entre pessoas físicas, embora tenha o resultado mais demorado.

Para a construção do sistema de disputas, segundo Faleck (2018, p.86), devem ser respondidas as seguintes perguntas: (1) qual é o propósito do procedimento?; (2) quais valores o procedimento deve englobar?; (3) quem deve ser envolvido e por que as partes elegíveis devem ser tratadas de forma diferente de outras em situações semelhantes?; (4) por que as instituições procedimentais existentes são inadequadas para lidar com esses casos?

Então será possível selecionar, ordenar e combinar os mecanismos de resolução que serão utilizados. Por exemplo, ao tratar de uma indenização devida a grande grupo de pessoas, pode ser feito um desenho com três mecanismos em sequência: primeiro uma avaliação neutra para apresentar as alternativas e o funcionamento do próprio sistema de resolução de disputas que está sendo oferecido. Se a parte concordar, entra no sistema e passa à mediação, com enfoque nos interesses. Durante a mediação, surgindo um impasse, seria possível recorrer a uma espécie de *dispute board* ou conselho consultivo, o terceiro mecanismo. Enquanto o conselho faz sua avaliação, a mediação ficaria suspensa e, com o conhecimento dos parâmetros oferecidos pelo conselho, seria retomada.

Feito o desenho, parte-se para a etapa de implantação, que deve criar um ambiente de confiança e permitir envolver tanto as partes interessadas quanto as partes afetadas. É de suma importância que todos sintam que sua autonomia foi valorizada e respeitada.

O *designer* deverá também antecipar as possíveis resistências que poderão aparecer, considerando, inclusive, se o sistema proposto mexe com as crenças de algum grupo em particular, se todos se sentiram consultados e incluídos no procedimento, se há questões sobre liderança, por exemplo.

Deve ser oferecido treinamento a todos que trabalharão em cada uma das fases desenhadas, para que tenham amplo conhecimento do conflito em questão, do contexto, bem como do desenho de resolução. Registre-se que a qualidade do trabalho dos profissionais que atuarão como terceiros imparciais ou consultores neutros será determinante para o sucesso do DSD.

É recomendável que seja feito um programa-piloto, principalmente em se tratando de um DSD que vá alterar a rotina de uma organização, e também no caso de programa de grande escala. O piloto pode ser útil inclusive para divulgação do sistema a ser implantado, pois, mostrando-se eficiente, atrairá a participação de mais gente.

Por fim, o sistema de resolução de disputas deverá ser constantemente avaliado, consideradas suas peculiaridades, o que permitirá que sejam feitos os ajustes necessários para seu melhor funcionamento. Desta forma, não apenas deverão ser coletados dados, mas também analisados de forma crítica, de forma a permitir que o *designer* possa detectar problemas que ainda não estavam visíveis. Assim, avaliações devem ser feitas em todas as fases de construção do desenho, podendo inclusive ser avaliados modelos diferentes, a fim de compará-los e verificar qual funcionará melhor no caso concreto.

E, da mesma forma que o diagnóstico é feito escutando aspectos emocionais e subjetivos envolvidos, a avaliação também deve ir além da apuração de dados quantitativos e incluir a escuta das pessoas – o que acaba por ter um outro efeito desejado, que é o de valorizar e empoderar os participantes.

Online dispute resolution – ODR

Como será mais aprofundado no artigo "Como fazer justiça sem sair de casa", mais adiante, pode-se dizer que todos os métodos de resolução de disputas não adversariais (negociação, conciliação, mediação, avaliação neutra, mesas de disputas, desenho de resolução de disputas, dentre tantos outros) que se utilizem do espaço virtual para se desenvolver são considerados ODR – *online dispute resolutions* (RABINOVICH-EINY; KATSH, 2014, p. 6 e ss.). Tal migração ocorre com avanço da tecnologia da informação e comunicação e, mais recentemente, com o impulsionamento dado pela pandemia de Covid-19, que impediu a circulação de pessoas em todo o mundo.

Importante destacar que o espaço virtual ou *cyberspace*, como também é conhecido, nasce em 1992, quando a Science National Foundation (NSF) libera a internet para uso privado nos Estados Unidos da América, pois antes era um ambiente público restrito às universidades e algumas entidades governamentais americanas (KATSH, 2012, p. 21). Ou seja, um universo que surge para a grande maioria das pessoas há menos de 30 anos e que já interfere na vida de todos de tal maneira que quase não se imagina a humanidade sem ele.

Como em todo ambiente, cuidados são necessários para seu estabelecimento, manutenção e segurança. Movida por esta razão, uma equipe internacional de profissionais da área de resolução de conflitos criou um código de ética[53] dentro do The National Center for Technology and Dispute Re-

---

53. Disponível em: http://odr.info/ethics-and-odr/. Acesso em: 20 nov. 2020.

solution, que visa trazer princípios que resguardem e orientem a conduta profissional dentro do espaço virtual e no uso das suas próprias tecnologias. O objetivo é assegurar parâmetros mínimos, escopo, competência, qualidade e efetividade aos diferentes métodos para ampliar seu uso com segurança. Segundo Wing (2016, p. 12), os valores contidos nesses princípios ajudam a enfrentar os dilemas e surpresas das novas tecnologias virtuais.

Feitas estas considerações, cabe observar que o virtual depende primordialmente: (i) da conexão de internet para que a comunicação entre os diversos aparelhos de celular, *tablets* e computadores se estabeleça; (ii) da capacidade de cada usuário de utilizar a tecnologia disponível para se comunicar de maneira efetiva; (iii) da manifestação de sua vontade livre e desimpedida para que o negócio jurídico se concretize, sendo, portanto, indispensável o aconselhamento jurídico neste sentido; (iv) da segurança de ambiente corresponsabilizada entre todos ao atuantes no processo virtual que se submetem, compelindo todos a uma ação com idoneidade e transparência, sob pena de infração legal[54], como já ocorre no ambiente físico; e (v) de uma comunicação efetiva – eficaz na sua forma e eficiente no seu conteúdo, de forma que a produção de informação gerada pelo método viabilize uma tomada de decisão consciente entre os participantes[55]. Tomados tais cuidados com vistas a atender as peculiaridades do ciberespaço, a experiência tende a ser gratificante, pelo conforto, baixo custo e proximidade que traz entre seus participantes.

Considerações finais

O intuito de apresentar os meios de resolução de conflitos é que os lei-

---

54. Neste sentido, verificar Lei nº 13.705/20, que dispõe sobre a proteção de dados ao consumidor e ao cidadão na transação comercial.

55. Neste sentido escreve Ana Maria Maia Gonçalves em seu artigo "Uma análise da mediação online baseada no modo como nosso cérebro funciona". Disponível em: https://icfml.org/wp-content/uploads/2021/03/W7-Uma-an%C3%A1lise-da-media%C3%A7%C3%A3o-on-line-baseada-no-modo-como-o-nosso-c%-C3%A9rebro-funciona-.pdf. Acesso em: 20 nov. 2020.

tores, ao conhecê-los, estejam aptos a escolher ou recomendar aqueles mais adequados à solução do caso concreto, transformando-se assim em multiplicadores de sua utilização, tanto no papel de profissionais quanto no de clientes e, consequentemente, atuando em prol da cultura da paz, baseada em responsabilidades comuns e no senso de comunidade para a melhor qualidade da vida em sociedade.

Neste sentido, a evolução tecnológica proporcionou o surgimento de um novo ambiente, o virtual, que acaba por gerar maior possibilidade de interação entre as pessoas e, por conseguinte, a possibilidade da democratização da justiça através dos meios consensuais.

Deste modo, uma vez que pessoas físicas e jurídicas possuem na atualidade a oportunidade de escolher a forma pela qual resolverão seus conflitos, que exerçam este direito com consciência e informação, seja com a decisão, o assessoramento ou a ajuda de um terceiro, com real possibilidade de encontrar a solução que entendam ser a mais equilibrada e satisfatória para todos os envolvidos, com o almejado cumprimento espontâneo, atingindo o que pode ser entendido por Justiça.

Referências bibliográficas

ALMEIDA, Tania. *Caixa de ferramentas em mediação* – aportes práticos e teóricos. 3ª Ed. São Paulo: Dash, 2017.

ASSUMPÇÃO, Cecília; YAZBEK, Vania. *Justiça restaurativa*: um conceito em desenvolvimento. *In*: GRECCO, Aimeé *et al*. *Justiça restaurativa em ação: práticas e reflexões*. São Paulo: Dash, 2014.

BRAGA NETO, Adolfo. *A Mediação e a Administração Pública*. São Paulo: CL-A, 2021.

BUSH, Robert A. Baruch; FOLGER, Joseph P. *The promise of mediation – the transformative approach to conflict*. São Francisco: Jossey-Bass, 2005.

COHEN, Herb. *Você pode negociar qualquer coisa*. Rio de Janeiro: Record, 1980.

DAOU, Violeta. *A postura do facilitador*. In: GRECCO, Aimeé et al. *Justiça restaurativa em ação: práticas e reflexões*. São Paulo: Dash, 2014.

DRBF – *Dispute Board Manual*: A Guide to Best Practices and Procedures. The Dispute Resolution Board Foundation. Charlotte, NC, USA: 2019.

FALECK, Diego. *Manual de design de sistemas de disputas*. Rio de Janeiro: Lumen Juris, 2018.

FISHER, Roger; URY, William; PATTON, Bruce. *Getting to yes: negotiating agreement without giving in*. 3ª ed. rev. New York: Penguin Books, 2011.

FISHER, Roger. *A arte de negociar*. HSM Management, São Paulo: n.5, p.24-30, nov./dez. 1997.

GONÇALVES, Ana Maria Maia Gonçalves. *Uma análise da mediação online baseada no modo como nosso cérebro funciona"*. Disponível em: https://icfml.org/wp-content/uploads/2021/03/W7-Uma-an%C3%A1lise-da-media%C3%A7%-C3%A3o-on-line-baseada-no-modo-como-o-nosso-c%C3%A9rebro-funciona-.pdf. Acesso em: 20 nov. 2020.

GRECCO, Aimeé et al. *Justiça restaurativa em ação: práticas e reflexões*. São Paulo: Dash, 2014.

KATSH, E. *ODR: A look at history – a few thoughts about the present and some speculation about the future*. In: KATSH E. et al. *Online Dispute Resolution: Theory and Practice*. The Hague: Eleven International Publishers, 2012.

LACK, Jeremy. *Appropriate Dispute Resolution (ADR): The Spectrum of Hybrid techniques available to the parties*. In: INGEN-HOUSZ, Arnold (ed.). *ADR in Business*. New York: Wolters Kluwer, 2011.

LEMES, Selma Maria Ferreira. *Árbitro – Princípios da Independência e Imparcialidade*. São Paulo: LTR, 2001.

LEVY, Fernanda Rocha Lourenço. *Cláusulas Escalonadas: A mediação comercial no contexto da arbitragem*. São Paulo: Saraiva, 2013.

MAIA NETO, Francisco. *O uso da mediação e arbitragem nas desapropriações*. In: MOREIRA, António Júdice; NASCIMBENI, Asdrubal Franco; BEYRODT, Christiana; TONIN, Mauricio Morais (Coord.). *Mediação e Arbitragem na Administra-*

ção Pública. *Brasil e Portugal.* São Paulo: Almedina, 2020.

MARCONDES, Odino. *Como chegar à excelência em negociação.* Rio de Janeiro: Qualitymark, 1993.

RABINOVICH-EINY, Orna; KATSH, Ethan. *Digital Justice: Reshaping Boundaries in an Online Dispute Resolution Environment* (2014). *1 International Journal of Online Dispute Resolution* 5, 2014. Disponível em: <https://ssrn.com/abstract=3480624>. Acesso em: 30 nov. 2020.

RISKIN, Leonard L. *Understanding Mediators' Orientations, Strategies, and Techniques:* A Grid for the Perplexed (July 1, 1996). *Harvard Negotiation Law Review,* Vol. 1, No. 7, 1997, pages. 44-45. Disponível em SSRN: https://ssrn.com/abstract=1506684. Acesso em: 30 nov. 2020.

SAMPAIO, Lia Regina Castaldi; BRAGA NETO, Adolfo. *O que é Mediação de Conflitos.* São Paulo: Brasiliense, 2007.

SCHOONMAKER, Alan N. *Negotiate to win: gaining the psychological edge.* Englewood Cliffs: Prentice-Hall, 1989.

TARTUCE, Fernanda. *Mediação nos Conflitos Civis.* São Paulo: Forense, 2016.

TARTUCE, Fernanda. *Mediação de Conflitos:* Proposta de Emenda Constitucional e Tentativas Consensuais Prévias à Jurisdição. *Revista Magister de Direito Civil e Processual Civil*/Ed. 82 – Jan/Fev 2018, p. 5-21.

URY, W. *Supere o não: negociando com pessoas difíceis.* São Paulo: Best Seller, 1991.

WANDERLEY, José Augusto. *Negociação Total.* 20ª Ed. São Paulo: Gente, 1998.

WING, Leah. *Ethical Principles for Online Dispute Resolution*: A GPS Device for the Field. *International Journal of Online Dispute Resolution*, Vol. 3, No. 1, 2016.

YAZBEK, Vania Curi. *Mediação transformativa e justiça restaurativa* Disponível em: https://mediare.com.br/en/mediacao-transformativa-e-justica-restaurativa/ Acesso em: 05 fev. 2021.

ZEHR, Howard. *Justiça restaurativa.* Série da reflexão à ação. São Paulo: Palas Athena, 2012.

ZEHR, Howard. *Trocando as lentes.* 3ª Ed. São Paulo: Palas Athena, 2008.

6. ARBITRAGEM – QUANDO SENTAR-SE À MESA NÃO É OPÇÃO

Beatriz Vidigal Xavier da Silveira Rosa, Cecília Patrícia Mattar e Valéria de Sousa Pinto

Introdução

As sociedades, de tempos em tempos, passam por períodos de revolução e evolução, a fim de adequar a premência do presente às perspectivas de futuro, visando à sua sobrevivência.

A realidade global vincula democracias consolidadas e ditaduras autoritárias, política ou economicamente, tornando as soluções de conflito imprescindíveis a esta sobrevivência.

O dinamismo das sociedades contemporâneas tem obrigado profissionais, operadores do Direito e partes em conflito a revisitar sua postura adversarial, atualizando o pensamento, aprendendo a aplicar e utilizar novas ferramentas, renovando conhecimento para escolher métodos alternativos de atender suas urgências, com eficiência, agilidade e eficácia jurídica, sem o longo e extenuante processo judicial.

A arbitragem, nesse contexto, fortalece-se como método privado de resolução de conflitos, no qual as partes elegem um ou mais terceiros, imparciais e independentes, a quem delegam o poder de decidir a controvérsia, obrigando-as ao seu fiel cumprimento, quando não há mais possibilidade de resolução consensual por questões de ordem técnica, contratuais ou de limitações à autonomia da vontade de uma ou de todas as partes envolvidas; ou seja, quando sentar-se à mesa deixa de ser uma opção viável.

Essa prática está prevista em lei, cuja redação determina que os litígios a ela submetidos sejam, obrigatoriamente, relativos aos direitos patrimoniais disponíveis, vale dizer, aqueles sobre os quais o seu titular possa dispor livremente, apropriar, alienar, comercializar.

Ainda de maneira adversarial e como alternativa ao Judiciário, as partes, ao escolherem a arbitragem, optam por vantagens sobre aquele, tais como: (i) privilégio da autonomia da vontade – desde sua instalação, com a escolha dos árbitros, até o prazo final para prolação da sentença arbitral; (ii) decisão técnica e definitiva que se contrapõe às decisões tomadas por juízes nem sempre familiarizados com as matérias em julgamento; e (iii) obtenção de um título executivo com a mesma segurança jurídica da sentença emitida por um juiz, sendo, portanto, considerado um título executivo judicial.

O procedimento arbitral é, ao redor do mundo, opção ao Judiciário tradicional, posto que os processos beligerantes são fastidiosos e caríssimos em qualquer cultura litigiosa. Ainda não se tem notícia de país que tenha conseguido superar essas variáveis em demandas judiciais.

Este artigo apresentará, para além da alternativa extrajudicial do processo adversarial da arbitragem, variáveis para prevenção, gestão e resolução híbrida de controvérsias.

O processo arbitral – quando optar pela heterocomposição extrajudicial de conflitos

A Lei nº 9.307/1996, atualizada em 2015 pela Lei nº 13.129, regula o processo de arbitragem no Brasil[56].

A complexidade das causas e a urgência por soluções têm feito advoga-

---

56. Lei de Arbitragem – Lei nº 9.307, de 23 de setembro de 1996, atualizada pela Lei nº 13.129, de 26 de maio de 2015. Disponível em: http://www.planalto.gov.br/ccivil_03/leis/l9307.htm. Acesso em: 30 nov. 2020.

dos e empresas das mais variadas envergaduras recorrer às opções hoje à disposição daqueles que demandam por eficiência e eficácia, além de custos inferiores e celeridade e, mais importante, por confidencialidade, preservando a imagem das empresas perante seu público.

Toda vez que há um "conflito, em suma, há um dissenso, uma controvérsia entre duas ou mais pessoas a respeito de seus direitos. Em decorrência dessa dissonância que se contrapõem os interesses, levando-os a buscar meios para uma solução" (CONDADO, 2008, p. 31), há a oportunidade de se recorrer à decisão de um terceiro imparcial que decidirá acerca da existência, ou não, do direito pretendido. As opções de resolução heterocompositivas no Brasil são a arbitragem e o Judiciário.

A arbitragem surge como uma justiça privada na qual os litigantes escolhem quem julgará e decidirá a controvérsia de fato e de direito em seu lugar. Assim, é denominada como um modo heterocompositivo de solução de conflitos dentro da esfera privada, permitido a qualquer direito disponível dentro do sistema jurídico adotado pelas partes para dirimir seus descompassos.

Pode ser utilizada por pessoa física ou jurídica para tratar de controvérsia acerca de direito disponível, seja na esfera cível, trabalhista ou familiar. No Brasil, costumeiramente usa-se para tratar de questões controversas em contratos comerciais, nacionais ou internacionais, pois, contando com a vantagem do sigilo e da confidencialidade, é mais célere e eficaz, posto que o trâmite é baseado em provas, argumentos e questões técnicas.

O excesso de questões judicializadas[57] e a burocracia inerente aos processos judiciais fazem da arbitragem, não raras vezes, a primeira opção,

---

57. Justiça em Números 2020. "O Poder Judiciário finalizou o ano de 2019 com 77,1 milhões de processos em tramitação, que aguardavam alguma solução definitiva. Desses, 14,2 milhões, ou seja, 18,5%, estavam suspensos, sobrestados ou em arquivo provisório, e esperavam alguma situação jurídica futura. Dessa forma, desconsiderados tais processos, tem-se que, em andamento, ao final do ano de 2019 existiam 62,9 milhões de ações judiciais". p. 93. Disponível em: https://www.cnj.jus.br/wp-content/uploads/2020/08/WEB-V3-Justi%-C3%A7a-em-N%C3%BAmeros-2020-atualizado-em-25-08-2020.pdf. Acesso em: 31 dez. 2020.

especialmente em demandas empresariais e comerciais, devido à oportunidade de controle do processo, como analisaremos neste artigo.

A arbitragem é uma alternativa ao Judiciário, aquela oportunidade em que as partes exercem sua autonomia, atuam de acordo com sua vontade e preservam sua imagem graças à confidencialidade do processo.

É importante enaltecer que a arbitragem no Brasil é uma escolha, um processo voluntário pelo qual optam as partes para solucionar uma disputa. E, em decorrência desta autonomia da vontade, as partes definem os passos do procedimento, determinando o cronograma, de tal forma que os árbitros possam emitir a decisão no tempo adequado àquelas partes. Na assinatura do Termo de Arbitragem[58] ou Ata de Missão[59], definem-se as datas das principais entregas, bem como as diretrizes daquele procedimento arbitral. As partes são os verdadeiros donos do procedimento.

Outra vantagem da arbitragem é a possibilidade de as partes escolherem o Direito[60] aplicável ao caso, significando que os árbitros terão que decidir seguindo a letra da lei livremente escolhida. A elas é permitido, ainda, escolher se a decisão a ser tomada pelos árbitros será por direito[61] ou equidade[62]. No Brasil e no exterior, a decisão por equidade não é comum.

---

58. Segundo Leonardo de Faria Beraldo: "Trata-se de instrumento, sem previsão legal, que possui relevante função ordenadora no procedimento arbitral, uma vez que é nele que as partes poderão, por exemplo, adaptar, alterar ou prever as regras do regulamento aplicáveis ao caso concreto, observando-se as particularidades necessárias, tais como a forma de indicação de árbitros e o prazo para a prática dos atos processuais." (CAHALI, 2013, p. 271).

59. International Chamber of Commerce (ICC). Disponível em: https://www.iccbrasil.org/. Acesso em: 31 dez. 2020.

60. Lei de Arbitragem – Art. 2º A arbitragem poderá ser de direito ou de equidade, a critério das partes.

61. Diz-se daquela na qual os árbitros baseiam a decisão da controvérsia a eles submetida nas "leis brasileiras", no "Direito brasileiro". (FICHTNER, J.A.; MANNHEIMER, S.N.; MONTEIRO, A.L. *Teoria Geral da Arbitragem*. Rio de Janeiro: Forense, 2018. p. 63).

62. Pouco usual, é considerada raridade dentre os acordos de arbitragem firmados, tanto no Brasil quanto no exterior. Carlos Alberto Carmona ensina que a expressão *julgamento por equidade* representa a "autorização para deixar de lado as normas de direito posto e julgar segundo o que parecer justo no caso concreto". (FICHTNER, J.A.; MANNHEIMER, S.N.; MONTEIRO, A.L., *op. cit.*, p. 66).

Uma característica legal da arbitragem é o que se conhece por princípio da competência-competência, que significa dar aos árbitros o poder de decidir acerca de sua própria existência, validade e eficácia da convenção de arbitragem e do contrato que contenha a cláusula compromissória, conforme o artigo 8º da Lei de Arbitragem (LEVY, 2013).

A opção pela arbitragem implica o afastamento da competência do Judiciário, sendo a decisão do tribunal arbitral definitiva, não admitindo recurso.

A sentença arbitral somente poderá ser considerada nula nos casos previstos em lei, que são muito restritos. De qualquer maneira, a submissão ao Judiciário acerca de suposta nulidade de um procedimento arbitral não admite revisão do mérito.

Dentre os préstimos do procedimento arbitral, ao se poder escolher os membros do tribunal arbitral ao qual se submeterá a disputa, está a possibilidade de obtenção de uma decisão técnica, não subjetiva.

Outro benefício da arbitragem, diferentemente do processo civil estatal, é o árbitro ouvir a

> testemunha não sobre fatos ligados à causa, mas sim sobre determinada matéria técnica, funcionamento de um mercado, usos e costumes de determinado setor – ou que faculte perguntas formuladas diretamente às partes e testemunhas (sem que haja a conhecida triangularização parte-juiz-testemunha). (CARMONA, 2004, p. 21-31)

Ademais, a deliberação do árbitro é pautada em esclarecimentos técnicos sobre os pontos controvertidos, podendo nomear especialistas nas matérias em discussão, tais como peritos[63] ou testemunhas técnicas[64], ou,

---

63. Técnico imparcial e independente, nomeado pelo tribunal arbitral, para realizar perícia e avaliar as provas do procedimento arbitral, de tal forma a esclarecer dúvidas dos árbitros.

64. Técnico especialista trazido ao procedimento arbitral (tanto pelo tribunal arbitral quanto pelas partes) para atuar de forma independente e imparcial, com o objetivo de esclarecer ponto técnico específico.

ainda, utilizar os assistentes técnicos[65] das partes, fazendo uso de técnicas conhecidas, por exemplo, como *hot tubbing*[66] ou *cross-examination*[67].

Ao tribunal arbitral é possível, em vez de contratar peritos próprios, utilizar-se dos assistentes técnicos já contratados, para esclarecimentos, opção muito comum em arbitragens internacionais, agregando, inclusive, vantagens financeiras às partes, mantendo a integridade e celeridade do procedimento.

Por conseguinte, o juízo arbitral estaria baseado na melhor técnica, reforçando a segurança jurídica, qualidade e harmonia na sentença, com isenção e justiça no melhor sentido do termo.

A arbitragem é alternativa neutra de resolução para uma disputa. É o procedimento que proporciona às partes um grau substancial de controle sobre o processo, a lei aplicável e o resultado final, haja vista que oportuniza a definição das regras processuais às quais as partes estarão igualmente subordinadas. É também a oportunidade de solução de disputas em um ambiente privado e confidencial, além de mais célere e juridicamente protegido.

Os procedimentos de arbitragem, independente do país onde tenham sido conduzidos, contam com o respaldo e as garantias da Convenção de Nova York, documento firmado em 1958, originalmente denominado de Convenção para o Reconhecimento e Execução de Sentença Arbitral Estrangeira[68], reconhecida no Brasil a partir de 2001, quando do julgamento

---

65. Técnicos contratados pelas partes, designados para realizar pareceres e trabalhos técnicos, bem como acompanhar perícias, visando atender os interesses da parte contratante.

66. Prática de inquirir simultaneamente os assistentes técnicos das partes.

67, Prática de a parte inquirir a testemunha e o assistente técnico trazidos pela parte adversária.

68. Convention on the Recognition and Enforcement of Foreign Arbitral Awards (New York, 1958) (the "New York Convention"). Disponível em: https://uncitral.un.org/en/texts/arbitration/conventions/foreign_arbitral_awards. Acesso em: 30 nov. 2020.

pelo Supremo Tribunal Federal – STF[69] de processo no qual se discutia a validade de sentença arbitral proferida na Espanha e que confirmou a constitucionalidade da Lei de Arbitragem.

É um instituto globalmente reconhecido, nacional e internacionalmente realizado por profissionais e administrado por instituições de referência, com competência e segurança jurídica, que visam solucionar conflitos, ainda que não haja possibilidade de sentar-se à mesa para dialogar.

Gestão, prevenção e resolução de conflitos – passos a seguir antes da arbitragem

A resolução extrajudicial de controvérsias é uma realidade no Brasil.

Partindo desta premissa, a legislação pátria atual permite ao cidadão que se sinta ofendido ou ameaçado em seu direito buscar a melhor solução através de possibilidades diversas ao Judiciário. Especialmente a arbitragem e a mediação, com regramentos próprios e segurança jurídica imprescindíveis para fazer valer o cumprimento das decisões alcançadas através destes procedimentos, são opções viáveis para a sociedade.

---

69. *Juízo Arbitral: Constitucionalidade.* Disponível em: http://www.stf.jus.br/arquivo/informativo/documento/informativo254.htm. Acesso em: 29 dez. 2020. Concluído o julgamento de agravo regimental em sentença estrangeira em que se discutia incidentalmente a constitucionalidade da Lei nº 9.307/96 – Lei de Arbitragem (v. Informativos 71, 211, 221 e 226), o Tribunal, por maioria, declarou constitucional a Lei nº 9.307/96, por considerar que a manifestação de vontade da parte na cláusula compromissória no momento da celebração do contrato e a permissão dada ao juiz para que substitua a vontade da parte recalcitrante em firmar compromisso não ofendem o art. 5º, XXXV, da CF ("a lei não excluirá da apreciação do Poder Judiciário lesão ou ameaça a direito"). Vencidos os Ministros Sepúlveda Pertence, relator, Sydney Sanches, Néri da Silveira e Moreira Alves, que, ao tempo em que emprestavam validade constitucional ao compromisso arbitral quando as partes de uma lide atual renunciam à via judicial e escolhem a alternativa da arbitragem para a solução do litígio, entendiam inconstitucionais a prévia manifestação de vontade da parte na cláusula compromissória – dada a indeterminação de seu objeto – e a possibilidade de a outra parte, havendo resistência quanto à instituição da arbitragem, recorrer ao Poder Judiciário para compelir a parte recalcitrante a firmar o compromisso, e, consequentemente, declaravam, por violação ao princípio do livre acesso ao Poder Judiciário, a inconstitucionalidade dos seguintes dispositivos da Lei nº 9.307/96: 1) o parágrafo único do art. 6º; 2) o art. 7º e seus parágrafos; 3) no art. 41, as novas redações atribuídas ao art. 267, VII e art. 301, inciso IX do Código de Processo Civil; 4) e do art. 42. O Tribunal, por unanimidade, proveu o agravo regimental para homologar a sentença arbitral. *SE 5.206-Espanha (AgRg), rel. Min. Sepúlveda Pertence, 12.12.2001.(SE-5206).*

Ao escolher métodos extrajudiciais de solução de controvérsias, as partes optam pelo controle sobre o processo e o resultado, valorizando sua autonomia, poupando tempo e recursos e alcançando, dentre outros objetivos, a pacificação social.

Em recente manifestação pública, o presidente do Superior Tribunal de Justiça e do Conselho Nacional de Justiça, Ministro Humberto Martins indicou a mediação como ferramenta mais adequada para disputas complexas, indicando-a como método a ser preferido aos demais quando da necessidade de resolução das controvérsias[70].

O reconhecimento da arbitragem e da mediação como ferramentas de solução de controvérsias, bem como o *dispute board* para prevenção de conflitos, deve contribuir para o crescimento da adesão aos institutos, estimulando a desjudicialização dos conflitos e possibilitando ao Poder Judiciário a ênfase necessária às demandas da sociedade que dele, efetivamente, necessitem.

Gestão e prevenção com os *dispute boards*

Os *dispute boards* são métodos de prevenção e resolução de conflitos, utilizados em contratos complexos de infraestrutura e construção. Os membros do *dispute boards* podem vir a ser chamados a emitir recomendações e/ou decisões, conforme a escolha das partes na sua constituição.

O *dispute board* poderá ser acionado pelas partes para que emita uma recomendação ou decisão, que poderão ser recomendações não vinculantes, decisões vinculantes e, ainda, um misto de recomendações não vinculantes e decisões vinculantes, sendo possível, se insatisfeitas com a recomendação/decisão, submeter a questão à arbitragem ou ao Poder Judiciário.

---

70. Presidente do STJ propõe mediação e conciliação no pós-epidemia. Disponível em: https://www.conjur.com.br/2020-dez-08/presidente-stj-propoe-mediacao-conciliacao-pos-epidemia. Acesso em: 29 dez. 2020.

Independentemente do tipo de *dispute board*, as partes poderão ficar insatisfeitas com a recomendação ou decisão. Lembrando que o objetivo primordial desse método é dar continuidade à execução do contrato.

Quando os membros do *dispute board* são chamados a emitir recomendações ou decisões, sua preocupação maior é a preservação do contrato, portanto é possível que uma ou ambas as partes desejem uma decisão definitiva jurisdicional, mesmo que as partes estejam cumprindo a recomendação ou decisão.

A cláusula contratual que define a instituição de *dispute board* durante a execução do contrato deve também determinar a escolha das partes quanto ao método de resolução de conflitos jurisdicional. As partes poderão escolher o Judiciário ou a arbitragem. Sendo assim, a arbitragem poderá ser a solução para uma decisão definitiva nos casos de *dispute board*. Normalmente, quando as partes escolhem o uso de *dispute board*, elas também escolhem a arbitragem como jurisdição para solução definitiva de seus conflitos.

Nestes casos, o que se observa é que acaba sendo levado à arbitragem um número menor de controvérsias do que em contratos sem *dispute board*.

A grande vantagem do *dispute board* é exatamente esta, por causa do tratamento em tempo das controvérsias durante os contratos. Encontram-se as soluções para os conflitos tempestivamente, de maneira que as soluções chegam no momento em que elas são necessárias e que impactam de forma mais adequada e coerente a execução dos contratos. Com isso, bem menos controvérsias restam para serem levadas à decisão jurisdicional definitiva.

Embora seja possível serem levadas as controvérsias remanescentes ao Judiciário, a arbitragem é a parceira ideal para a solução de controvérsias de contratos complexos.

Prevenção e resolução de conflitos com mediação

A premência por soluções ágeis, eficazes e eficientes não permite que conflitos empresariais fiquem à mercê de sistemas que se mostrem, ao final, improdutivos por quaisquer razões que se apresentem, fazendo surgir as possibilidades híbridas de resolução, que passam a ser consideradas com a adesão às cláusulas escalonadas, especialmente redigidas para contratos comerciais.

A arbitragem difere dos institutos de mediação e conciliação, pois estes mantêm a tomada da decisão com as próprias partes, restando ao conciliador ou mediador auxiliar neste processo de tomada de decisão. Mediação e conciliação são métodos autocompositivos de resolução de conflitos, enquanto a arbitragem é heterocompositiva, a depender de um terceiro a palavra final para o impasse ou a questão controversa. Os métodos autocompositivos de resolução de conflitos em disputas comerciais vêm sendo utilizados por empresas ao redor do mundo como política interna para evitar a judicialização de suas demandas e oportunizar às partes tratar das controvérsias em mediação, antes mesmo da arbitragem, com auxílio de seus advogados.

Conhecidos como modelos híbridos, nos quais se combinam os procedimentos arbitral, de mediação e negociação, vêm sendo aplicados em disputas complexas com o objetivo de reduzir o tempo de duração dos procedimentos e os custos inerentes a eles. Possibilitam o desenho de soluções específicas para suas realidades e de seus negócios, para além das letras frias da lei ou de cláusulas contratuais, permitindo aos advogados e gestores pensarem além do que se apresenta, com criatividade e eficiência, voltados à realidade que enfrentam, focando no futuro próspero e longevo dos negócios e das relações.

Combinando mediação e arbitragem em danças constantes, coesas e harmoniosas, ascendendo ao equilíbrio que vinha se perdendo em razão da "processualização" da arbitragem, as câmaras de mediação e arbitragem passaram a promover e encorajar as partes a utilizar a mediação para resolver suas disputas de forma menos beligerante, posto tratar-se de um processo informal com viés conciliador, que incentiva as partes a trabalhar de forma colaborativa e cooperativa, com o objetivo comum de alcançar o melhor resultado[71].

Os passos do procedimento arbitral – por onde começar

A definição de utilização de arbitragem como método de solução de conflitos deverá estar em cláusula compromissória do contrato, ou estabelecida em uma convenção de arbitragem (compromisso arbitral).

Na Lei de Arbitragem, as partes determinam se desejam reportar-se

> às regras de algum órgão arbitral institucional ou entidade especializada, a arbitragem será instituída e processada de acordo com tais regras, podendo, igualmente, *as partes estabelecer na própria cláusula, ou em outro documento, a forma convencionada para a instituição da arbitragem*

quando estará definido se a arbitragem será *ad hoc*[72] ou institucional. O procedimento arbitral, que é administrado por uma câmara de arbitragem, é entendido como arbitragem institucional. A câmara possui regulamento de arbitragem próprio, de maneira que as regras que regem o procedimento

---

71. LU, Yijia. *Economic Analysis of Hybrid Mechanisms: Arb-Med and Med-Arb as Arbitral Innovations.* NYU School of Law. april, 2019. Disponível em: https://papers.ssrn.com/sol3/papers.cfm?abstract_id=3442181. Acesso em: 30 dez 2019.

72. "A expressão latina *ad hoc* significa "para isto", isto é, indica algo criado ou constituído especialmente para realizar uma determinada tarefa. Neste contexto, a arbitragem *ad hoc* é uma arbitragem que pode ser administrada pelas próprias partes e pelos árbitros, sem que, normalmente, sejam adotadas as regras de arbitragem padronizadas de alguma instituição de arbitragem e sem que, sob qualquer hipótese, o procedimento seja submetido à condução de alguma instituição arbitral." (FICHTNER, J.A.; MANNHEIMER, S.N.; MONTEIRO, A.L., *Teoria Geral da Arbitragem*. Rio de Janeiro: Forense, 2018. p. 85).

arbitral, tais como a forma de escolha de árbitros, os prazos a serem considerados, a forma de contagem de dias, a forma de arquivamento de documentos, entre outros detalhes administrativos, estão definidas. Quando as partes escolhem realizar a arbitragem institucional, estão escolhendo, automaticamente, o regulamento que regerá o procedimento. A câmara não interferirá nas decisões do tribunal arbitral, nem na condução do procedimento, que são atividades exclusivas dos árbitros. A câmara apenas tem responsabilidade de administrar o procedimento, quanto aos itens administrativos descritos no seu regulamento. A arbitragem *ad hoc* é aquela em que as próprias partes e os árbitros ficam também responsáveis pela administração do procedimento arbitral, pelos prazos processuais e decisões dos árbitros, local para realização das audiências, procedimentos de impugnação e demais relacionados (FICHTNER; MANNHEIMER; MONTEIRO, 2018, p. 86), de tal forma que o termo de arbitragem deverá também conter as regras de administração do procedimento arbitral.

A redação das cláusulas exige cautela. Existem as chamadas cláusulas compromissórias cheias, que definem as regras dos procedimentos (por exemplo, árbitro único ou tribunal arbitral; previsão de duração, dentre outros). E existem as cláusulas compromissórias vazias, sem indicação das regras às quais estarão as partes obrigadas a se submeter.

A cláusula vazia acaba por se tornar um problema. Ao passo que confirma a vontade das partes em arbitrar, renunciando efetivamente à jurisdição estatal, "não permite a instauração imediata do processo arbitral pela ausência de elementos necessários para constituir o tribunal arbitral" (LEVY; PEREIRA, 2018, p. 107).

As cláusulas cheias vinculam seus signatários às regras e aos regulamentos da instituição eventualmente escolhida, contendo os elementos necessários e permitindo a instalação do procedimento arbitral.

À medida que a opção pelos formatos extrajudiciais evolui, assim acontece com redação das cláusulas compromissórias que costumavam indicar apenas a mediação ou a arbitragem, para permitir aos contratantes mais de um passo a dar quando da instalação de uma disputa. São as cláusulas escalonadas, aquelas que permitem às partes passear pelos institutos, dividindo o momento da resolução do conflito e submetendo cada parte da disputa ao melhor procedimento disponível para saná-lo.

A primeira das grandes instituições internacionais a oferecer modelo de cláusula foi o Instituto Internacional para Prevenção e Resolução de Conflitos – CPR[73], reconhecendo que existe mais de uma ferramenta para solucionar uma disputa, para além da disputa judicial. Dentre as chamadas técnicas adequadas de resolução de disputas, ainda temos um leque de opções que podem se adequar à disputa ou aos momentos da disputa, possibilitando aos contratantes desenhar o melhor processo para o melhor desfecho de seu conflito[74].

No Brasil, as principais câmaras de mediação e arbitragem[75] trazem em seus sítios modelos de redação de cláusula compromissória, abertas à pesquisa, para auxiliar aos interessados em contratar, já prevendo os meios extrajudiciais de controvérsia para eventuais disputas.

Sabemos de advogados especializados em contratos comerciais e questões societárias que orientam seus clientes a fazer constar a possibilidade de submeterem os termos do contrato principal aos métodos extrajudiciais de tempos em tempos. Isso ocorre porque as pretensões iniciais são, comumente, de longo prazo, podendo passar por mudanças drásticas e imprevistas,

---

73. Disponível em: https://www.cpradr.org/. Acesso em: 16 jan.2021.

74. Administered Arbitration. Disponível em: https://www.cpradr.org/resource-center/model-clauses/arbitration-model-clauses. Acesso em: 31 dez. 2020.

75. Instituições reconhecidas nacional e internacionalmente. ARBITAC, disponível em: http://arbitac.com.br/documentos/; CAMARB, disponível em: em http://camarb.com.br/arbitragem/clausula-modelo-escalonada/; CAM-CCBC, disponível em: em https://ccbc.org.br/cam-ccbc-centro-arbitragem-mediacao/resolucao-de-disputas/arbitragem/modelos-de-clausula/. Acesso em: 16 jan.2021.

portanto esta revisão periódica visa preservar o futuro das empresas. Por que não prever a repactuação extrajudicial antes mesmo que a disputa se instale? Visão de futuro é essencial em tempos de mundo globalizado.

Viabilidade e atratividade da arbitragem para resolução de conflitos

Quando pensamos na viabilidade de um processo, a primeira coisa que nos vem à mente é o seu custo financeiro. A Justiça brasileira, em comparação com tantas outras, não é considerada financeiramente cara. O que a torna dispendiosa é o tempo de duração dos processos sob sua tutela, que acabam por tornar as demandas insustentáveis para muitos daqueles nelas envolvidos.

Ao incentivar e estimular outras opções de resolução extrajudicial, o Judiciário repassa, também, para o cidadão, o jurisdicionado, a conta a pagar por tais procedimentos, muitas vezes com valores vinculados aos números discutidos nas demandas, podendo exceder, em muito, em um primeiro olhar, os custos de um processo judicial.

Todavia, existindo a necessidade de se alcançar uma decisão, seja própria ou através de terceiros, para um problema, é importante um estudo amplo de todo o valor envolvido, a fim de se concluir pela viabilidade de um procedimento extrajudicial.

O relatório *Justiça em números 2020*, compilado pelo Conselho Nacional de Justiça com os números do Poder Judiciário no ano referência de 2019, em seu capítulo 7, "Tempos de Tramitação dos Processos", em todas as instâncias, em cada fase do processo, nos mostra que, na Justiça Estadual, o tempo médio de duração de um processo é de 6 anos e 9 meses (JUSTIÇA EM NÚMEROS 2020, p.178).

Transpondo essas informações para o dia a dia de um pequeno empresário, mister atentar para as poucas probabilidades de ele manter o negócio em andamento, tendo algum contrato com fornecedor na iminência de uma decisão do Judiciário com esta média de tempo de tramitação, sem considerar recursos às instâncias superiores, o que acresceria ao processo alguns anos.

Ampliando o espectro da análise e comparando com as informações, ainda que não exaustivamente apresentadas, trazidas neste artigo, temos que a resolução extrajudicial de controvérsias pode ser uma opção tão eficiente quanto viável a todo e qualquer contexto de conflito que se apresente.

A possibilidade de estar vinculado a uma instituição da qual se conhecem as regras e regulamentos, bem como sua tabela de custos e administração; a oportunidade de se utilizar de procedimentos híbridos, transitando da arbitragem para a mediação, ou utilizando os *dispute boards*, ou, ainda, iniciando com a negociação direta, facilitada por profissional capacitado e especializado na causa em questão, dando aos envolvidos o controle de tempo de duração, custos do processo e alcance da decisão final, passam a valer além dos valores a serem pagos à instituição e aos profissionais especialmente escolhidos para auxiliar na resolução efetiva da demanda.

Viabilidade é a "qualidade do que é viável, daquilo que pode ser realizado, desenvolvido. Estado do que pode dar certo; condição do que pode **ter um bom êxito.**"[76]

E nesta ordem de pensamento, aquilo que pode nos solucionar em menos tempo, com mais qualidade, preservando a imagem, o negócio, as relações com clientes e fornecedores, com eficiência e segurança jurídica, ao final da decisão, tomada ou prolatada, é viável e atrativo.

---

76. Definição disponível em: https://www.dicio.com.br/viabilidade/. Acesso em 17 jan. 2021.

Desafios e tendências – arbitragens nas diversas áreas de atuação e a resolução de disputas on-line

Dentre os desafios da resolução extrajudicial de controvérsias, está a concordância com as áreas de aplicabilidade.

Muito embora a lei brasileira de arbitragem determine que são arbitráveis somente os direitos patrimoniais disponíveis, a evolução do entendimento, bem como do sistema, já torna viável tratar as mais variadas controvérsias através da arbitragem, como exemplificaremos a seguir.

Arbitragem e relações trabalhistas

No caso da arbitragem nas relações de trabalho, a Lei nº 13.467/2017 – Reforma Trabalhista – traz a possibilidade de o sindicato ter um novo papel, ajudando a categoria profissional ou econômica a estabelecer parâmetros claros de procedimento no caso de dissídios individuais de trabalhadores cujo limite salarial seja igual ou maior que duas vezes o teto da previdência social.

Como exemplo, podem-se citar a escolha da entidade, o local, referências que o árbitro deverá adotar para decidir, bem como a identificação de critérios para sua escolha, remuneração e indicação de suas responsabilidades a depender da categoria profissional afetada. Isto traria segurança e transparência ao procedimento arbitral, se presente em acordos e convenções coletivas de trabalho.

Também podem ser objeto destes instrumentos a eleição de um rol de matérias passíveis de apreciação arbitral, respeitado o princípio da arbitrabilidade objetiva do instituto, ou seja, a disponibilidade patrimonial de tais direitos. Como cita Gemignani (2018, p. 11):

O art. 611-A, também inserido na CLT pela Lei nº 13.467/2017, poderia atuar como diretriz ao indicar a possibilidade de solução negocial em matérias como jornada de trabalho, cumprimento do regulamento empresarial, remuneração por produtividade, remuneração por desempenho individual, pagamento de prêmios de incentivo em bens ou serviços, participação nos lucros ou resultados da empresa. Portanto, tais critérios também poderiam ser considerados para balizar a arbitragem nas relações individuais de trabalho, além de outros que os sindicatos reputem ser de interesse peculiar da categoria específica.

A *contrario sensu*, matérias cujo escopo forem a supressão, redução ou objeto ilícito referentes aos direitos do trabalhador precisam ser submetidas ao Estado, sendo excluídos do escopo arbitral[77].

Cabe, por fim, lembrar que a previsão da cláusula arbitral poderá vir tanto no contrato de trabalho, como ser acordada no momento de sua extinção por compromisso arbitral com as mesmas regras.

Arbitragem em defesa do meio ambiente

Outra forte tendência a ser observada é a possibilidade de arbitragem em questões ambientais. À primeira vista, os conflitos ambientais devem ser solucionados perante o Judiciário, por serem direitos públicos indisponíveis. Apesar desta restrição internamente, o Brasil é signatário de tratados e convenções internacionais relativos a questões ambientais, em que

---

77. Não podem ser negociados: anotações na Carteira de Trabalho e Previdência Social, recebimento de seguro-desemprego, em caso de desemprego involuntário, valor dos depósitos mensais e da indenização rescisória do Fundo de Garantia do Tempo de Serviço (FGTS); recebimento de salário mínimo, valor nominal do décimo terceiro salário, remuneração do trabalho noturno superior à do diurno; proteção do salário na forma da lei, constituindo crime sua retenção dolosa; recebimento de salário-família, repouso semanal remunerado, remuneração do serviço extraordinário superior, no mínimo, em 50% à do normal; número de dias de férias devidas, gozo de férias anuais remuneradas com, pelo menos, um terço a mais do que o salário normal; licença-maternidade com a duração mínima de cento e vinte dias; licença-paternidade nos termos da lei; aviso prévio proporcional ao tempo de serviço com duração de no mínimo trinta dias; adicional de remuneração para as atividades penosas, insalubres ou perigosas, igualdade de direitos entre o trabalhador com vínculo empregatício permanente e o trabalhador avulso.

está prevista arbitragem para resolução de conflitos, como, por exemplo, a Convenção sobre a Diversidade Biológica[78].

No entanto,

> as facetas privadas do dano em matéria ambiental podem ser submetidas à arbitragem sem burlar a limitação de mérito imposta pelo art. 1º da Lei de Arbitragem. A solução arbitral é uma opção célere e eficaz para dirimir litígios ambientais e para promover a proteção do meio ambiente, sem significar a substituição do papel do Poder Judiciário nas demandas que envolverem um bem ambiental de natureza difusa. (PASSOS DE FREITAS; COLOMBO, 2017, pág. 20)

Essa visão significa que o dano ambiental, além de causar efeitos de forma difusa, pode causar danos ao indivíduo, tratados no âmbito do Direito Privado. Como exemplos, temos a deterioração de uma fachada de casa que sofre efeitos da poluição causada pelas emissões de gás carbônico de uma oficina vizinha ou de um gerador a óleo combustível de um prédio vizinho; a poluição sonora de uma casa noturna que afeta diretamente um vizinho em tratamento médico; ou, ainda, os danos de um desastre ambiental como o rompimento de uma barragem causados diretamente a um indivíduo, que poderia reclamar, por exemplo, a perda material de sua casa. Temos visto também questões ligadas às ações preventivas ao risco ambiental em contratos de construção serem tratadas em arbitragem.

Administração pública e arbitragem – eficiência e celeridade

A arbitragem com a administração pública começou no Brasil de forma tímida, sendo utilizada primeiramente em contratos com financiamento

---

78. Convenção sobre Diversidade Biológica (CDB), assinada durante a ECO-92 em junho/1992, na Conferência das Nações Unidas sobre Meio Ambiente e Desenvolvimento (CNUMAD), ratificada pelo Decreto Federal nº 2.519 de 16 de março de 1998. Disponível em: https://www.gov.br/mma/pt-br/assuntos/biodiversidade/convencao-sobre-diversidade-biologica. Acesso em: 17 jan. 2021.

de bancos mundiais de desenvolvimento. Havia uma rejeição pelos órgãos públicos ao uso da arbitragem nos contratos nacionais sem tais financiamentos, justificando-se que a lei não o permitia expressamente. Esta situação foi modificada em 2015, a partir da publicação da Lei nº 13.129, com a inclusão na Lei de Arbitragem da expressa autorização para a administração pública direta e indireta utilizar-se da arbitragem para dirimir conflitos relativos a direitos patrimoniais disponíveis.

A partir daí, a administração pública vem adotando a arbitragem em seus contratos, especialmente nos contratos complexos de construção e infraestrutura, contando com a celeridade e eficácia dos procedimentos arbitrais. Embora essa autorização seja de 2015, ainda vemos decisões dos tribunais de contas questionando o uso da arbitragem. Mas a verdade é que a tendência ao uso da arbitragem está consolidada, sendo esperado que licitações de grandes contratos como de concessão e parcerias público privadas não indiquem o Judiciário para as questões patrimoniais disponíveis. O grande desafio é a aceitação plena pelos tribunais de contas.

Arbitragem e *compliance*

Com avanço da arbitragem, que vem sendo amplamente utilizada no campo empresarial privado, seja em questões técnicas de execução de contratos ou questões societárias, cresceu também a preocupação com questões de *compliance*.[79]

Temos visto aumentar as discussões sobre o possível uso da arbitragem para ocultar ações de corrupção ou suborno ou crimes, sendo essa uma das justificativas para os tribunais de contas questionarem o uso dessa prática nas contratações públicas.

---

79. Este termo vem sendo utilizado para indicar que as ações de uma certa organização estão em conformidade com as leis, normas, regulamentos e códigos de ética aplicáveis às atividades da organização.

Esse é um grande desafio para os tribunais arbitrais, pois há que se avaliar a boa-fé das partes e seus interesses, especialmente em casos rumorosos ou que estão sob investigação de corrupção ou criminal.

Arbitragem on-line – o futuro é agora

Aparentemente inovadora, a resolução de disputas on-line, conhecida pela sigla ODR, vem sendo discutida e desenvolvida há mais de duas décadas. Ethan Katsh e Janet Rifkin (2001) assinalam a tecnologia como "quarta parte" ao processo, posto que desempenha um papel de destaque no universo das relações virtuais.

Comércio, digitalização da educação, compra de passagens e controle e rastreio de bagagens, todos os passos realizados através de aplicativos ou sítios de internet, são considerados relações on-line para fins de definição de ODRs. Os meios extrajudiciais de resolução de conflitos não poderiam ficar inertes e aquém deste universo criado para otimizar e aproximar pessoas das suas necessidades ou da melhor forma de resolver seus problemas.

As instituições, ao oferecerem a realização do procedimento no formato on-line, acrescem, às precauções intrínsecas ao ato presencial, as cautelas do mundo digital. Dentre elas, a escolha da plataforma adequada às necessidades das partes, preservando a equidade entre elas e a segurança do processo, além da frequência e qualidade do sinal de transmissão. Isso permite manter a integridade do procedimento, com a comunicação sem interrupções, sistemas de transferência e assinatura de documentos com segurança, dentre outros cuidados, preservando o procedimento instaurado, do princípio ao fim.

Conclusão

A arbitragem é forma extrajudicial de solução de conflitos adequada aos casos em que se faz necessário um julgamento, seja pela especificidade da matéria, seja pela esperada celeridade que importa a uma decisão definitiva sobre a questão controversa.

Tal instituto, que ganha espaço e se consolida no Brasil como opção ao processo judicial heterocompositivo, merece cautela em sua utilização. Para que se obtenha a decisão mais adequada de árbitros experientes e especializados apontados para a função, torna-se necessária a apresentação do conteúdo claro e objetivo por advogados que, com qualidade e de forma assertiva, contribuam para o desfecho da demanda.

Com o intuito de colaborar para a redução e orientação da profusão de argumentos apresentados em um processo arbitral, valer-se de formatos híbridos de autocomposição, tais como *dispute board*, mediação e conciliação, pode contribuir para trazer objetividade e desembaraçar o procedimento. Assim, preservam-se a tecnicidade e a celeridade características da arbitragem, posto que a melhor decisão é aquela proferida a tempo de surtir efeitos que impactem as relações, comerciais ou pessoais, de forma tempestiva e efetiva.

Referências bibliográficas

ADMINISTERED ARBITRATION. Disponível em: <https://www.cpradr.org/resource-center/model-clauses/arbitration-model-clauses>. Acesso em: 31 dez. 2020.

ARBITAC. Modelo de cláusula compromissória. Disponível em: <http://arbitac.com.br/documentos/>. Acesso em: 16 jan. 2021.

BRASIL. Lei de Arbitragem – Lei nº 9.307 de 23 de setembro de 1996, atualizada pela Lei nº 13.129 de 26 de maio de 2015. Disponível em: http://www.planalto.gov.br/ccivil_03/leis/l9307.htm. Acesso em: 30 nov. 2020.

CAHALI, Francisco José. *Curso de Arbitragem*. 3ª Ed. São Paulo: Revista dos Tribunais, 2013.

CAMARB. *Modelo de cláusula escalonada*. Disponível em: <http://camarb.com.br/arbitragem/clausula-modelo-escalonada/>. Acesso em: 16 jan. 2021.

CAM-CCBC. *Modelos de cláusulas*. Disponível em: <https://ccbc.org.br/cam-c-cbc-centro-arbitragem-mediacao/resolucao-de-disputas/arbitragem/modelos-de-clausula/>. Acesso em: 16 jan. 2021.

CARMONA, Carlos Alberto. *O processo arbitral*. Revista de Arbitragem e Mediação, São Paulo, v. 1, n. jan/abr. 2004, p. 21-31, 2004.

CONDADO, Elaine Christina Gomes. *A arbitragem como instrumento eficaz de acesso à Justiça*. 2008. Dissertação apresentada ao Curso de Pós-Graduação Stricto Sensu em Direito Negocial da Universidade Estadual de Londrina, 253 p.

CONJUR. *Presidente do STJ propõe mediação e conciliação no pós-epidemia*. Disponível em: <https://www.conjur.com.br/2020-dez-08/presidente-stj-propoe-media-cao-conciliacao-pos-epidemia>. Acesso em: 29 dez. 2020.

CONVENÇÃO sobre Diversidade Biológica (CDB), assinada durante a ECO-92 em junho/1992, na Conferência das Nações Unidas sobre Meio Ambiente e Desenvolvimento (CNUMAD), ratificada pelo Decreto Federal nº 2.519, de 16 de março de 1998. Disponível em: https://www.gov.br/mma/pt-br/assuntos/biodiversidade/convencao-sobre-diversidade-biologica. Acesso em: 17 jan. 2021.

FICHTNER, J.A.; MANNHEIMER, S.N.; MONTEIRO, A.L. *Teoria Geral da Arbitragem*. Rio de Janeiro: Forense, 2018.

GEMIGNANI, Tereza Aparecida Asta; GEMIGNANI, Daniel. *A arbitragem no direito trabalhista: um desafio a ser enfrentado*. Revista CEJ, Brasília, Ano XXII, n. 75, p. 7-17, maio/ago. 2018. Disponível em: <http://www.mpsp.mp.br/portal/page/portal/documentacao_e_divulgacao/doc_biblioteca/bibli_servicos_produtos/bibli_boletim/bibli_bol_2006/Rev-CEJ_n.75.01.pdf>. Acesso em: 16 jan. 2021.

INFORMATIVO STF. *Juízo Arbitral: Constitucionalidade*. Disponível em: <http://

www.stf.jus.br/arquivo/informativo/documento/informativo254.htm>. Acesso em: 16 jan. 2021.

INTERNATIONAL CHAMBER OF COMMERCE – ICC. Disponível em: https://www.iccbrasil.org/. Acesso em: 16 jan. 2021.

INTERNATIONAL INSTITUTE FOR CONFLICT PREVENTION & RESOLUTION. Disponível em: <https://www.cpradr.org/>. Acesso em: 16 jan. 2021.

JUSTIÇA EM NÚMEROS 2020. Disponível em: https://www.cnj.jus.br/wp-content/uploads/2020/08/WEB-V3-Justi%C3%A7a-em-N%C3%BAmeros-2020-atualizado-em-25-08-2020.pdf. Último acesso em: 02 jan. 2021.

KATSH, M. Ethan; RIFKIN, Janet. *Online Dispute Resolution: resolving conflicts in cyberspace*. San Francisco: Jossey-Bass, 2001.

LEVY, D.; PEREIRA, G.S.J. *Curso de Arbitragem*. São Paulo: Revista dos Tribunais, 2018.

LEVY, Fernanda Rocha Lourenço. *Cláusulas Escalonadas: a mediação comercial no contexto da arbitragem*. São Paulo: Saraiva, 2013.

LU, Yijia. *Economic Analysis of Hybrid Mechanisms: Arb-Med and Med-Arb as Arbitral Innovations*. NYU School of Law. April, 2019. Disponível em: https://papers.ssrn.com/sol3/papers.cfm?abstract_id=344218. Acesso em: 16 jan. 2021.

PASSOS DE FREITAS, Vladimir; COLOMBO, Silvana Raquel Brendler. Arbitragem ambiental, condições e limitações para sua utilização no âmbito do Direito brasileiro. *In: Revista Direito Ambiental e Sociedade*, v.7, nº2, 2017 (p. 7-27).

SUPREMO TRIBUNAL FEDERAL – STF. Recurso Extraordinário – RE 5.206 SP-Espanha (AgRg), rel. Min. Sepúlveda Pertence, 12.12.2001 (SE-5206)

THE NEW YORK CONVENTION. Convention on the Recognition and Enforcement of Foreign Arbitral Awards (New York, 1958). Disponível em: https://uncitral.un.org/en/texts/arbitration/conventions/foreign_arbitral_awards. Acesso em: 30 nov. 2020.

7. A MEDIAÇÃO – ASPECTOS GERAIS E ALGUMAS ÁREAS DE UTILIZAÇÃO

Adolfo Braga Neto, Agenor Lisot, Cristiane Sabino Spina, Flavia Scarpinella Bueno e Flávio Faibischew Prado

Introdução

Neste artigo aborda-se a mediação em seus aspectos gerais e algumas de suas especialidades, sem esgotar o tema e somente com uma perspectiva experiencial.

Com um olhar e viés práticos, serão mostrados o trabalho da mediação e o seu verdadeiro potencial para gerir conflitos.

Mediação – aspectos gerais

O grande potencial da mediação tem seu cerne na autodeterminação das pessoas envolvidas, que são as construtoras do desfecho do trabalho de gestão do conflito.

Na mediação, pessoas interconectadas juntam-se para a construção mútua de um novo real. Ultrapassa-se a discussão individualista dos "meus" pedidos, que são opostos aos "seus", e chega-se à construção de valores comuns do que seja justo para os envolvidos.

A negociação qualificada que ocorre na mediação torna possível para as pessoas atenderem às suas próprias necessidades e, ao mesmo tempo, incluírem e contemplarem o interesse do outro.

A palavra-chave é colaboração. Colaboração não quer dizer ingenuidade nem artificialidade; quer dizer "trabalhar juntos" para otimizar a resposta para o problema.

Durante a situação conflituosa, a relação torna-se disfuncional. A mediação tem a capacidade de conduzir as pessoas (físicas ou jurídicas) envolvidas no conflito de volta à lógica da interdependência. Sob essa perspectiva, a mediação mostra-se como um espaço de diálogo, no qual as pessoas são autoimplicadas, ou seja, percebem-se como elementos de um sistema; elementos em mútua influência, que contribuem para o que ocorre consigo e com o outro (ALMEIDA, 2017, p. 260).

A mediação tem como pressuposto a voluntariedade (autonomia da vontade): autodeterminação dos participantes para iniciar, dar continuidade e terminar (a qualquer momento) o trabalho de gestão do conflito, com liberdade de escolha. Na mediação, não há, portanto, o risco de que o resultado venha a desagradar a algum dos envolvidos. Não há, logicamente, a obrigatoriedade de ser assinado um acordo ao final da mediação. A consequência prática, dentre outras, é: a mediação só pode gerar vantagens para os participantes.

A mediação trabalha para promover a construção de uma decisão Ganha-Ganha (URY; FISHER; PATTON, 2018), com a utilização de critérios múltiplos que ultrapassam a lógica binária de "ter-direito" versus "não-ter-direito". As pessoas trazem para a mediação seus interesses e necessidades pensando no futuro (como gerir o conflito e reescrever a história daqui para a frente). Cabe ao mediador (com suas técnicas comunicacionais e negociais) impulsioná-las para a melhor solução possível, eficaz e legítima para todos.

Como todos os envolvidos participam ativamente e em diálogo da construção da solução na mediação, eventual acordo costuma ser cumprido espontaneamente. O acordo é sustentável e não precisará ser executado for-çosamente. Mas vale ressaltar: o acordo de mediação assinado tem a força de título executivo extrajudicial e poderá ser executado.

A mediação é célere e tem duração determinada pelos próprios envolvidos. Seu tempo é medido em reuniões: horas, dias, semanas.

Os custos financeiros da mediação cabem nas possibilidades dos envolvidos. "Na maioria das vezes, a mediação reduz consideravelmente os custos financeiros, além dos irreparáveis e incalculáveis custos emocionais" (GROSMAN; BAYER, 2016, p. 384). Se realizada com um mediador independente, haverá apenas pagamento de honorários referentes às horas trabalhadas. Se realizada em uma instituição privada (câmara de mediação), há também o pagamento de uma taxa de manutenção do procedimento.

Tanto no aspecto duração, quanto no aspecto custos, a mediação é dotada de previsibilidade, dada a sua natureza contratual (BRAGA NETO, 2021, p. 154-198), fundada na autonomia de vontade dos envolvidos. As pessoas têm total noção e controle de quanto tempo durará a mediação e quanto dinheiro gastarão nesse trabalho de gestão do conflito.

Com um mediador independente, os envolvidos constroem e assinam um pacto de mediação, que estabelecerá as regras procedimentais para aquela mediação específica, contendo: duração da mediação e das reuniões, divisão dos custos, tudo de maneira adaptada às necessidades apresentadas. Nas câmaras de mediação, há um regulamento estabelecendo as regras de trabalho e o custo. Em ambos os casos, prevalecerão a informalidade e a oralidade, para favorecer a interação das pessoas envolvidas. Da mesma forma, o acordo a respeito do procedimento de resolução da disputa pode ser considerado como o embrião, para que se inicie uma conversa construtiva sobre o mérito do conflito que se quer resolver com efetividade.

A mediação inicia-se com o envio de um convite aos demais interessados e, se não respondido no prazo de 30 dias, considera-se o convite como tendo sido recusado.

Quer seja no caso de recusa ao convite para a mediação ou no caso de encerramento da mediação sem a celebração de acordo, todos os outros meios de gestão do conflito (arbitragem ou decisão judicial) continuam disponíveis – a escolha pela mediação do conflito mantém todas as outras portas de acesso à justiça abertas.

Na mediação, para construir a melhor solução possível e legítima para todos, os participantes poderão ser assistidos por especialistas de quaisquer áreas do conhecimento que se façam necessários no caso concreto (por exemplo: avaliadores, contadores, economistas, engenheiros, psicólogos etc.). Os esclarecimentos técnicos, que não têm natureza probatória, são dirigidos aos próprios envolvidos no conflito, para suprir suas necessidades de informação e sanar suas dúvidas. É princípio da mediação a geração de uma decisão forte e informada.

A participação do advogado é recomendável à mediação. "Nesses casos, o especialista em mediação e o advogado que presta um serviço de excelência ao seu cliente podem fazer a diferença" (GROSMAN; BAYER, 2016, p. 390). Uma vez eleita a mediação, o advogado é o profissional que cuida para que as decisões sejam tomadas dentro das margens da legalidade; que possibilita o encontro de soluções criativas e com respaldo jurídico. A experiência do advogado permite ampliar o leque de alternativas para a resolução da disputa. Sua participação é firme na defesa dos interesses de seu cliente e busca englobar o atendimento aos interesses dos demais participantes.

A mediação é perfeitamente adaptada à dinamicidade da vida e possibilita acordos temporários válidos para situações prementes, para conter danos. Permite também, se assim desejarem as pessoas, o retorno à mesa de negociações, para adaptações e repactuações.

Sobre o mediador, cabe ressaltar: ele é um terceiro, com *expertise* em comunicação e em técnicas de negociação, escolhido pelos envolvidos, que facilitará a negociação de maneira imparcial; ele não privilegiará qualquer um dos envolvidos, não gerará vantagem para uma pessoa em detrimento da outra. A mediação caracteriza-se, portanto, como um trabalho com o objetivo de ajudar todo o sistema envolvido no conflito, com o compromisso de gerar uma resolução otimizada, de modo que todos se sintam atendidos. Esse é o grande diferencial da mediação quando as tentativas de negociação direta falharem: a imparcialidade do mediador impulsiona as partes conflitantes a encontrar a solução comum (coconstruída), que seja eficaz e exequível.

Outra característica fundamental da mediação é a confidencialidade. A confidencialidade abrange a própria existência da mediação e estende-se a todos os participantes e a todas as informações e aos documentos que venham a ser produzidos e compartilhados. O mediador é proibido, por disposição legal, de testemunhar sobre as informações que lhe são confiadas (BRAGA NETO, 2016, p. 55-56). Constrói-se, assim, um ambiente seguro de negociação.

Nesse ambiente seguro, como ferramenta de uma negociação qualificada, a mediação tem a possibilidade de realizar reuniões privadas (*caucus*) entre o mediador e algum dos envolvidos no conflito, sem a presença dos demais. Essas reuniões privadas podem ser solicitadas pelos participantes ou pelo mediador a qualquer momento. O *caucus* é confidencial: as informações e os documentos apresentados não são transmitidos aos demais participantes da mediação (a não ser que a própria pessoa, expressamente, abra exceção à confidencialidade). O mediador, tendo ciência de informações que não se quer compartilhar com os outros envolvidos, poderá trabalhar para incentivar a criação de soluções que satisfaçam aos interesses de todos.

Importa ressaltar que o propósito da mediação sempre será que as pessoas se sintam fortes para tomar suas decisões e também possam incluir e reconhecer a perspectiva que os outros envolvidos têm sobre a relação, o conflito e a solução (BUSH; FOLGER, 2005, p. 55).

Mediação – algumas áreas de utilização

Dentro da premissa que embasa este livro, de demonstrar que, sim, *é possível fazer justiça fora do Judiciário*, daqui por diante, o objetivo do artigo será demonstrar, pela prática, as vantagens do método consensual de gestão de conflitos e como acontece o seu uso, buscando ajudar o leitor a ter uma visão mais clara e concreta das circunstâncias em que a mediação poderá ser usada.

Para ilustrar como a mediação poderá ser empregada e quais vantagens que ela gera, veremos alguns exemplos (sem a pretensão de esgotá-los) nos tópicos seguintes.

Mediação familiar para casais em situação de separação

Em primeiro lugar, aqui, cabe esclarecer que a mediação não visa a gerar, de modo algum, a reconciliação do casamento. O objetivo não é fazer com que o ex-casal reate a relação ou que eles se tornem "grandes amigos".

A intenção é, sim, trabalhar para gerar o melhor acordo possível entre o ex-casal, de modo que ambos se sintam atendidos e contemplados.

A ideia é construir aos poucos um ambiente seguro de conversa. Eles vão perceber que o mediador está lá para facilitar o diálogo, e não para julgá-los. A intenção não é dizer que um tem razão e o outro não tem. O objetivo, se eles estiverem empenhados em ouvir um ao outro, é evidenciar que ambos têm as suas próprias razões.

Na dinâmica de diálogo transformador que a mediação familiar propõe, as pessoas são ajudadas (se assim quiserem) a regenerar a qualidade da interação em positiva, construtiva, conectiva e humanizadora – e assim a mediação pode ser uma boa opção para gerir relações em momentos de conflito.

É interessante que, no decorrer da conversa em mediação, aos poucos, o ex-casal sinta que trabalha lado a lado, para resolver as questões que não podem ser resolvidas por imposição de força. E perceba que a imposição da força, se aplicada, geraria danos marginais indesejados.

Cada família tem suas especificidades: necessidades, desejos e valores que são únicos, singulares, apenas dessa família. Portanto, ninguém melhor do que essas próprias pessoas para compreender a situação e escolher como farão daqui por diante.

A mediação tem como "firme âncora mental" a premissa de que as partes têm o desejo e a capacidade para transformar a interação no conflito (BUSH; FOLGER, 2005, p. 70). A função do mediador é promover a auto-determinação das pessoas que procuram ajuda.

A fim de promover a autodeterminação das pessoas, o mediador não opina e não sugere, preservando sua imparcialidade, bem como o poder de decisão dos participantes. "É dever do mediador se isentar de seus elementos internos pessoais, pois na mediação valem os elementos internos dos mediandos" (BRAGA NETO, 2018, p. 36).

A conversa em mediação familiar dá especial atenção e tem como solo fértil a percepção de interdependência entre essas pessoas. As lógicas de interdependência e de colaboração são privilegiadas, substituindo uma lógica de competição.

Na conversa colaborativa, todos contribuem com a convicção de que não estão abrindo mão de direitos, mas que estão, sim, compondo interesses para chegar à melhor solução possível e legítima para todos.

A separação é uma fase de transição muito difícil – algo como um luto, que precisa ser trabalhado com naturalidade, sensibilidade e respeito. O luto da separação precisa ser compreendido pelas pessoas envolvidas, para que possam escolher como querem seguir adiante sua vida.

Notemos que, normalmente, quando um casal se separa, as pessoas estão em fases diferentes de aceitação do rompimento. Respeitar o tempo de cada pessoa é fundamental, para que as emoções sejam assimiladas e possam conduzir a escolhas benéficas para todos.

É fato que algumas conversas na mediação familiar são muito difíceis, tensas e emocionais: se o ex-casal quiser, eles vão conversar, sim, sobre questões emocionais. "O ambiente da mediação pode gerar luz onde antes só se sentia o calor das emoções" (FREITAS DE SOUZA, 2016, p. 377).

Mas que fique claro: mediação não é terapia. As conversas difíceis são feitas para gerar maior compreensão entre as pessoas. Conectado permanentemente com o ex-casal, o mediador contribui com o cuidado de promover uma visão para o futuro: para a história que eles querem escrever daqui para a frente.

Sublinha-se a importância do protagonismo dos envolvidos: são eles que constroem a pauta da conversa (os assuntos que estarão no diálogo). O mediador acompanha-os e ajuda-os para que o diálogo seja diferente daquele que vinha acontecendo na interação do conflito e antes da mediação (BRAGA NETO, 2018, p. 27).

O método é o de trabalhar com conversas conjuntas (o ex-casal com o mediador, todos juntos) ou separadas (o mediador conversa, alternadamente, com apenas um deles) e que essas conversas permitam que as pessoas construam (se quiserem) uma agenda de negociação, com os temas de uma pauta objetiva: sobre o patrimônio; sobre convivência com os filhos; sobre manutenção desses filhos e também do ex-cônjuge que precise de auxílio financeiro.

Se as pessoas quiserem, apresenta-se um olhar mais amplo para a família e conversa-se sobre convivência dos filhos também com tios e avós, por exemplo. Também é possível refletir sobre as necessidades de adaptação que o futuro impõe: as crianças crescem, os empregos e salários mudam, podem surgir novos namorados/companheiros.

Prever conversas sobre essas situações (mesmo nesse momento doído da separação) pode preparar o ex-casal para uma relação de parentalidade que seja funcional no futuro (que funcione e atenda às necessidades de todos). A relação conjugal termina com a separação, mas a relação parental permanecerá. A mediação pode ajudar o ex-casal a discriminar essas duas relações.

Mais uma vez, afirma-se: o propósito do trabalho é ajudar o sistema familiar a gerar a melhor solução possível para gerir a fase de crise e transformação ocasionada na separação. Acrescenta-se, agora, uma reflexão: a fim de otimizar a relação familiar, faz-se necessário ouvir os filhos.

A mediação possibilita que pai e mãe deixem de ter uma visão autocentrada (voltada apenas para seus próprios interesses) e pensem, também, na perspectiva e nas necessidades que os filhos têm. Os filhos, uma vez que sejam chamados à mediação, não serão tratados como simples objetos de uma lide e não serão vistos apenas como receptores passivos de cuidado e proteção (PARKINSON, 2016, p. 279). Serão respeitados como seres humanos e sujeitos em sua integralidade. Desse modo, a mediação permite a inclusão das crianças, que passam de meros espectadores a protagonistas na gestão da separação.

Crianças vivenciam a crise e sofrem com o luto. Ao receberem carinho e ao poderem expressar seus sentimentos e necessidades, a etapa crítica é atravessada sem ser patologizada. Cria-se, pela mediação, o caminho para a construção de um lar seguro ou, melhor ainda, dois lares seguros. Lares nos quais haja respeito recíproco e diferenciação entre os papéis exercidos pela mãe, pelo pai e pelos filhos. Mais do que isso, a conversa mediada oportuniza a criação de uma relação de coparentalidade sustentável.

A depender da idade e do estágio de desenvolvimento das crianças, a mãe e o pai, com a facilitação do mediador, decidirão em conjunto como os filhos ganharão voz na mediação. Os horizontes, de início, podem ser singelos: gerar mais conforto e compreensão para as crianças. Objetivos mais audaciosos são alcançados com a construção de um verdadeiro plano de parentalidade sustentável.

Se as crianças serão incluídas e chamadas a participar, deve-se criar um ambiente seguro para a conversa. Há que se cuidar para que não sejam expostas a qualquer tipo de violência e que não se sintam vitimizadas ou manipuladas. Informação é essencial para que elas saibam para que serve o diálogo da mediação e qual é a função do mediador. Informação gerará um espaço de confiança para os jovens (PARKINSON, 2016, p. 275).

O que é certo é que as crianças não serão chamadas para um interrogatório e que disso devem ter perfeita noção. O objetivo de convidá-las a participar da mediação jamais será o de extrair respostas que isentem os adultos de suas responsabilidades sobre as decisões. Ao falar em "convite" para o diálogo, a voluntariedade (vontade de participar) vale não apenas para os adultos; vale para as crianças igualmente. A meta é que todos (todos!) possam ser ouvidos em suas necessidades e sentimentos, com a sensibilidade de se considerar que as pessoas envolvidas se encontram fragilizadas, em uma situação de dificuldades, tristeza e vulnerabilidade.

Voltando para a mediação que ocorre apenas com a participação dos adultos, outra questão prática a ser destacada diz respeito aos advogados. Já se falou acima a respeito da importância do advogado para a mediação. Respeitadas as vontades dos participantes, se eles não quiserem a intervenção direta dos advogados em todas as reuniões, haverá a possibilidade de que se façam pausas técnicas para consultarem seus assessores jurídicos. O cuidado, com isso, é permitir que as pessoas tomem decisões informadas e esclarecidas.

Não só o advogado pode ser chamado a contribuir para a tomada de decisões. As vidas não são compostas apenas de regras jurídicas. Numa visão multidisciplinar, o mediador pode verificar com o ex-casal, por exemplo, se um especialista em finanças ou em desenvolvimento infantil pode ajudá-los a tomar as decisões de forma fundamentada.

Outro aspecto que tem especial importância para as mediações familiares diz respeito à possibilidade de serem realizados acordos provisórios. Trata-se de combinados temporários entre os envolvidos – como se as pessoas escolhessem realizar testes, antes de assinar um acordo definitivo. Nesses casos, sendo a vontade das pessoas, o trabalho de mediação pode ser suspenso para que se realizem esses testes. Posteriormente, eles poderão ser adaptados ou tornados definitivos. E, mesmo com a celebração de um acordo definitivo, é possível (e aconselhável) que as pessoas prevejam uma reunião de monitoramento, a fim de afinar pontos de relacionamento que se façam necessários. Normalmente, após a vivência de uma mediação, essas adaptações serão constantes e serão realizadas em diálogos diretos e sem a necessidade da ajuda do mediador.

Respeitada a dinâmica da vida da família originada após a separação, enfatiza-se que a mediação familiar (assim como toda e qualquer mediação) só pode gerar vantagem para as pessoas: elas começam a conversa se quiserem; e permanecem na mediação enquanto quiserem construir juntas um novo conceito de justo e um futuro viável.

A mediação não é "o melhor" meio de se chegar a uma decisão para o conflito; é um dos meios existentes e, se as pessoas assim quiserem, possibilita a coconstrução de um acordo genuíno e sustentável, feito de maneira personalizada pela família e para a família.

Por fim: a mediação talvez não seja a saída mais fácil para gerir o conflito da separação. Isso porque ela exige a coragem e vontade das pessoas de, através do diálogo, tomar as rédeas de suas vidas em suas próprias mãos.

Mediação escolar

Todos que vivemos em sociedade sabemos que, ao sair do ambiente familiar, o primeiro contato que temos com "os outros" ocorre na escola. A criança ingressa no ambiente educacional e assim é inserida no que podemos denominar de uma "mini sociedade". Será na escola que a criança aprenderá a brincar, estudar, ler, escrever, relacionar-se e desenvolver as suas habilidades cognitivas ("aprender a fazer" e "aprender a conhecer") e socioemocionais ("aprender a ser" e "aprender a conviver"), tão importantes para a formação de sua personalidade.

No contexto escolar e nas relações entre os vários atores que permeiam este ambiente, faz-se necessário estabelecer formas de convivência e relacionamentos mais pacíficos e duradouros. Faz-se também necessário ensinar para as crianças, desde pequenas, as melhores formas e maneiras de saber se expressar, de ter autonomia, de colaborar e de ser protagonista de suas atitudes.

Desta forma, a inserção da mediação e de suas ferramentas será muito útil desde os primeiros anos de escolaridade, pois, de forma lúdica, com brincadeiras, jogos, teatros e música, os professores já poderão ir passando certos princípios, conceitos e regras de convivência mais pacíficas e eficazes para seus alunos.

As crianças, assim como uma "bucha seca", têm o poder de absorver muito rápido e eficazmente os ensinamentos que lhe são passados. Uma escola que privilegia o ensino de habilidades socioemocionais e de convivência pacífica entre os seus alunos, pais, professores e funcionários conseguirá evitar conflitos mais sérios no futuro, casos de *bullying*, evasão escolar, demissões injustas de professores, expulsão de alunos, brigas entre famílias e corpo diretivo, que por vezes acabam gerando inquéritos policiais e processos judiciais.

A mediação poderá ser usada tanto para dirimir conflitos entre os adultos – professores, pais de alunos, funcionários e gestores – como para solucionar conflitos entre as próprias crianças e jovens.

A escola poderá optar por contratar uma equipe externa de mediadores profissionais, capacitados para auxiliar a resolver os conflitos que surjam entre professores; aluno e professor; pais e diretores; funcionários e direção; entre outros. Os mediadores contratados terão um grande "leque" de opções para atuar nas diversas ocorrências que surgirão no dia a dia de uma escola e que poderão, com certeza, ser dirimidas com o uso da mediação, antes de se pensar em judicializar.

Ou a escola poderá contratar uma empresa ou instituto que farão uma consultoria e futura capacitação e formação de todos os membros de sua comunidade, devendo sempre se iniciar por uma "sensibilização" de todo o corpo diretivo e docente da escola. Com a aprovação e "consensualidade" de todos, começa-se um projeto de capacitação *in company* de seus funcionários, professores e alunos.

Esse projeto em geral inicia-se com uma primeira fase de sensibilização e pesquisa de opinião e voluntariedade entre os membros da comunidade escolar. Após esta etapa, passará para a fase de formação e capacitação da equipe diretiva e de gestão da escola, seguida pela capacitação dos professores e funcionários, sendo sempre fornecidos todos os materiais didáticos e o rol de conteúdos e atividades necessários para a devida capacitação e formação.

Uma vez terminadas as etapas anteriores e de acordo com o planejamento e intenção da escola e de seus gestores, será iniciada a capacitação e formação dos alunos mediadores (mediadores mirins), conhecida também como *peermediation* (mediação de pares).

O programa de capacitação de alunos mediadores deve, logicamente, estar previsto no projeto pedagógico e disciplinar daquela escola, tendo sempre a anuência dos responsáveis e pais dos alunos e a voluntariedade de todos os envolvidos.

Em alguns países já existem leis e resoluções que preveem este tipo de programa e política pública, que estabelece a implantação de formação e capacitação em mediação de conflitos para professores e alunos.

Podemos citar o exemplo de algumas escolas públicas de Buenos Aires (Argentina), nas quais ocorre a implantação do programa de mediação de conflitos no ambiente escolar, instituído como política pública pela Ley de Mediación Escolar nº 3.055, de 21 de maio de 2009, que, em seu art. 1º, criou o Sistema Integral de Mediação Escolar, com a finalidade de difundir, promover e instituir a implementação de métodos cooperativos e pacíficos de gestão de conflitos para todos os atores da comunidade educacional, levando em conta sua especificidade. Esta lei foi regulamentada pelo Decreto nº 586/11 – BOCBA nº 3.797, de 23/11/ 2011.

Assim, através desta singela reflexão, verifica-se que a mediação é um meio muito eficaz e que podemos jogar essa "semente" em um terreno fértil e próspero chamado "escola" e desta forma termos a certeza de que neste campo a disseminação destas práticas em muito contribuirá para formação de futuros cidadãos mais participativos, cooperativos, pacíficos e responsáveis por seus próprios conflitos e a sua solução, sem precisar terceirizar e judicializar tudo que ocorre em suas vidas.

A criação de um ambiente relacional sadio, além de diminuir a conflituosidade no ambiente escolar, tem reflexos positivos diretos no aprendizado dos alunos, que passam a ter resultados acadêmicos muito superiores e a se sentir mais confiantes e seguros, com uma boa convivência social e familiar.

A mediação inserida no ambiente escolar promoverá o desenvolvimento de habilidades e a abordagem cooperativa e pacífica de conflitos e poderá fomentar a criação de equipes de alunos mediadores que possam intervir nos conflitos que se sucedem entre seus pares.

Alunos que já passaram por essa experiência e se tornaram mediadores de seus pares nos relataram, em entrevistas pessoais, que sentiram uma mudança em seus comportamentos e relacionamentos quando passaram a aprender sobre a mediação, seus princípios e técnicas. Começaram a ver que os outros têm também o seu lado da história e que cada um é responsável pelos seus atos e, assim, pelos seus próprios conflitos. O que nos reporta ao modelo transformativo de mediação, que advoga a transformação do conflito na medida em que promove a mobilização dos recursos próprios de cada um dos sujeitos implicados (BUSH; FOLGER, 1996).

No entender da professora e mediadora portuguesa Elisabete Pinto da Costa:

> "Constata-se então que a mediação é muito mais do que uma técnica ou ferramenta para resolver conflitos, podendo gerar uma nova cultura de regulação social, fundada em princípios

da democracia, da cidadania e da sã convivência". (PINTO DA COSTA; ALMEIDA E MELO, 2009, p.1-14)

Fazendo coro à professora, pressupõe-se que a mediação de conflitos no âmbito educacional em muito irá contribuir com a cultura da pacificação social, do respeito mútuo e do diálogo, tão urgentes em nossa sociedade polarizada, conflituosa e litigante, promovendo uma nova ordem social e uma mudança de paradigma, em que as pessoas são chamadas a fazer parte da "solução de seus próprios conflitos" e, assim, tornam-se protagonistas de suas próprias histórias.

Mediação comunitária

De maneira simples e pontual, a mediação comunitária consiste na introdução da mediação, com todos os seus instrumentos, técnicas, norteadores e princípios, no cotidiano de uma comunidade ou sociedade, região ou cidade, estimulando espaços dialógicos em que os conflitos de diferentes ordens possam obter tratamento diferenciado (SAMPAIO; BRAGA NETO, 2007, p. 118). Tratamento este bastante diferenciado daqueles nos quais a imposição de vontade de uma autoridade maior, seja da comunidade ou fora dela, pelos órgãos instituídos, desenvolvendo assim a cultura de paz, por intermédio da inclusão de um sistema próprio de resolução de conflitos em locais da própria comunidade chamados centros, câmaras ou mesmo casas. E tem resultado em todos os locais onde é implementado em âmbito mundial na pacificação social exercida pelo próprio cidadão, muito embora seu objetivo principal seja a resolução de conflitos da e na ou pela comunidade, sejam eles de qualquer espécie, decorrentes de inter-relações sociais, afetivas, profissionais, momentâneas ou não, formais ou informais.

Nos espaços acima citados, as pessoas encontrarão mediadores à disposição dos cidadãos para auxiliar na construção de soluções por elas buscadas. Em muitos programas desenvolvidos em diversas partes do mundo, a função do mediador é desempenhada por moradores da própria comunidade, os quais, em alguns casos, são por ela escolhidos ou, em outros, eles próprios se inscrevem voluntariamente para prestar serviços à comunidade. Em ambos os casos, faz-se imprescindível que os mediadores sejam capacitados com um conteúdo mínimo teórico e posteriormente prático, sempre supervisionado por mediadores de maior experiência, sem o conceito da crítica e do acerto e erro, com a noção da observação pelo aprimoramento das habilidades e dificuldades de cada profissional embasada na construção da criatividade e inovação. Tal conteúdo deve oferecer estudos aprofundados sobre o conflito e todas as suas diversas manifestações. Deve primar por um aprendizado que privilegie a prática e permita incorporar todas as técnicas da mediação, que são ferramentas de trabalho fundamentais para o mediador.

E não se pode esquecer que a interdisciplinaridade deve imperar, pelo fato de enriquecer sobremaneira a atividade. Por isso, a capacitação acima mencionada requer uma atenção especial para as habilidades do mediador, fazendo com que este se auto-observe quanto ao preenchimento de requisitos mínimos para exercer a função, que só poderá ser desempenhada por ele quando os atingir. Assim é que seria desnecessário apontar importância da capacitação: caso não exista, poderá comprometer os resultados da própria atividade e, com isso, o programa instituído. Felizmente, no Brasil, à exceção de alguns projetos isolados, esta premissa tem sido cumprida e a grande maioria de programas na área tem se iniciado por essa capacitação mínima. Os projetos que não se preocuparam com a capacitação mínima em mediação de conflitos hoje sofrem com os resultados, limitados a questões familiares e de vizinhança, não incorporando as questões coletivas ou públicas, consideradas o segundo eixo de atuação deste tipo de mediação de conflitos, por força justamente da própria limitação de seus profissionais.

Por outro lado, outros programas utilizam mediadores que compõem o quadro de profissionais de órgãos públicos incumbidos de implementá-los. Nestes casos, há remuneração para os profissionais que vêm do Estado. Neste aspecto, há que se fazer um alerta para que eventuais questões ideológicas originárias da política institucional dos órgãos de governo, ou mesmo decorrentes de visões pessoais dos profissionais, não interfiram na resolução dos conflitos. Em outras palavras, a mediação de conflitos comunitários não está a serviço do poder instituído ou daqueles que a desenvolvem; muito pelo contrário, está, sim, a favor do cidadão pleno de saberes de seus desejos, poderes e direitos.

A mediação comunitária poderá ser utilizada em diversos contextos, mas os mais comuns podem ser agrupados em três grandes eixos, como sustentam Nató, Querejazu e Carbajal (2005, p. 154). O primeiro refere-se a conflitos existentes dentro de uma comunidade, os quais são caracterizados pela qualidade e intensidade dos vínculos interpessoais, marcados pela interdependência recíproca entre seus atores e decorrentes das condições materiais ou físicas que a proximidade dos atores envolvidos impõe. Por outro lado, importante seria enfatizar que tais conflitos acarretam polarizações extremadas, que se convertem em obstáculos difíceis de serem superados, exigindo intervenções mais amplas e aprofundadas a fim de revertê-los. Nele se incluem questões entre vizinhos, questões familiares, questões de gênero, para exemplificar alguns que bem ilustram suas peculiaridades e dificuldades apontadas acima.

O segundo, por eles chamados de conflitos públicos, referem-se a um grande número de atores e interesses envolvidos, que repercutem com grande impacto sobre a comunidade, sociedade, região ou cidade. Poderão, eventualmente, envolver órgãos de governo, grupos ou associações de moradores de bairros, empresas, sendo que as suas consequências podem atingir um expressivo contingente de pessoas e, às vezes, prolongar-se no tempo. Como exemplo, um grupo de vizinhos que, cansados de vivenciar acidentes ou atropelamentos em uma determinada rua ou avenida, decidem bloqueá-la a fim de chamar a atenção das autoridades para que tomem providências relativas à segurança no trânsito daquele local ou região. A ideia de utilizar a mediação nesses casos é evitar medidas extremadas e violentas, proporcionando aos moradores locais a possibilidade de usufruir de um canal de comunicação permanentemente aberto para a exposição de seus anseios e preocupações.

O terceiro e último são os chamados conflitos interculturais, envolvendo temas como etnias, minorias, imigração e exclusão social, que são frutos da diversidade cultural, de diferentes identidades, religiões, idiomas, desigualdade social e cultural existentes em uma sociedade, comunidade, região ou cidade. Tais diferenças exigem a busca consciente da própria identidade, a partir do reconhecimento e respeito com relação a todas as demais identidades. Por isso, há que se ter em conta que tais conflitos se caracterizam por situações complexas que transcendem fronteiras, demandando tratamento diferenciado. A mediação comunitária ou social nestes casos, por intermédio de sua gestão acolhedora em todos os sentidos, proporciona um aprendizado de convivência mais harmônica e pacífica entre essas diferenças, que será tomado como modelo a ser seguido a partir de sua intervenção.

Mediação no dia a dia de empresas e de contratos

Já se disse que a mediação possibilita que as próprias pessoas tomem a decisão sobre o conflito. Este é o grande diferencial que se aponta para a mediação aplicada no meio contratual e empresarial: o poder de decisão (resultado) é mantido nas mãos dos contratantes (FREITAS DE SOUZA, 2016, p. 375). Os envolvidos têm controle sobre o resultado e sobre o próprio processo decisório; com isso, os riscos e as incertezas são minimizados.

Além de minimizar os riscos, a solução construída pelo protagonismo dos empresários, certamente, estará focada na maximização dos benefícios econômico-financeiros. Empresários atuam com vistas a minimizar perdas e maximizar lucros e oportunidades de negócios futuros. A mediação, de forma segura e criativa, é um ambiente adequado para transformar conflitos em oportunidades de ganhos mútuos (URY; FISHER; PATTON, 2018). Não se nega a existência da divergência: o conflito está instaurado e é gerido através da reunião dos envolvidos, instigando-os a tratá-lo de modo resolutivo e prospectivo.

Os empresários, ao definirem a mediação como o meio adequado para a gestão de um conflito e de uma relação, consideram quais são as outras vias disponíveis. É de suma importância considerarem que no meio mais usual, o Judiciário, será um terceiro (o Estado-juiz) que decidirá. Muitas vezes, o juiz não conhece as especificidades da relação e do mercado. A mediação privilegia a *expertise* do empresário: ele é o *expert* em seu negócio e poderá gerir o conflito sabendo, exatamente, quais são seus interesses, suas possibilidades, suas urgências etc.

Além disso, observa-se que, frequentemente, os conflitos são complexos e multifatoriais. Envolvem questões subjetivas e objetivas (GROSMAN; BAYER, 2016)[80]. Envolvem múltiplos atores e interessados. Possuem nuances ligadas a aspectos técnicos, econômico-financeiros, administrativos e gerenciais, ou mesmo emocionais, entre muitos outros. Todos esses traços transcendem uma discussão meramente jurídica entre autor e réu a respeito de qual artigo de lei será aplicado.

Para gerir esses conflitos, os parâmetros legalistas (encaixar os fatos nas leis ou exigir que um contrato seja cumprido) não são suficientes para gerar uma solução otimizada. A mediação, fundada na autonomia dos partici-

---

80. "Qualquer empresa é constituída e gerida por seres humanos, o que traz para o mundo empresarial uma instabilidade natural nas suas relações internas e externas" (GROSMAN; BAYER, 2016, p. 383).

pantes, é capaz de abarcar essa multiplicidade de interesses e de agentes (FREITAS DE SOUZA, 2016, p. 380).

No meio empresarial, ademais, a confidencialidade, característica inerente a todas as mediações, gera para as empresas envolvidas em um conflito a especial vantagem de resguardar suas imagens perante o mercado e a sociedade, preservando negócios futuros. Fala-se da confidencialidade para "evitar o conhecimento público dos litígios existentes, num mundo em que a imprensa econômica se desenvolveu e acompanha todas as operações da empresa" (WALD, Arnoldo, *apud* FICHTNER, 2014, p. 94).

Outra vantagem inerente à mediação que toma especial vulto quando estamos falando de contratos é o fato de possibilitar (se os envolvidos desejarem) a continuidade da relação, quer seja com parceiros da cadeia produtiva, com fornecedores, com clientes ou com consumidores.

Vejam-se os exemplos dos contratos de fornecimento, de franquia, de seguro, de locação ou de construção na área de engenharia e ficará claro que, em muitas ocasiões, os envolvidos (mesmo estando em situação de conflito) podem ter interesse na continuidade da relação, sob novos parâmetros.

Outro exemplo de ambiente no qual a mediação mostra-se muito proveitosa são as empresas familiares, nas quais as usuais confusões entre as relações de parentesco e de trabalho podem gerar impactos negativos.

Em uma união societária, pode se afirmar que as transformações que ocorrem ao longo da vida da sociedade são inevitáveis. Sócios, por exemplo, poderão divergir sobre aspectos de gestão da empresa ou sobre uma análise mercadológica. Conflitos surgem e, se mal geridos, podem ser desastrosos (GROSMAN; BAYER, 2016, p. 384), mas a sociedade não precisa ser desfeita na primeira perturbação.

Em todos esses exemplos, aliás, fica evidente que a mediação pode atuar preventivamente no que diz respeito à eclosão do conflito, criando uma postura colaborativa e uma cultura de diálogo, que podem implicar a manutenção do vínculo (com relacionamentos funcionais) e a sobrevivência dos agentes do mercado.

Para qualquer desses casos, que não esgotam o potencial de aplicação da mediação, caberá a um bom mediador, de maneira criativa, instigar os participantes a construir uma solução inovadora que atenda aos interesses de todos. Essa característica da mediação ganha especial importância em tempos de crise, como a atravessada durante a pandemia desencadeada em 2020 ou tantas outras crises que afetam o mercado.

Para todos os que firmaram um contrato, enfatiza-se, por fim, que a autonomia da vontade que rege a mediação conduz pessoas e empresas de volta à lógica negocial (diferente da lógica adversarial já mencionada). A mediação estimula as pessoas a voltar ao mesmo espírito que as levou a assinar o contrato. Empresários engajados na resolução mútua e consensual do conflito buscam minimizar perdas e maximizar ganhos econômico-financeiros (e relacionais). Sem jamais poder prejudicá-los, a mediação produz uma solução customizada (feita sob medida) que atende legitimamente aos interesses dos envolvidos e que, por isso, tende a ser espontânea e comprometidamente cumprida (FREITAS DE SOUZA, 2016, p. 380)[81].

Mediação com a administração pública

Estudiosos sobre o tema têm se debruçado na adequação do instituto da mediação às peculiaridades existentes na seara pública. O Estado[82] ora

---

81. "Sem surpresa alguma, há evidências de que as partes estão mais propensas a conviver em harmonia e segurança a partir de acordos bem negociados do que com soluções impostas por meio de decisões arbitrais ou judiciais dissociadas de seus principais objetivos empresariais" (Op. Cit., p. 380).

82. A República Federativa do Brasil é formada pela união indissolúvel dos Estados e Municípios e do Distrito Federal, constituindo-se em Estado Democrático de Direito (art. 1º da Constituição Federal). Disponível em: http://www.planalto.gov.br/ccivil_03/constituicao/constituicao.htm. Acesso em: 14 jan. 2021.

ocupa posição de parte, representando interesses próprios (interesses secundários), ora ocupa posição de representante da sociedade guardando os interesses da comunidade como um todo (interesses primários).

Por ser guardião desses interesses primários, há princípios que norteiam a conduta do Estado. Alguns princípios estão explícitos na Constituição Federal (art. 37) – os princípios da legalidade, impessoalidade, moralidade, publicidade, eficiência – e outros estão espalhados em distintos comandos da Constituição e em normas infraconstitucionais, dentre os quais podemos destacar a impessoalidade, indisponibilidade do interesse público e sua supremacia sobre o interesse privado.

Em razão desta principiologia, faz-se necessário compatibilizá-la aos princípios que conduzem a conduta do mediador e ao procedimento de mediação propriamente dito e vice-versa.

No entender de Souza e Bueno (2020, p. 367-372), é possível compatibilizar o princípio da publicidade dos atos da administração pública com a confidencialidade exigida para a prática da mediação, ao fazer paralelo com a Lei nº 12.527/2011. Tal lei veio regular as formas de participação do usuário na administração pública direta e indireta, destacando que o papel da publicidade dos atos administrativos estará cumprido com a divulgação de informações de interesse público, com fomento ao desenvolvimento da cultura da transparência e controle social da administração pública, tais como publicação do extrato das atas de reunião e eventual termo de acordo celebrado.

A compatibilização com os princípios de legalidade, interesse público e indisponibilidade advém da própria Lei de Mediação (Lei nº 13.140/2015), ao permitir a mediação sobre "direitos indisponíveis que admitam transação"; do Código de Processo Civil (Lei nº 13.105/2015), que estimula este método como forma de resolução de conflitos pelos advogados e defensores públicos; sem falar da Lei de Ação Civil Pública (Lei nº 7.347/1985), que permite que órgãos públicos da administração pública direta e indireta possam tomar dos interessados compromisso de ajustamento de conduta às exigências legais; e da Lei nº 13.655/2018, que traz como diretriz para a atuação da administração pública o caminho consensual, com a celebração de compromissos com os interessados para eliminar irregularidades, incerteza jurídica ou situação contenciosa na aplicação do direito público, inclusive no caso de expedição de licenças, buscando solução proporcional, equânime, eficiente e compatível com os interesses gerais, devendo prever com clareza as obrigações das partes, o prazo para seu cumprimento e as sanções aplicáveis em caso de descumprimento.

Resta evidente, portanto, ser plenamente viável e recomendável a adoção desse método em situações de crise que se instalem entre os órgãos da administração pública e entre estes e os particulares, posto que o instituto fortalecerá a boa gestão pública, dando-lhe maior eficiência ao seguir por porta de acesso à Justiça, menos custosa e mais rápida do que uma contenda judicial.

Adicione-se ainda o fato de a mediação no âmbito da administração pública fortalecer a democracia participativa, dando ao cidadão a oportunidade de construir junto com o ente público alternativas possíveis e legalmente viáveis para a solução da controvérsia, já que o mediador facilitará que ambos os contextos sejam enxergados pelas partes envolvidas e o possível desfecho encontrado respeite a finalidade pública do Estado, isto é, o interesse da sociedade como um todo.

Nos dizeres de Sidney Rosa da Silva Junior (2014, p. 390-391):

> Destarte, fica bastante claro que só o incremento da participação de todos os afetados em um ambiente discursivo amplo, onde seja possível colher e debater as informações relevantes à tomada

de decisões sobre o problema permitirá a identificação de soluções criativas e direcionadas ao interesse comum de atingir um desenvolvimento de bases sustentáveis.

A Lei de Mediação, normativo específico que veio regulamentar a autocomposição de conflitos no âmbito da administração pública, faculta a União, Estados, Distrito Federal e os Municípios a criação de câmaras de prevenção e resolução administrativa de conflitos no âmbito dos respectivos órgãos da advocacia pública[83] para (i) dirimir conflitos entre órgãos e entidades da administração pública, (ii) avaliar a admissibilidade dos pedidos de resolução de conflitos, por meio de composição, no caso de controvérsia entre particular e pessoa jurídica de direito público, promovendo, quando couber, a celebração de termo de ajustamento de conduta.

A Advocacia Pública da União, dos Estados, Distrito Federal e Municípios poderá instaurar, de ofício ou mediante provocação, procedimento de mediação coletiva de conflitos relacionados à apresentação de serviços públicos. Por outro lado, o particular poderá submeter ao ente público pedido para que seja instaurado procedimento de mediação, indicando, para tanto, o problema em questão, seja este objeto de processo administrativo, inquérito civil ou até contenda judicial.

Destacamos que a submissão dos conflitos às câmaras não é mandatória: a escolha do mediador e/ou equipe de mediadores (a depender da complexidade e natureza da controvérsia), para a qual se faz necessário convocar uma equipe multidisciplinar para atender as nuances da temática envolvida, dar-se-á pelas partes envolvidas, que podem, em comum acordo, optar pela escolha pessoal do mediador/equipe ou de câmara privada, já existente.

---

83. Exercem a advocacia pública os integrantes da Advocacia Geral da União, da Defensoria Pública e das Procuradorias e Consultorias Jurídicas dos Estados, do Distrito Federal e dos Municípios, das autarquias e das fundações públicas (art. 9º do Estatuto da Advocacia e da OAB). Disponível em: https://www.oab.org.br/publicacoes/AbrirPDF?LivroId=0000004095. Acesso em: 14 jan. 2021.

Verifica-se que a mediação vem sendo amplamente difundida nas seguintes áreas de conflitos que envolvem a administração pública: área trabalhista; tributária; contratual, incluindo revisão do equilíbrio econômico-financeiro dos contratos celebrados pela administração com particulares; regularização fundiária; conflitos advindos de prestação de serviços públicos; e responsabilidade civil por danos causados pela administração pública.

Mediação ambiental

No âmbito de crises socioambientais faz-se necessária a ampliação do uso do método da mediação, considerando que a natureza dos direitos tutelados é difusa: todos têm direito ao meio ambiente ecologicamente equilibrado, bem de uso comum do povo e essencial à sadia qualidade de vida, impondo-se ao poder público e à coletividade (particular) o dever de defendê-lo para as presentes e futuras gerações.

Em situações como tais, há colisão entre princípios constitucionais. As partes precisam, para tentar encontrar uma solução, ampliar a visão para enxergar os diversos contextos em que o problema se apresenta para a construção de solução conjunta e criativa que acomode os interesses e direitos de todos, em face da necessidade convergente de manutenção do meio ambiente.

Entram aqui a figura do mediador e/ou equipe de mediadores, que, por meio de técnicas dialógicas, oferecerão às partes um espaço equânime, seguro e confiável, convidando as partes a trazerem o seu ponto de vista da questão, necessidades e pedidos com relação à solução da controvérsia, propiciando a geração de opções adequadas e que busquem a harmonização dos princípios constitucionais do desenvolvimento econômico sustentável, incentivo ao desenvolvimento do trabalho, proteção dos bens ambientais e equilíbrio ecológico, proteção à saúde e a qualidade de vida humana (presentes e futuras gerações), acesso à informação, exercício da democracia participativa.

Importante trazer a dimensão dos conflitos ambientais. Este pode variar em sua dimensão temporal, sendo algo fugaz, duradouro, intermitente, recorrente, latente, que pode envolver dimensões geográficas diferentes a depender da atividade desenvolvida e impacto ambiental dela advindo, podendo ser constrito a uma única área, áreas vizinhas, bairros, municípios, regiões metropolitanas, estados e até entre países. As questões podem envolver unicamente o setor público, o setor público e o privado ou tão somente o setor privado, incluindo aqui pessoas físicas, jurídicas e sociedade civil.

Pode-se inferir que as crises ambientais podem advir do acesso, uso e manejo dos recursos naturais, levando em consideração eventual escassez ou abundância, aspectos que certamente irão influenciar a dinâmica do conflito e as posições assumidas pelas partes, diferenças de valores, percepções ou significados (inclusive normativos) sobre atividades, ações ou circunstâncias que afetam ou podem afetar o meio ambiente, positiva e/ou negativamente, de forma lícita ou ilícita, descumprimento de cláusulas contratuais quanto à eventual reparação, compensação e/ou indenização pelos danos ambientais causados.

Depreende-se, portanto, que o aspecto dialógico inerente ao método de mediação deve ser visto, no campo ambiental, como um diferencial importante e uma vantagem sobre os demais métodos existentes para o exercício da democracia participativa e a prevenção do surgimento das próprias crises ambientais. Isso porque é intrínseco ao método oferecer às partes espaço aberto para facilitação de diálogo e geração de opções criativas, com a finalidade de construção de soluções equânimes capazes de sopesar os interesses envolvidos, antes de efetivamente se obter o licenciamento ambiental das atividades potencialmente poluidoras ou até mesmo de se elaborar normas técnicas sobre a regulamentação de determinada atividade/ação.

Mediação trabalhista

A Justiça do Trabalho, desde sua origem, em 1943, foi concebida para priorizar a conciliação nas relações trabalhistas.

Estruturada para resolver conflitos decorrentes da relação capital/trabalho, a Justiça do Trabalho era composta por um colegiado, sendo um juiz concursado e dois juízes classistas – um para representar os trabalhadores e outro, os empregadores. A emenda constitucional nº 24, de 09 de dezembro de 1999, extinguiu a figura destes representantes, os juízes classistas.

Porém, o princípio da conciliação permanece até os dias de hoje. Tanto é que o CSJT – Conselho Superior da Justiça do Trabalho cuidou de regular a criação de seus próprios Centros Judiciários de Métodos Consensuais de Solução de Disputas – CEJUSC-JT, unidades do Poder Judiciário do Trabalho vinculadas ao NUPEMEC-JT, por atos normativos internos.

Nesta regulação, a atuação de mediadores e ou conciliadores foi restrita aos magistrados e servidores da própria Justiça do Trabalho, diferentemente do que ocorreu com os demais Tribunais, que acolheram como mediadores as pessoas que atendessem a previsão do art. 11, da Lei nº 13.140/2015.

A Lei nº 13.467/2017 flexibilizou normas protecionistas dos trabalhadores e, na tentativa de dar maior segurança às relações do trabalho, inseriu na CLT o artigo 484-A, dispondo sobre a possibilidade de rescisão contratual trabalhista por meio de acordo entre empregado e empregador, desde que respeitadas as imposições especificadas no dispositivo legal. Com isso, abriu-se a possibilidade da aplicação da conciliação e mediação, no âmbito trabalhista extrajudicial, passando a reconhecer os acordos extrajudiciais, ainda que, nos termos da norma, devam ser submetidos a homologação judicial (Capítulo III-A – arts. 855-B e seguintes).

A modalidade demissão consensual ou demissão em comum acordo, disposta no artigo 484-A da CLT, consiste na realização de acordo construído e pactuado entre empregado e empregador, de forma a possibilitar e privilegiar a autonomia da vontade das partes, e dá maior flexibilidade contratual, para de forma legal, decidirem sobre valores devidos e não pagos em rescisão.

A grande inovação trazida pela Lei nº 13.467/2017 é a prevalência do negociado sobre o legislado (arts. 611-A e 611-B, da CLT). Um dos objetivos destes artigos parece indicar o caminho para desjudicialização e para privilegiar a vontade das partes, observados os limites ali estabelecidos.

Esta vertente é percebida em vários outros dispositivos, como o que reconhece a vontade dos contratantes para empregados de nível superior (art. 444, parágrafo único); cláusula de arbitragem em contratos de trabalho (art. 507-A); quitação anual (art. 507-B); autorização para homologação de acordos extrajudiciais (art. 855-A) (CALCINI; MENDONÇA, 2019, p. 308)[84].

Esta mesma lei traz um outro aspecto relevante em seu artigo 507-B, para auxiliar os empresários a minimizar seus passivos trabalhistas:

> Art. 507-B. É facultado a empregados e empregadores, na vigência ou não do contrato de emprego, firmar o termo de quitação anual de obrigações trabalhistas, perante o sindicato dos empregados da categoria...

Este artigo traz uma grande novidade no âmbito trabalhista. Nota-se que o *caput* menciona "na vigência ou **não do contrato**". O legislador antevê uma possibilidade de prevenir conflitos futuros e evitar a judicialização.

---

84. CALCINI, Ricardo; MENDONÇA, Luiz Eduardo Amaral de (Coords.) *Perguntas e resposta sobre a Lei da Reforma Trabalhista* – Volume I – LTr.

Vale lembrar que a Lei nº 13.140/2015, art. 3º, prescreve que pode ser objeto da mediação o conflito que verse sobre bens disponíveis ou indisponíveis que admitam transação. Para estes, o consenso deve ser homologado por juiz, ouvido o Ministério Público.

Pensando na solução das controvérsias no âmbito extrajudicial, há aqui um campo extremamente propício para mediadores e conciliadores atuarem, no sentido de contribuir, e muito, para auxiliar os trabalhadores em seus interesses e as empresas a minimizar seus passivos trabalhistas, diminuir custos com a manutenção e acompanhamento de processos demasiadamente longos, caros e exaustivos.

Note-se que, mais do que permitir, a reforma da lei trabalhista estimula empregados e empresas a buscar a autocomposição.

No dizer de Eduardo Brock (*In* CALCINI; MENDONÇA, 2019, p.308):

> Como se pode ver, há uma convergência de normas que estimulam a composição e que, ao mesmo tempo, conferem proteção adequada à parte mais vulnerável, na medida que exigem advogados independentes para cada parte e dão procedimento judicial ou arbitral que seja originado pela matéria em discussão na mediação. (...)

> Conclui-se, portanto, que a mediação extrajudicial se mostra, até aqui, um caminho absolutamente adequado tanto para a proteção dos interesses dos empregados e empregadores como para o estímulo da desjudicialização, sendo recomendável que, neste percurso a cláusula compromissória de mediação passe a ser utilizada em grande escala nos contratos de trabalho.

Constata-se, infelizmente, que a mediação na área trabalhista está sendo pouco utilizada, talvez por conta de decisões e entendimentos do Poder Judiciário de que o empregado é "hipossuficiente" e, portanto, não poderia gerir a sua própria vida no campo das relações trabalhistas. Priva dessa condição, assim, aqueles que querem tomar decisões livremente, estabelecer acordos ou não, que lhe sejam mais propícios, convenientes, rápidos e eficazes, de forma amigável e eficiente.

As soluções construídas pelos atores envolvidos na relação capital/trabalho tendem a trazer ganhos mútuos quando atendem aos interesses do trabalhador e ao desenvolvimento sustentável da empresa.

O mundo vive um momento de reviravolta total nas relações trabalhistas. A pandemia precipitou uma nova realidade, com o trabalho em *home office*, até então debatida, mas vista com cautela, em face de muitas questões relacionadas aos deveres e às necessidades de ambos os agentes. Enquanto era uma questão desejada pelas empresas, havia cautela para a sua efetivação, justificável não só por conta de como aplicar as normas trabalhistas vigentes a uma nova realidade, mas também em vista de como isto seria aceito pela nova modalidade de prestação de serviço.

A precipitação provocada com o advento da pandemia do Coronavírus descortinou inúmeros problemas, desde a necessária adaptação das residências em extensão da empresa, até um novo convívio nas relações familiares.

A nova forma das relações capital/trabalho e sua complexidade, em que se misturam relações reguladas com novidades ainda não previstas, mas que clamam por atendimento a novas questões relacionais, contratuais, não pactuadas formalmente, gera consequências que vão desde a qualidade das condições de trabalho em *home office*, a um novo normal que ainda precisa encontrar sua melhor forma de convivência.

A mediação, que prima pela solução através do diálogo, será um caminho útil, eficaz e econômico na construção de um novo amanhã e na convivência harmônica entre empregados e empresas, por se ocupar das pessoas, auxiliando-as em todas as suas demandas na busca da melhor fórmula para bem resolver e/ou administrar seus conflitos.

Considerações finais

Feitas as considerações gerais e demonstradas algumas áreas específicas de utilização da mediação, volta-se à reflexão inicial do artigo para reafirmar que, uma vez escolhida a mediação como método para a gestão de um conflito, serão as próprias pessoas envolvidas na relação que definirão a solução da crise.

Voluntariedade, autodeterminação, responsabilidade, autoimplicação e colaboração são princípios e atitudes que norteiam a atuação das pessoas envolvidas em uma mediação.

Por parte do mediador e do processo de mediação, imparcialidade, confidencialidade, celeridade, previsibilidade, controle de resultados e de custos, informalidade, oralidade e decisões fortes e informadas formam um arcabouço fundamental de regras que garantem que a mediação transforme sua potencialidade em realidade.

Com tudo isso, demonstra-se que, com a mediação, é possível (sim!) construir justiça fora do Poder Judiciário.

Referências bibliográficas

ALMEIDA, Tania de. *Caixa de ferramentas em mediação – aportes práticos e teóricos*, 3ª Ed. São Paulo: Dash, 2017.

BRAGA NETO, Adolfo. *Conflitos familiares e a mediação. In*: BRAGA NETO, Adolfo (Org.). *Mediação familiar: a experiência da 3ª Vara de Família do Tatuapé.* São Paulo: CL-A, 2018.

BRAGA NETO, Adolfo. *A mediação e a administração pública.* São Paulo: CL-A, 2021.

BRAGA NETO, Adolfo. *O mediador, sua ética, o marco legal da mediação e o novo CPC: comentários iniciais. Revista Científica Virtual da Escola Superior de Advocacia – Mediação e Conciliação*, São Paulo, v. 23, 2016, p. 55/56. Disponível em: https://www.esaoabsp.edu.br/ckfinder/userfiles/files/RevistaVirtual/Revista%20Cienti%CC%81fica%20ESAOABSP%20Ed%2023.pdf. Acesso em: 17 fev. 2021.

BUSH, Robert A. Baruch; FOLGER, Joseph P. *La promesa de la mediación: cómo afrontar el conflicto mediante la revalorización y el reconocimiento*. Barcelona: Granica, 1996.

BUSH, Robert A. Baruch; FOLGER, Joseph P. *The promise of mediation – the transformative approach to conflict*. São Francisco: Jossey-Bass, 2005.

CALCINI, Ricardo; MENDONÇA, Luiz Eduardo Amaral de (Coords.). *Perguntas e respostas sobre a Lei da Reforma Trabalhista* – Volume I. São Paulo: LTr, 2019.

FICHTNER, José Antônio *et al*. A confidencialidade na arbitragem: regras gerais e exceções. *Novos temas de arbitragem*. Rio de Janeiro: FGV, 2014.

GERGEN, Kenneth J. *Rumo a um vocabulário do diálogo transformador*. In SCHNITMAN, Dora F.; LITTLEJOHN, Stephen (Orgs.). *Novos paradigmas em mediação*. Porto Alegre: Artmed, 1999.

GROSMAN, Claudia F.; BAYER, Sandra R. G. O. *As oportunidades da aplicação da mediação no âmbito empresarial*. In: ALMEIDA, Tânia de *et al*. (Coord.). *Mediação de conflitos para iniciantes, praticantes e docentes*. Salvador: Jus Podivm, 2016.

NATÓ, Alejandro Marcelo; QUEREJAZU, Maria Gabriela Rodrigues; CARBAJAL, Liliana Maria. *Mediación Comunitaria – Conflictos em el escenario social urbano*. Hermosillo: Centro Internacional de Estudios sobre Democracia y Paz Social, 2005.

PARKINSON, Lisa. *Mediação familiar*. Belo Horizonte: Del Rey, 2016.

PINTO DA COSTA, Elisabete; ALMEIDA, Liliana; MELO, Márcia. *A mediação para a convivência entre pares: contributos da formação em alunos do ensino básico*. In: *Actas do X Congresso Internacional Galego-Português de Psicopedagogia*. Braga: Universidade do Minho e Universidade da Corunha, 2009, p.1-14.

SAMPAIO, Lia Regina Castaldi; BRAGA NETO, Adolfo. *O que é mediação de conflitos*. São Paulo: Brasiliense, 2007.

SILVA JUNIOR, Sidney Rosa da. *Arbitragem e mediação – Temas Controvertidos*. Rio de Janeiro: Forense, 2014.

SOUZA, Mara Freire Rodrigues de; BUENO, Flavia Scarpinella. *Mediação e Arbitragem na Administração Pública: Brasil e Portugal*. São Paulo: Almedina Brasil, 2020.

SOUZA, Mariana Freitas de; ASSIS, João A.; MAIA, Andrea. *A mediação como ferramenta de pacificação nas empresas*. In: ALMEIDA, Tânia de *et al*. (Coord.). *Mediação de conflitos para iniciantes, praticantes e docentes*. Salvador: Jus Podivm, 2016.

SUARES, Marinés. *Mediación: conducción de disputas, comunicación y técnicas*. Buenos Aires: Paidós, 2008.

URY, William; FISHER, Roger; PATTON, Bruce. *Como Chegar Ao Sim – Como Negociar Acordos Sem Fazer Concessões*, edição revista e atualizada. Rio de Janeiro: Sextante, 2018.

8. A CONCILIAÇÃO E A NEGOCIAÇÃO – OS PROCESSOS NA BUSCA DE UM ACORDO

Agenor Lisot, Cecília Patrícia Mattar e Maria Inês Alves de Campos

Introdução

A vida está cada vez mais dinâmica, devido ao avanço tecnológico que tem modificado as interações sociais. Isto tem exigido uma habilidade cada vez maior das pessoas em se adaptar aos novos paradigmas que estão se estabelecendo dia após dia.

Aliada a essas mudanças, surge uma enormidade de métodos eficientes de resolução de conflitos e busca de consenso, que têm como objetivo a construção de uma decisão em conjunto entre os disputantes e/ou seus advogados, para evitar os já conhecidos desgaste e morosidade da via judicial. Ocorre que o desconhecimento destes métodos pela maior parte das pessoas prejudica seu uso, impedindo-as de desfrutar de suas possíveis vantagens. E por isto a importância de clarear tais vantagens, bem como conceitos e diferenças de empregabilidade que envolvem as negociações e as conciliações, sendo esta a proposta do presente artigo.

A negociação

Nossas escolhas definem nossas vidas. E a cada dia vivido atenta-se mais e mais à consciência de que o processo de tomada de decisão acaba por envolver e impactar também outras pessoas além de nós mesmos, tornando-o, desta forma, cada vez mais complexo. Logo, a demanda por interação negocial positiva, produtiva, entre as pessoas, cresce a cada dia, gera entre elas maior interdependência e revela a necessidade que uns possuem em relação aos outros para se chegar ao consenso, garantindo ao mesmo tempo a inclusão e o necessário comprometimento de todos com a solução encontrada e sua efetiva concretização.

Neste sentido, nota-se que a vida tende a ser cada vez menos pautada pela hierarquia nas decisões, e a emancipação dos indivíduos vem sendo uma forte tendência, na medida em que estes são estimulados a olhar para a sua própria cultura, pensar por sua própria cabeça, honrar as suas próprias histórias de vida. Vislumbra-se, assim, um número interminável de maneiras de pensar, de sentir, de ver e de resolver as coisas, e parece ser crescente a diversidade de opiniões sobre como resolver cada um de nossos problemas comuns. Um exemplo, ainda atual, é a pandemia de Covid-19 – comum a todos, porém vista por cada indivíduo de uma maneira própria. Quantos conflitos e brigas têm se dado em função disto? Conflitos estes que muitas vezes podem escalar a partir de questões aparentemente simples. Na teoria, parece fácil: o direito de um termina onde começa o do outro, parecendo claro o respeito à maneira de cada um pensar e agir; as fronteiras são frágeis e, na prática, o assunto é um mar de desentendimentos, como também o é em muitos outros temas.

E isto é uma mudança de paradigma, já que "há mais ou menos uma ou duas gerações, a maioria das decisões era tomada hierarquicamente, as pessoas no topo da hierarquia davam as ordens e as pessoas mais abaixo se limitavam a cumpri-las. Mas essa situação está mudando" e hoje vivemos o fenômeno que William Ury chama de "Revolução da Negociação" (2019, p. 13).

Fato é que o ser humano está cada vez mais emancipado para pensar por si próprio, porém parece estar muito distante de conscientizar-se de que, muito embora acredite poder buscar sozinho soluções que lhe pareçam geniais, a grande maioria das situações terá que ser decidida em conjunto, coletivamente. A busca do consenso exige o desenvolvimento de muitas habilidades pessoais e de autoconhecimento, de modo a atravessar bem estes processos coletivos de tomada de decisão, o que acaba por se refletir na grande maioria das questões, uma vez que se vive em sociedade.

Embora esteja se tornando cada vez mais evidente a necessidade de chegarmos ao consenso e tomarmos decisões conjuntas para que elas prosperem e não se tornem um evidente novo impasse, ainda parecem escassas as nossas habilidades humanas para tal. Desta forma, pode se mostrar extremamente vantajoso contar com auxílio profissional que, além de qualificar as nossas próprias habilidades individuais, é capacitado para otimizá-las frente a um problema ou necessidade de tomada de decisão conjunta, mesmo que não haja disputa, que considere o contexto da situação e os recursos internos dos envolvidos. Almeja-se com isso ampliar as potencialidades da negociação, valendo-se de um terceiro profissional qualificado para facilitar o processo, que ajude a resolver o problema e ainda coopere na construção de uma ponte de diálogo que pode poupar a relação de desgastes desnecessários, que venham a ter efeitos indesejados.

Há países, como a vizinha Argentina, nos quais há obrigatoriedade desta tentativa prévia de resolução de questões legais antes de se pensar em propor uma ação judicial. Na grande maioria das vezes, mesmo quando instruídas por competentíssimos advogados, pessoas podem ingressar em um caminho no qual não se tem ideia do rumo que o processo poderá tomar, quanto tempo irá demorar, quais serão os custos financeiros e emocionais, e muito menos tem-se a previsão de como o Poder Judiciário decidirá. Será que, passados cinco ou dez anos, ainda haverá satisfação com o caminho escolhido, depois de calculados todos os custos e desgastes vividos?

Talvez fosse muito mais satisfatório e racional ter contido as emoções e conseguido negociar, devidamente orientados e acompanhados de seus advogados, e tomado uma decisão razoável e justa em conjunto com a contraparte. É verdade que tais processos de busca de consenso são bastante delicados e não há garantias de que o Judiciário seja afastado definitivamente da questão resolvida. Contudo, por envolver menores expectativas das pessoas, tais processos autocompositivos tornam-se, na prática, mais rápidos e muito menos desgastantes, se comparados à litigância tradicional. Por óbvio, há um enorme número de situações para as quais o Judiciário ou a arbitragem são a melhor alternativa ou a única possível para decidir quem está certo, porém estas situações acabam por ser exceções. A esmagadora maioria dos casos requer um qualificado processo de tomada de decisão em conjunto para se chegar a uma solução inteligente. Como menciona o já citado William Ury: "Ao invés de atacarem um ao outro, vocês se unem para atacar o problema" (2019, p. 24).

Mas como? Com a mudança de *mindset*. E isto implica mudar em si alguns funcionamentos internalizados, cristalizados, sobre os quais muitas vezes não se tem consciência. Tal processo não é, de fato, tão simples como possa parecer, requerendo um bom planejamento dentro das técnicas e dos saberes disponíveis a cada contexto, a cada indivíduo.

Há muitas maneiras de negociar e, hoje, diversas formas de atuação profissional, com diferenças que podem ser imperceptíveis, especialmente àqueles que não estão familiarizados com as sutilezas de cada uma. E apenas relembrando: estão sendo esclarecidos aqui métodos em que os próprios envolvidos na situação conflituosa decidem seu desfecho, doutrinariamente chamados de autocompositivos (diferentes dos chamados heterocompositivos, nos quais árbitros ou juízes, pessoas externas à contenda, decidem pelas partes).

Dito isto, um breve histórico se faz necessário.

Até a segunda metade do século XX, a humanidade viveu praticamente sem teorizar sobre os métodos de resolução de conflitos. A partir daí, começam-se a investigar seriamente as características do fenômeno conflitivo, com o objetivo principal da criação de métodos pacíficos, que não recorram à violência para obter uma resolução. Galtung, em 1965, ofereceu como resultado de suas investigações históricas um inventário de doze métodos violentos e pacíficos de resolução de um impasse: jogos de azar, ordálias, oráculos, combate sem limitações, guerra limitada, duelos verbais, duelos privados, duelos judiciais, debates, mediação e arbitragem, tribunais e votações (ENTELMAN, 2002, p. 63).

Ocorre que, em todos estes métodos, aquilo que se disputava era visto como algo imutável, estático. E, desta forma, a estratégia tinha um objetivo ou objeto único e, portanto, quanto maior a parte dele conseguida para si, maior vantagem se obtinha, vencendo desta forma a disputa. E cabia ao negociador manejar aspectos como informação, tempo e poder (COHEN, 1980, p. 14) contra seu adversário para derrotá-lo. Por isto, este modelo é comumente conhecido como "ganha-perde" ou de soma zero. Tal modelo foi estudado por Adam Smith e John Von Neumann, da universidade de Princeton, como "Teoria dos Jogos", tendo sido base para toda a estratégia adotada na 2ª Guerra Mundial pelos norte-americanos.

Ocorre que, em 1950, John Nash adicionou um novo elemento à Teoria dos Jogos, denominado "equilíbrio de Nash", criando bases para um novo pensamento econômico. Nash amplia a teoria, adicionando o elemento de cooperação entre disputantes, na medida em que podem maximizar seus ganhos individuais pensando no ganho de seu adversário. Por isto, este modelo é também chamado de "ganha-ganha", já que inclui os interesses de todos no acordo estabelecido.

Ao entender negociação como um jogo, tem-se o modelo "ganha-perde" como competitivo e o "ganha-ganha" como cooperativo. Este último foi estudado pelo Programa de Negociação da Universidade de Harvard, sendo atualmente o modelo de negociação mais explorado e adotado no mundo, e por este motivo será objeto de análise mais profunda a seguir.

Modelo de negociação de Harvard, negociação cooperativa ou "ganha-ganha"

O método de negociação cooperativo desenvolvido por Roger Fisher, William Ury e Bruce Patton, contido no livro *Como Chegar ao Sim*, amplamente conhecido como Projeto de Negociação de Harvard, envolve alguns conceitos que visam chegar ao porquê das posições apresentadas pelos participantes, levando-os aos seus verdadeiros interesses e construindo uma ponte para um acordo que os satisfaça e seja, ao mesmo tempo, passível de execução pelos envolvidos. Para tanto, os participantes da negociação seguem quatro princípios que visam gerenciar expectativas e trazer transparência para a construção de um ambiente seguro e confiável de forma que seja possível desenvolver um diálogo e uma solução amigável entre todos os envolvidos.

Os autores propõem uma metodologia com 4 princípios, desenvolvida durante todo o processo, a saber:

1. **Separar as pessoas do problema.** Segundo os autores, tratar as pessoas com suavidade e os problemas com firmeza é o primeiro passo para começar uma negociação. Assim, nesta etapa, as partes devem falar de si, expressar suas emoções, não reagir ao que for dito pelo outro e ater-se aos fatos que levaram ao desentendimento. Isto porque, ao colocar objetivamente a questão controversa, os envolvidos conseguem tratar do problema real e separam-no da pessoa,

contribuindo para um maior cuidado no trato com o outro e com a relação estabelecida. Quando se demonstra que o desacordo versa sobre uma questão objetiva, e não sobre os indivíduos, há um melhor alcance das reais dimensões do conflito, sem confundi-lo com as reações das pessoas que interagem com ele, e vislumbra-se melhor um caminho de solução.

2. **Focar nos interesses e não nas posições das pessoas envolvidas.** Isto relaciona-se às pontes que podem ser criadas entre as partes. Ao deslocar sua escuta para as motivações das posições, a pessoa ajuda a legitimar a importância dos interesses de cada parte, contribuindo para a construção de um diálogo que inclua todos os envolvidos na disputa. Os motivadores envolvem interesses, necessidades das pessoas, que são verdadeiras molas que impulsionam o pensar e agir diante do conflito com o outro. A ideia dos autores foi que, se as pessoas numa negociação esclarecem mutuamente esses motivadores, conseguem identificar posições comuns e posições opostas. Com isso, é possível a compreensão mútua de um elemento comum a todos para a construção de um acordo futuro com benefício mútuo.

3. **Criar opções de ganhos mútuos.** É muito comum numa negociação as pessoas avançarem com propostas. Para evitar discussões estéreis, sem embasamento, os autores propõem que as partes comecem a buscar opções de solução para as questões controvertidas. Neste sentido, as partes são estimuladas a gerar novas ideias (processo também conhecido como *brainstorm* ou "chuva de ideias") e, assim, criar opções que atendam os interesses de todos os envolvidos. Para que isto aconteça, os participantes devem ter em mente que as opções trazidas não serão vinculantes, e sim apenas um exercício de mudança de perspectiva e criatividade em relação às questões apresentadas. A proposta de utilizar esta técnica vai no sentido de que

quanto mais opções forem pensadas, maior a probabilidade da escolha daquela mais adequada a todos.

4. **Insistir em critérios objetivos.** Para trazer uma percepção de justiça e inclusão na satisfação mínima dos interesses de cada um, pode-se utilizar um critério objetivo escolhido e aceito pelas partes, que seja por natureza imparcial em relação ao conflito apresentado e/ou impessoal em relação às opções geradas por elas. Tal critério pode ser uma legislação, uma tabela de preço, uma análise pericial, enfim, algo externo que possa servir de referência objetiva para a viabilização de um entendimento. Assim, baseadas em critérios objetivos, as partes podem negociar com mais fluidez e segurança suas possibilidades de composição.

Importante ainda destacar que esses princípios são desenvolvidos dentro de um processo de negociação que envolve sua análise, seu planejamento e a discussão ou negociação em si, trazendo satisfação mínima de interesses, opções satisfatórias e padrões justos para todos, gerando acordos sensatos e a pacificação da disputa.

Neste sentido, os autores chegam à definição de negociação como: "um método que visa obter o que se quer de outrem. É uma comunicação bidirecional concebida para chegar a um acordo, quando você e a outra parte têm interesses em comum e outros opostos" (URY; FISHER; PATTON, 2005, p. 27). Então, pode-se afirmar que "A negociação sempre envolve movimento em busca de um consenso que é a concordância genuína graças à total coincidência das visões, das necessidades e dos desejos legítimos dos diversos participantes" (MARTINELLI, 2004, p. 27).

Para FALECK (2018, p. 122), "a negociação permite que soluções perceptivelmente justas sejam encontradas pelas próprias partes para questões distributivas, com a utilização de processos justos para lidar com desentendimentos ou critérios objetivos com os quais as partes concordem e que sirvam como referência externa".

Como se vê no parágrafo anterior, não há um consenso doutrinário sobre a definição de negociação, sendo certo que é um conceito advindo da prática das relações de troca entre as pessoas.

A conciliação

À primeira vista, a negociação e a conciliação parecem ser o mesmo instituto.

Os autores mais especializados trazem conceituações diferentes. A começar pelo conceito, desenvolvimento e forma de intervenção dos profissionais em cada caso.

Desde sua origem, já no tempo dos romanos, nos quais os autores encontram as primeiras referências sobre a conciliação, os "jurisdicionados" buscavam a ajuda de uma terceira pessoa. É de se pensar que já tivessem tentado buscar uma solução e, sem êxito, colocassem suas expectativas nesta figura de um terceiro que os auxiliasse.

A conciliação, no nosso entender, caracteriza-se como um procedimento informal, em que um terceiro, imparcial e independente, auxilia as pessoas envolvidas no conflito como facilitador do diálogo, para a construção conjunta de uma solução da controvérsia.

Como facilitador do diálogo, este terceiro, o conciliador, busca junto com as partes alcançar um "acordo", podendo eventualmente apresentar sugestões para pôr fim ao conflito ou demanda.

Deste ponto de vista, considerando o modo de operar ou atuar e a participação das pessoas envolvidas, evidencia-se a principal diferença entre conciliação e negociação. Ou seja, na conciliação, o conciliador, imparcial e independente, coloca seu trabalho a serviço da construção de uma solução que atenda a todas as partes, e equaciona a capacidade possível para o cumprimento do acordo. Por sua vez, na negociação, como já visto, há a participação do profissional, atrelada a cada uma das partes e, em regra, buscando junto com ela avaliar, analisar, ponderar os assuntos da negociação, objetivando alcançar seus interesses de forma a atender e satisfazer as necessidades da parte que representa, mesmo que considere os interesses da contraparte. Assim, não há a figura da independência e da imparcialidade, como no caso da conciliação. Exemplifica-se:

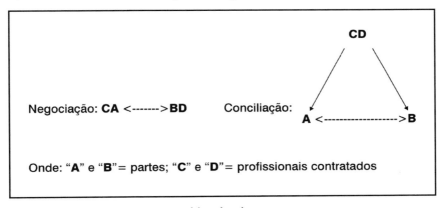

Fonte: elaborado pelos autores

Portanto, as formas de intervenção em cada um dos modelos, conciliação e negociação, são muito diferentes. Enquanto na conciliação o(s) terceiro(s) trabalha(m) no sentido de auxiliar as pessoas na busca de uma solução que atenda aos interesses de ambas as partes, na negociação o negociador cuida para melhor equacionar as necessidades e os desejos daquele que o contratou. Ou seja, na negociação há um viés unilateral, uma parcialidade. Ainda que os esforços se voltem para o estabelecimento de cláusulas e condições que tornem viável o cumprimento das ações pactuadas e conduzam, em última análise, à satisfação das necessidades recíprocas dos negociadores.

Na conciliação, é dever do conciliador estar atento aos aspectos legais que possam interferir no cumprimento das obrigações que estiverem sendo acordadas. Em outros termos, é fundamental que o conciliador, juntamente com os envolvidos, promova a construção de uma solução que seja justa e equitativa, de forma a permitir o seu total cumprimento. E não menos importante é a verificação, junto às pessoas, se os termos acordados estão claros, sem dúvidas ou questionamentos, de maneira que o compromisso seja consistente e duradouro.

Conciliação no mundo

Segundo o artigo 7º do normativo relativo às regras de conciliação da United Nations Commission on International Trade Law – UNICITRAL[85], haverá conciliação sempre que um terceiro imparcial e independente puder dar uma opinião não vinculativa, porém fundamentada, para a solução de uma controvérsia que trata de um direito disponível entre duas ou mais partes e, por isso, gera um conflito, um impasse. Tal procedimento depende da vontade de ambas as partes para ser instituído, e caberá a elas uma decisão baseada em um consenso, em um acordo. Observa-se que esta norma data de 1980, anterior, portanto, à economia virtual, e objetiva a celeridade na solução de litígios comerciais.

Conciliação no Brasil

Estas novas modalidades autocompositivas de resolução de disputas ainda não são muito aplicadas. É tudo muito recente e, apesar de estes mé-

---

85. Disponível em: https://uncitral.un.org/sites/uncitral.un.org/files/media-documents/uncitral/en/conc-rules-e.pdf. Acesso em: 10 ago. 2020.

todos estarem presentes inclusive dentro do próprio sistema Judiciário brasileiro, ainda são muito desconhecidos mesmo por aqueles que nele atuam. Há uma grande confusão entre os conceitos de conciliação, mediação, negociação, arbitragem, desenho de sistema de disputas, *mixed modes*, dentre outros. A conciliação talvez seja o conceito que menos cause estranheza, pois acreditamos saber o que é conciliação. Porém, cada um tem sua ideia própria baseada no histórico da conciliação no Direito brasileiro.

Atualmente, o termo conciliação ainda está bastante associado à ideia do serviço prestado pelo Judiciário. Entretanto, ela ocorre também na via privada.

A conciliação e a lei brasileira

A conciliação é um termo bastante familiar na nossa cultura brasileira. Já viveu diversos papéis no cenário de resolução de conflitos. Encontra raízes na Constituição de 1824, que, em seus artigos 161 e 162, instituiu a conciliação prévia como condição essencial de procedibilidade para todos os processos cíveis, repetindo o artigo 48 e seguintes do Código de Processo Civil francês (BATELLO, 2016, p. 60).

A conciliação na esfera trabalhista esteve presente desde a entrada em vigor da Consolidação das Leis do Trabalho – CLT, aprovada pelo Decreto-Lei nº 5.421, de 1º de maio de 1943, que adotou como princípio basilar a solução dos litígios pela via conciliatória, conforme estabelece seu art. 764.

Todos os processos judiciais levados à apreciação dessa justiça especializada começam e terminam com o questionamento, por parte do magistrado, sobre a possibilidade de conciliação entre as partes litigantes, sob pena de nulidade processual.

Segundo a advogada e mediadora especialista em relações de trabalho

Jamille Barreto, o funcionamento dos CEJUSCs Trabalhistas, instituídos pela Resolução nº 174/2016 do Conselho Superior da Justiça do Trabalho – CSJT, apresenta algumas peculiaridades em relação àqueles instituídos no âmbito da Justiça Comum, entre elas a inexistência de mediadores voluntários externos ao quadro funcional.

Esclarece a professora, ainda, que na esfera privada tanto a resolução retro citada como o parágrafo único do art. 42 da Lei nº 13.140/2015 limitavam a aceitação da conciliação extrajudicial pelo Judiciário trabalhista. No entanto, com o advento da Reforma Trabalhista (Lei nº 13.467/2017), a situação ganhou um novo contorno, em razão da inserção do art. 855-B na CLT, que inaugurou um capítulo inédito voltado para a jurisdição voluntária e a homologação de acordo extrajudicial no âmbito trabalhista, desde que obedecidos os requisitos legais estabelecidos.

Tem-se, por fim, a recente Recomendação CSJT-GVP nº 1/2020, que instituiu diretrizes excepcionais para o emprego de instrumentos de mediação e conciliação de conflitos individuais e coletivos em fase processual e pré-processual por meios eletrônicos e videoconferência.

No âmbito civil, a figura do conciliador foi introduzida com a Lei nº 9.099/95, definido como terceiro imparcial que age como interlocutor entre as partes, o qual manifesta seu posicionamento sobre a solução justa, sugerindo e opinando sobre os termos do acordo (BATELLO, 2016, p. 61). Os litígios resolvidos desta forma têm como ato posterior apenas a homologação do juiz presidente do juizado. É muito célere, um dos motivos pelos quais ganhou bastante evidência. Neste caso, o conciliador é um terceiro imparcial.

Entretanto, tanto a conhecida conciliação que se popularizou na Justiça do Trabalho como a conciliação utilizada para os fins da Lei nº 9.099/95, em especial pelo pouco tempo disponível para a sua realização (duração curta), terminaram por mostrar-se pouco eficazes para a resolução dos conflitos. Muitas vezes, o mesmo conflito encerrado ali naquele processo apresentava tendência a retornar ao Sistema Judiciário, vestindo outra roupagem e através de um novo número processual.

No âmbito do processo civil, a saudosa professora Ada Pellegrini destaca: "pode-se falar hoje de um minissistema de solução judicial de conflitos formado pela Resolução n° 125/2010, pelo CPC e pela Lei de Mediação, naquilo que não conflitarem" (GRINOVER, 2015, p. 1). E no mesmo texto destaca que, apesar de a Lei da Mediação, no §1° do artigo 4°, trazer o entendimento de que caberia ao mediador a busca do entendimento e do consenso para a resolução do conflito, tal atitude seria vinculada ao papel do conciliador.

Com a Resolução n° 125/2010, surge uma nova dinâmica da prática e da aplicação da conciliação, que apresenta uma certa proximidade com o entendimento/significado da mediação apresentado pela mesma resolução. Aqui surge a conciliação qualificada, com melhores pretensões de resolução dos conflitos. Esta nova roupagem da conciliação se aproxima muito do conceito utilizado mundialmente de mediação avaliativa, amplamente usada nos Estados Unidos da América como um procedimento em que a intervenção do profissional ocorre em maior grau.

Apesar de utilizarem as mesmas bases, ferramentas e referências da mediação da mesma resolução, as conciliações são mais objetivas, recebem sugestões e têm duração média, a exemplo do Judiciário gaúcho, de 20/30 minutos, sendo realizadas por conciliadores certificados ou em processo de formação, supervisionados por seus supervisores designados.

No âmbito do processo civil, a conciliação brasileira encontra raízes no processo previsto no artigo 277 do Código de Processo Civil de 1973 e, portanto, já era praticada desde os tempos em que as teorias sobre negociação e resolução de conflitos eram pouco conhecidas no Brasil e no mundo (FALECK, 2018, p. 112).

No Código atual, Lei nº 13.105/2015, há distinção entre a conciliação e a mediação feitas no âmbito do Poder Judiciário, seja fora ou dentro do curso de uma ação processual civil. Também nesta lei é destacada a existência ou não de vínculo anterior entre as partes, bem como a ausência ou não de interferência direta do profissional na solução encontrada pelas partes como critérios para se identificar uma mediação ou uma conciliação, respectivamente. Na prática judicial, contudo, só se pode verificar a existência ou não de vínculo depois de iniciada a conversa com as partes, sendo que o critério da ausência de intervenção acaba por prevalecer no caso da mediação, o que é permitido na conciliação, uma vez que o objetivo maior é fazer um acordo que satisfaça minimamente os interesses das partes em disputa.

A partir dos dados do relatório do Conselho Nacional de Justiça denominado *Justiça em Números 2020*, observa-se em 2019 que, de um total de quase 20% dos processos de conhecimento, aproximadamente 6% e 2% dos processos de execução e de segunda instância, respectivamente, extinguiram-se pela via conciliatória. Tais números não trazem a divisão entre o que é pré-processual ou processual, nem o que diferencia a conciliação das mediações. Isto pelo fato de, uma vez dentro da esfera do Poder Judiciário, advindos da mediação ou da conciliação, todos os acordos serem homologados pelos juízes, e entrarem nesta mesma base de dados da estatística. E, por mais qualificado que possa ser o profissional prestador do serviço, na grande maioria das vezes o tempo disponibilizado pelo Judiciário para a realização do atendimento inviabiliza qualquer atendimento além de uma breve conciliação.

Importante destacar que o Código de Processo Civil em vigor traz no seu artigo 168 a liberdade de as partes escolherem o conciliador para participar da audiência de conciliação, sendo certo que "O conciliador ou mediador escolhido pelas partes poderá ou não estar cadastrado no tribunal". Assim o faz para afirmar que há a possibilidade da escolha pelas partes de conciliador extrajudicial. Na sequência, o artigo 175 não exclui "outras formas de conciliação e mediação extrajudiciais vinculadas a órgãos institucionais ou realizadas por intermédio de profissionais independentes, que poderão ser regulamentadas por lei específica", consolidando o entendimento de haver previsão para câmaras de conciliação e conciliadores extrajudiciais.

Está definido, portanto, que conciliadores podem ou não estar cadastrados no Tribunal de Justiça, sendo considerados judiciais ou extrajudiciais, respectivamente. Se cadastrados, segundo o artigo 784, inciso IV do CPC 2015, sua assinatura no título que contenha o acordo valerá para efeitos de torná-lo título executivo extrajudicial, dispensando, desta forma, a assinatura de duas testemunhas.

De qualquer modo, no setor privado da autocomposição também se realiza muita conciliação. Muitas vezes, as partes envolvidas não demonstram nenhum interesse (mesmo que por desconhecimento do todo) em dedicar energias para preservar a relação existente, resolver o conflito de modo a buscar uma solução satisfatória para todos e que seja sustentável a médio e longo prazo. O que se busca é a solução objetiva e rápida nas vias extrajudiciais, ou seja, a conciliação, como já visto.

Diante deste cenário, parece que, para o senso comum, a conciliação é vista como um procedimento para o qual as partes envolvidas já se apresentam mais "construídas", direcionadas, não raro trazendo propostas para, com base nelas, negociar. Desta forma, mesmo que seja bem conduzida e os reais interesses dos envolvidos venham à tona (negociação integrativa), tende a apresentar características de uma negociação por posições (negociação distributiva), com variações de grau de cada uma. O que a prática traz para os conciliadores experientes é que, quando a conciliação é bem feita, a solução trazida no acordo é perene. E isto requer profissionais capacitados e habilitados a administrar o processo de forma equilibrada, sem, contudo, perder a intenção das partes na realização do acordo. Como coloca FALECK (2018, p. 113):

> o conciliador teria papel mais interventivo, e, portanto, a prerrogativas de (i) avaliar e manifestar sua opinião sobre o mérito das alegações das partes e (ii) sugerir a opção de acordo. Na verdade e na prática, avaliação e sugestão são questões de grau.

E quem de fato administra este grau de avaliação são a prática e experiência do conciliador escolhido e o que foi estipulado entre as partes. Para isto, a *expertise* no assunto tratado na conciliação acaba por gerar um ganho de tempo e qualidade das sugestões formuladas.

No Brasil, temos experiências exitosas em conciliação privada. Marta Bettanzo da Costa e Fernanda Balen Susin, da Mediar Humaniza, hoje conhecida como Grupo Mediar, são um exemplo de como a conciliação fora do Judiciário alcança ótimos resultados, com altos índices de cumprimento dos acordos celebrados.

As sócias do Grupo Mediar, em sua experiência com inadimplência escolar, em 4 anos atenderam 1.620 casos. Relatam que mais de 70% dos casos trabalhados com o procedimento da conciliação resultaram em acordo. Destes, 82,70% foram cumpridos integralmente, 13,40% foram parcialmente cumpridos e apenas 3,90% não foram cumpridos.

Esta é uma clara demonstração de que nem tudo precisa ser posto em juízo. A sociedade possui modelos e soluções eficazes, com menor custo e maior celeridade na solução dos conflitos.

Para Marta, uma das sócias, o conciliador, com sua intervenção, pode dinamizar o atendimento, auxiliando a negociação de forma mais pontual. Pela experiência adquirida, consegue trabalhar com um leque de opções, de que, muitas vezes, as partes não se dão conta, porque estão dentro do conflito. Ela não vê ponto fraco na conciliação. O que ela percebe é que muitas vezes o procedimento inicia com conciliação e, no decorrer da sessão, é transformado numa mediação. Algumas vezes, é preciso trabalhar com as emoções para conseguir evoluir no diálogo e na negociação em busca do acordo.

Conciliação no Brasil – em que difere da mediação?

Para que o leitor possa entender o que a polissemia relacionada ao termo mediação acaba por gerar, tece-se um breve histórico.

Apesar de a mediação ter tido sua primeira regulação nos tempos do Império[86], o termo reconciliar[87] – recompor duas partes em disputa –, que é mencionado neste diploma legal não tem o mesmo significado de conciliar (atitude de apaziguamento), parecendo ser este um dos berços de seus diferentes significados. E assim, no decorrer dos anos, a conciliação foi extinta do ordenamento por "razões políticas e falta de critério em sua implementação", como ensina o emérito professor Kazuo Watanabe (2019, p. 92).

Contudo, há pouco mais de uma década, a Resolução nº 125/2010 veio regular a resolução de controvérsias no âmbito do Poder Judiciário, instituindo tanto a mediação quanto a conciliação como métodos autocompositivos de solução de disputas pré-processuais e processuais, elegendo conciliadores credenciados nos diversos tribunais e no Conselho Nacional de Justiça – CNJ para este fim. Tal normativo, que data de 2010, é, portanto,

---

86. Constituição Política do Império do Brazil de 1824: "Art. 161. Sem se fazer constar, que se tem intentado o meio da **reconciliação**, não se começará Processo algum."

87. Segundo o dicionário online da língua portuguesa, reconciliar é pôr duas partes controversas junto, enquanto conciliar é agir pacificamente em relação a.

anterior à Lei da Mediação e ao Código de Processo Civil[88] em vigor. Estes últimos diplomas legais citam a conciliação, muito embora não a definam, diversamente do que ocorre com a mediação.

Pela leitura hermenêutica da legislação, bem como de seus preâmbulos, chega-se à conclusão de que a conciliação seria uma negociação assistida por um terceiro imparcial no âmbito do Poder Judiciário, sendo certo que este terceiro, denominado conciliador, apesar de não possuir poder decisório, tem a prerrogativa de intervir na decisão, na medida em que pode propor sugestões às partes, na busca de um acordo entre elas. Já os mediadores, pela definição da Lei nº 13.140/2015[89], podem ou não ser conciliadores e/ou mediadores judiciais, independentemente da qualidade ou do tipo de intervenção no processo de autocomposição, bastando que tenham capacitação e confiança[90], das partes para fazer parte do processo. Assim, a Lei Processual e a Lei de Mediação parecem estabelecer diferentes parâmetros para a definição de conciliadores e mediadores dentro ou fora do Poder Judiciário, aumentando ainda mais a confusão dos conceitos de mediação e mediadores, e conciliação e conciliadores.

A doutrina parece esclarecer os conceitos. Segundo Giselle Groeninga, "A conciliação visa o acordo, a mediação visa a ampliação da consciência do conflito e de seus determinantes, e o estabelecimento da comunicação". A mesma autora comenta que o instituto do conflito passa a ser visto de maneira multidisciplinar, evitando uma ilegalidade jurídica que o engessa em

---

88. A Lei nº 13.105/15 dispõe em seu artigo 165 que: "Os tribunais criarão centros judiciários de solução consensual de conflitos, responsáveis pela realização de sessões e audiências de **conciliação** e mediação e pelo desenvolvimento de programas destinados a auxiliar, orientar e estimular a autocomposição".

89. Dispõe a Lei nº 13.140/15, Art. 9º: "Poderá funcionar como mediador extrajudicial **qualquer pessoa capaz que tenha a confiança das partes** e seja capacitada para fazer mediação, independentemente de integrar qualquer tipo de conselho, entidade de classe ou associação, ou nele inscrever-se".

90. Dispõe a Lei nº 13.140/15, Art. 11: "Poderá atuar como mediador judicial a pessoa capaz, graduada há pelo menos dois anos em curso de ensino superior de instituição reconhecida pelo Ministério da Educação e que tenha obtido capacitação em escola ou instituição de formação de mediadores, reconhecida pela Escola Nacional de Formação e Aperfeiçoamento de Magistrados – ENFAM ou pelos tribunais, observados os requisitos mínimos estabelecidos pelo Conselho Nacional de Justiça em conjunto com o Ministério da Justiça."

uma visão unilateral. De uma visão negativa e unidimensional, vai-se para uma visão pluridimensional, na qual a possibilidade de transformação tem a necessidade de uma veia colaborativa de todos os participantes, e o resultado é definido pelas possibilidades e viabilidades no manejo desta construção, considerando, inclusive, seus aspectos subjetivos (GROENINGA, 2015, p. 1).

A renomada professora ensina que a "moldura legal" passa, então, a não ser a única solução à controvérsia apresentada e, assim, o advogado, ao entender o conflito com a ajuda de um profissional facilitador do diálogo, consegue buscar uma solução mais rápida, efetiva e assertiva para a questão controversa do seu cliente, podendo melhor utilizar suas habilidades e conhecimentos jurídicos na busca da construção de uma resolução legal que abarque aspectos objetivos e subjetivos envolvidos na disputa, sem a necessidade de recorrer ao assoberbado sistema judicial.

Considerações finais

O termo conciliação tem sido usado a partir de vários significados em nossa língua e, mais recentemente, confundido muitas vezes inclusive com o instituto da mediação privada no Brasil.

No entanto, conciliação e mediação são, sim, institutos distintos.

Conciliação consiste em um método informal, no qual um terceiro imparcial, independente, sem poder decisório, facilita o diálogo entre as pessoas envolvidas na controvérsia. Sua principal função é auxiliar a negociação entre os participantes. Estes e o conciliador objetivam alcançar um acordo, geralmente sobre questões ou demandas objetivas. Como o intuito é pôr fim à demanda, o conciliador pode auxiliar os participantes e apresentar sugestões, que serão avaliadas e eventualmente assumidas pelas pessoas na tomada de decisão.

A conciliação judicial, nos termos da Resolução nº 125/2010 e do Código de Processo Civil de 2015, é aquela realizada no âmbito judicial por um conciliador devidamente credenciado em um Tribunal de Justiça dentro do Poder Judiciário e gera um título executivo que, uma vez homologado, passa a ser título executivo judicial com valor de sentença.

Em 2019, a conciliação representou aproximadamente 20% do total das sentenças judiciais proferidas.

A conciliação extrajudicial é a conciliação realizada no âmbito privado – *ad hoc* por profissional autônomo, ou institucional quando realizada dentro de uma entidade privada. O conciliador extrajudicial, no âmbito privado, pode ou não ser credenciado junto a um Tribunal de Justiça. Se credenciado, ao assinar o acordo, este equivalerá a um título executivo extrajudicial sem a necessidade da assinatura de duas testemunhas, sendo obrigatória a menção do credenciamento no respectivo termo de acordo, conforme o artigo 784, IV, CPC.

Por outro lado, no procedimento de mediação, o terceiro, independente, imparcial, sem poder decisório, tem por objetivo auxiliar as pessoas, por meio do diálogo, na melhoria das interações derivadas dos conflitos, na busca de formas ou fórmulas que possibilitem a construção conjunta de soluções possíveis para superar as crises trazidas.

O mediador, aceito ou escolhido pelas partes, tem como função principal auxiliar e estimular as próprias pessoas envolvidas a identificar e desenvolver soluções para melhor atender suas necessidades e interesses comuns e, ao mesmo tempo, também seus próprios interesses e necessidades.

Portanto, entre conciliação e mediação existem formas distintas de atuação profissional. Na mediação, o mediador deve eximir-se de sugerir, dar conselhos ou interferir diretamente na decisão tomada pelas partes, conforme preveem a Resolução nº 125/2010, o CPC e a própria Lei de Mediação. As boas práticas da conciliação e da mediação acabam por satisfazer as partes em seus interesses objetivos e subjetivos, sendo isto traduzido nas altas taxas de cumprimento dos acordos nessa seara, conforme demonstrado pelos relatórios do Conselho Nacional de Justiça e pela experiência prática no mercado privado acima relatados.

Destaque-se que a base das práticas de conciliação e mediação é pautada na negociação como uma decorrência natural das interações de troca entre as pessoas.

Referências bibliográficas

BATTELLO, Sílvio. A Conciliação no Direito Brasileiro: Análise Crítica a partir do Princípio da Imparcialidade. *In*: WRIGHT, Walter A. *Abordaje de Confictos*. Buenos Aires: Astrea, 2016. p.57-73.

BRASIL. Constituição (1824). *Constituição Política do Império do Brazil*. Disponível em: < http://www.planalto.gov.br/ccivil_03/constituicao/constituicao24.htm>. Acesso em: 31 dez. 2020.

BRASIL. Lei nº 13.105, de 25 de março de 2015. Código de Processo Civil. Disponível em: < http://www.planalto.gov.br/ccivil_03/_ato2015-2018/2015/lei/l13105. htm>. Acesso em: 31 dez. 2020.

BRASIL. Lei nº 13.140, de 26 de junho de 2015. Dispõe sobre a mediação entre particulares como meio de solução de controvérsias e sobre a autocomposição de conflitos no âmbito da administração pública. Disponível em: <http://www.planalto. gov.br/ccivil_03/_ato2015-2018/2015/lei/l13140.htm>. Acesso em: 31 dez. 2020.

BRASIL. Ministério da Justiça. Conselho Nacional de Justiça. Resolução n. 125, de 29 de novembro de 2010. Brasília, DF: Planalto, [2018]. Disponível em: <https:// atos.cnj.jus.br/atos/detalhar/156>. Acesso em: 25 jan. 2021.

COHEN, Herb. *Você pode negociar qualquer coisa*. Tradução de Siu Ching Han. Rio de Janeiro: Record, 1980.

ENTELMAN, Remo F. *Teoría de conflictos*. Hacia un nuevo paradigma. Barcelona: Gedisa, 2002.

FALECK, Diego. *Manual de Design de Sistemas de Disputas*: criação de estratégias e processos eficazes para tratar conflitos. Rio de Janeiro: Lumen Juris, 2018.

GRINOVER, Ada Pellegrini. Os métodos consensuais de solução de conflitos no novo CPC. In: *O novo Código de Processo Civil: questões controvertidas*. São Paulo: Atlas, 2015.

GROENINGA, Giselle Câmara. Mediação é espaço para diálogo e compreensão de conflitos. *Revista Consultor Jurídico*, 02/08/2015. Disponível em: <https://www.conjur.com.br/2015-ago-02/processo-familiar-mediacao-espaco-dialogo-compreensao-conflitos>. Acesso em: 25 mai. 2020.

MARTINELLI, D.P.; VENTURA, C.A.A.; MACHADO, J.R. *Negociação internacional*. São Paulo: Atlas, 2004.

TRAVAIN, Luiz A. L. *Escolas Clássicas de Negociação aplicáveis à Conciliação e Mediação*. Jus Navegandi, 2018. Disponível em: <https://jus.com.br/artigos/64467/escolas-classicas-de-negociacao-aplicaveis-a-conciliacao-e-mediacao>. Acesso em: 25 mai. 2020.

UNITED NATIONS COMMISSION ON INTERNATIONAL TRADE LAW. *UNCITRAL Conciliation Rules*. 1st of case law on the United Nations Convention on Contracts for the International Sale of Goods. New York: United Nations, 2012. xv, 694 p. (The Journal of Law and Commerce; v. v.30).

URY, William; FISHER, Roger; PATTON, Bruce. *Como chegar ao sim*: negociação de acordos sem concessões. Tradução de Vera Ribeiro e Ana Luiza Borges. 2ª Ed. Rio de Janeiro: Imago, 2005.

URY, William. *Supere o Não*: como negociar com pessoas difíceis. Tradução de Cristina Yumagami. São Paulo: Benvirá, 2019.

WATANABE, Kazuo. *Acesso à ordem jurídica justa*: conceito atualizado de acesso à justiça, processos coletivos e outros estudos. Belo Horizonte: Del Rey, 2019.

9. COMO FAZER JUSTIÇA SEM SAIR DE CASA

Cecília Patrícia Mattar e Adolfo Braga Neto

Introdução

Hoje, com a ampliação de visão do conceito de Justiça, superou-se a perspectiva de esta se constituir monopólio do Estado. A dinâmica e a complexidade das relações demandam tratamentos cada vez mais ágeis e adequados aos conflitos a elas inerentes, cujas interações, em momentos de pandemia, aceleraram uma tendência quase natural da utilização mais frequente da tecnologia. A pandemia de Covid-19 obrigou os governos a tentar impedir a circulação do vírus, determinando o distanciamento social a seus cidadãos em suas respectivas jurisdições. A referida iniciativa se fez observada em diversos países do mundo.

Como as pessoas necessitavam dar continuidade a suas atividades sociais, profissionais e comerciais, tal fato fez com que o ambiente virtual passasse a ser cada vez mais utilizado. E isto só foi possível devido ao avanço da tecnologia no ciberespaço, que nasceu para a sociedade civil em 1992, quando a National Science Foundation – NSF libera a internet para uso do mercado privado nos Estados Unidos da América. Esta rede de computadores, desenvolvida por volta de 1960 como um ambiente restrito às universidades e a algumas entidades governamentais americanas, agora, apenas algumas décadas depois, torna-se o principal ambiente de troca entre as mais diversas pessoas e das mais variadas formas, transformando radicalmente as formas de interação social vividas até então pela humanidade (LIMA; FEITOSA, 2016, p. 66). No Brasil, estima-se que 70,7% da população total utilize internet e, no mundo, considera-se que cerca 55% das pessoas estejam conectadas[91].

Tal cenário também se fez sentir no ambiente de resolução de conflitos. Hoje qualquer cidadão ou empresa não têm a necessidade de sair de sua residência ou sua base de operações para resolver uma questão que se apresente controversa no seu dia a dia. E é com vistas a este cenário que o presente artigo pretende oferecer observações pontuais sobre como tem sido possível desenvolver a Justiça sem sair de casa, incluindo todos os métodos extra e judiciais de resolução de conflitos.

Justiça sem sair de casa

Inicialmente, é necessário enfatizar que, com a pandemia, "o ato de sair de casa para prática de atividades antes costumeiras passou a ser um desafio, as relações pessoais sofreram ajustes e a comunicação a distância se consolidou" (ANDRADE; CASTRO PINTO, 2020, p. 165). Com isso, a possibilidade de acessar a Justiça através do ambiente virtual é uma realidade para qualquer pessoa ou empresa, desde que seja assegurada a sua acessibilidade ao ambiente virtual. Para tanto, fazem-se necessários a devida identificação do interessado, o reconhecimento de sua capacidade ou legitimidade de participação perante os termos da legislação a que é submetido e o adequado uso da tecnologia, de modo a manifestar sua vontade de maneira livre e desimpedida de qualquer vício. Além disso, é evidente que deve possuir relação direta ou indireta com a questão controvertida que se coloca. Outro ponto importante envolve a segurança, o sigilo e a confidencialidade conferidos aos participantes pelo proponente, uma vez que devem ser minimamente garantidos, sob pena de responsabilização profissional/institucional caso haja algum dano, seja fora ou dentro do Estado.

---

91. Disponível em: https://www.internetworldstats.com/stats2.htm. Acesso em: 05 jan. 2020.

Nesse sentido, convém enfatizar que a expressão "acessar a Justiça" não deve ser interpretada restritivamente como acessar o Poder Judiciário. Deve ser, sim, compreendida como a possibilidade de acessar métodos de resolução de conflitos, não importando quais sejam, pois promovem a Justiça buscada por aqueles que optaram pelo método. Hoje, ao mesmo tempo, todos os métodos oferecem a modalidade on-line, proporcionando aos usuários obter Justiça independentemente do lugar físico onde estejam, inclusive dentro do conforto de sua própria casa.

Necessidade de educação digital

Convém lembrar que as pessoas, ao buscar acesso às tecnologias de informação e comunicação na medida de suas necessidades, apresentam diferentes níveis de aprendizado e exploração destas tecnologias (GONÇALVES, 2020, p. 2). Nesse sentido, as diferentes experiências, em razão da interação entre as pessoas com os diversos ambientes virtuais em rede, trazem também um repertório que deve ser cuidado, quando se trata de resolução de disputas no ambiente virtual.

De forma a garantir que haja condições de acesso igualitário entre as pessoas que experienciarão a resolução de suas disputas na rede, alguns cuidados são necessários, dentre outros os que seguem:

i. Ser confortável aos envolvidos e lhes ser sinalizada a eventual possibilidade de interferências externas;

ii. Tratar da confidencialidade ou não das informações trazidas, de forma que todos se sintam minimamente seguros no ambiente;

iii. Identificar fatores de risco ao trabalho que será desenvolvido, como, por exemplo, a dificuldade de conexão de um dos participantes no horário da reunião. Assim, planos de contingência precisam ser tratados e trazidos como alternativas de procedimento, cientificados e acordados por todos os envolvidos;

iv. Dispor de treinamento sugerido ou realizado pelo profissional ou sua equipe, para que haja certeza de acesso, adesão e interação a todos no momento do contato virtual; e

v. Ter atenção ao tempo virtual, que é diferente do tempo físico. Ao estar conectado via tela de um computador ou celular, geralmente se tem uma comunicação deficiente, pois a linguagem corporal comum e mais usual não está totalmente presente. Assim, para que se avance em qualquer entendimento, faz-se necessária a confirmação de todos os entendimentos e respostas mais de uma vez, bem como o controle da sequência necessária para que haja o respeito ao tempo adequado da conversa, a depender especialmente dos programas de comunicação utilizados que promovem uma comunicação síncrona (em tempo real – exemplo: Zoom, Microsoft Teams) ou assíncrona (no tempo de cada pessoa – exemplo: *chats* de Whatsapp, MSN, Instagram, Linkedin).

Fator de inclusão social

A melhor doutrina coloca o "acesso à justiça como uma das vantagens da ODR" (CORTÉS, 2010, p. 2). Isto porque há maior desburocratização dos meios para resolução de disputas, especialmente quando envolvem relações pontuais como as de consumo, que são grandes em volume e baixas em termos de valores transacionados. Ao invés de aguardar o Estado dizer o direito, que implicaria mobilizar um grande volume de recursos, as empresas se empenham para resolver tais questões com plataformas próprias, tais como Ebay, Mercado Livre, Amazon e tantas outras. Isto aproxima as empresas de seus clientes, gera confiança e fidelidade (EBNER, 2012, p.

203). Como visto também, há a possibilidade de plataformas, por exemplo, para se obter direitos sociais, como aposentadoria, auxílio-doença, carteira de trabalho etc. – um exemplo no Brasil é a do Instituto Nacional de Seguridade Social – INSS (https://www.gov.br/pt-br/servicos/obter-a-carteira-de-trabalho).

O deslocamento físico também não é necessário para que se acesse o ambiente virtual. Isto aproxima as pessoas, na medida em que gera a possibilidade de que participem de reuniões onde quer que estejam. Um consumidor do Tocantins pode resolver uma questão com um vendedor do Rio Grande do Sul ao clicar em alguns botões. Pessoas com baixa mobilidade, como idosos ou deficientes físicos, também podem se valer deste meio para resolver suas questões sem a necessidade de intermediários. Profissionais que estavam restritos aos seus municípios podem, agora, oferecer seus serviços a longa distância, sem que isto comprometa seu deslocamento físico e/ou tempo. Sem a necessidade de deslocamento físico ou a contratação de representantes, os meios virtuais acabam por ser mais econômicos também. E por tudo isto se tornaram um meio de inclusão social.

ODR – O que é e suas vantagens

A ODR consiste na resolução de controvérsias com a tecnologia de informação e de comunicação (TIC) auxiliando os envolvidos, sem a pretensão de substituir as formas tradicionais de comunicação, agindo como vetores para oferecer-lhes ambiente e procedimento virtual. São "uma nova porta para solucionar conflitos que talvez não possam ser dirimidos por mecanismos tradicionais de resolução de controvérsias" (ARBIX, 2017, p. 71).

A *Online Dispute Resolution* – ODR deu seus primeiros passos na década de 1990 no século passado e vem apresentando uma grande evolução, podendo usufruir de várias possibilidades que a tecnologia oferece. Com o passar do tempo, o tema vem sendo cada vez mais objeto de interesse, inclusive de organismos internacionais como a UNCITRAL, que em 2017 fez publicar o *Technical Notes on Online Dispute Resolution*, importante instrumento para o comercial internacional, destinado a empresas que se utilizam do ambiente virtual para resolução de disputas, podendo ser empregado para contexto doméstico, já que se trata de regras norteadoras.

Em razão da pandemia, consolidou-se como forma de resolução de controvérsias muito segura, pois promove proteção de todos, sem exposição ao risco de contágios. Pode-se dizer que todos os métodos de resolução de disputas não adversariais (negociação, conciliação, mediação, avaliação neutra, práticas colaborativas, mesas de disputas, desenho de sistemas de disputas, dentre tantos outros) que se utilizem da tecnologia de informação e comunicação no espaço virtual para se desenvolver são consideradas ODRs, além da recente migração judicial para este meio.

Esta afirmação também vale para os métodos adversariais, como a arbitragem. Foi notável a evolução por que passaram as câmaras de arbitragem sediadas no Brasil. Em poucas semanas, após a determinação do distanciamento social dos estados, a quase totalidade delas já desenvolvia suas atividades de maneira remota. Divulgaram resoluções internas em suas páginas pela *web* e desenvolveram comunicados pelas redes sociais, anunciando a forma como o usuário dos serviços poderia recorrer a seus serviços e como foi desenvolvida a migração para os sistemas informatizados. Isto também se observou no Poder Judiciário, que se viu na necessidade de migrar seus processos para a era da digitalização, como será objeto de observações mais adiante.

As ODRs "combinam a eficiência dos métodos adequados de resolução de conflitos com o poder da internet para ajudar os negócios, ganhar tempo e minimizar desgastes emocionais" (RULE, 2002, p. 3).

Vários são os benefícios que podem promover para este momento e o futuro, o que leva a afirmações de que consistem em um caminho sem volta. Seguem pontualmente alguns:

- Redução de custo e de tempo em relação aos mecanismos tradicionais;

- Promoção de maior acessibilidade sem barreiras geográficas;

- Possibilidade de maior organização, otimização e eficiência para o processo de resolução de conflito;

- Maior acolhimento e preparo dos usuários, pois estão em sua casa ou trabalho, ambiente mais acolhedor, mas que precisa de um preparo para a sessão, o que gera ainda maior participação destes no sistema de resolução.

Cuidados: segurança e ética

Como com todo ambiente, cuidados são necessários para seu estabelecimento, manutenção e segurança. Para começar, que tenha credibilidade e gere confiança entre as pessoas. Movida por esta razão, uma equipe internacional de profissionais da área de resolução de conflitos criou em 2017 o ICODR – International Council for Online Dispute Resolution[92]. A partir de fórum em Paris sobre ODRs, sugeriu parâmetros mínimos para que os meios de resolução de disputas fossem utilizados no ambiente virtual com segurança, efetividade e confiabilidade pelos profissionais e clientes.

Para tanto, basearam-se nos estudos do National Center for Technology and Dispute Resolution dos EUA, entidade criada em 1998 pelos professores Ethan Katsh e Janet Rifkin, da Universidade de Massachussetts, para acompanhar o desenvolvimento legal-econômico do ambiente on-line, que

---

92. Disponível em: https://icodr.org/sample-page/. Acesso em: 20 nov. 2020.

inclusive ajudou a criar a plataforma de resolução de disputas do Ebay. Para o ICODR, os princípios norteadores da qualidade da dinâmica virtual são[93]:

- **Acessibilidade:** a resolução de disputas virtual deveria ser fácil para as partes efetivamente participarem do processo, seja em seu computador ou celular, minimizando custos dos participantes e sendo acessada inclusive por pessoas com diferentes habilidades físicas.

- **Prestação de contas:** os sistemas de ODR devem prestar contas continuamente às instituições, estruturas legais e comunidades a que servem.

- **Competência:** os provedores de ODR devem ter conhecimento relevante em resolução de disputas, legal, execução técnica, idioma e cultura, necessário para fornecer serviços competentes e eficazes em suas áreas-alvo. Os serviços de ODR devem ser oportunos e usar o tempo do participante de maneira eficiente.

- **Confidencialidade:** a ODR deve manter a confidencialidade das comunicações das partes, em linha com as políticas que devem ser tornadas públicas em torno de: a) quem verá quais dados; e b) como esses dados podem ser usados.

- **Igualdade:** a ODR deve tratar todos os participantes com respeito e dignidade. Deve permitir que vozes frequentemente silenciadas ou marginalizadas sejam ouvidas e garantir que os privilégios e desvantagens do ambiente físico não sejam replicados no processo de ODR.

- **Buscar o Justo / Imparcial / Neutro:** a ODR deve tratar todas as partes igualmente e de acordo com o devido processo, sem preconceito ou benefícios a favor ou contra indivíduos, grupos ou enti-

---

93. Disponível em: https://icodr.org/standards/. Acesso em: 20 nov. 2020.

dades. Conflitos de interesse de fornecedores, participantes e administradores de sistema devem ser divulgados antes do início dos serviços de ODR.

- **Legalidade:** a ODR deve cumprir e respeitar as leis em todas as jurisdições relevantes.

- **Buscar segurança:** os provedores de ODR devem garantir que os dados coletados e as comunicações entre os envolvidos na ODR não sejam compartilhados com terceiros não autorizados. Os usuários devem ser informados de quaisquer violações em tempo hábil.

- **Transparência:** os provedores de ODR devem divulgar explicitamente com antecedência: a) a forma e a aplicabilidade dos processos e resultados de resolução de disputas; e b) os riscos e benefícios da participação. Os dados na ODR devem ser coletados, gerenciados e apresentados de forma a garantir que não sejam deturpados ou colocados fora de contexto. (*Tradução livre*)

Além disso, ao se analisar o código de conduta do International Mediation Institute – IMI[94], atualmente um órgão de referência internacional na resolução de disputas, bem como o Código de Ética para Mediadores do CONIMA – Conselho Nacional das Instituições de Mediação e Arbitragem no Brasil[95], verifica-se que ambos parecem coincidir com relação a confidencialidade, competência, igualdade, imparcialidade e legalidade, elencadas acima como demandas dos profissionais no campo da resolução de disputas. Já itens como a transparência, a segurança e a prestação de contas visam dar qualidade ao procedimento em si, e também são tratados de forma distinta pelos regulamentos destas entidades.

---

94. Disponível em: https://imimediation.org/practitioners/code-professional-conduct/. Acesso em: 20 nov. 2020.

95. Textos disponíveis em https://conima.org.br/mediacao/codigo-de-etica-para-mediadores/ e https://conima.org.br/site-em-construcao/arbitragem/codigo-etica-arbitros/. Acesso em: 20 nov. 2020.

E a acessibilidade? Esta é sem dúvida o diferencial dentre os princípios de ODR acima expostos. Traz consigo a possibilidade de eliminação das distâncias e barreiras físicas e promove a maior inclusão de pessoas que antes não podiam participar do processo em função destes limitadores. A tecnologia de informação e comunicação ajuda também neste sentido, pois pode, por exemplo, dar acesso à expressão da vontade de um paciente internado em um hospital, que de outro modo não poderia ser manifestada, incluindo sua voz na tomada de decisão, se pertinente e necessária à resolução da questão controversa.

Junto à acessibilidade, está a conexão de internet como condição fundamental para que se propicie o encontro de todos no ciberespaço. Tudo dependerá das condições de cada rede instalada e dos tipos de aparelhos utilizados pelos participantes, trazendo uma questão social ao ambiente virtual. Adicionado a este contexto e de igual importância, também estão a necessária e suficiente educação digital e o aspecto cultural das diferentes pessoas envolvidas no processo virtual de resolução de disputas. Isto porque a expectativa de todos os envolvidos na construção de uma solução para a controvérsia precisa ser alinhada, de modo que o processo escolhido possa ser produtivo e efetivo. Cabe lembrar que a questão cultural interfere diretamente nisto, bem como o manejo das diversas tecnologias on-line, deduzindo-se que "os imperativos éticos envolvem atenção às preferências e níveis de conforto dos participantes em relação ao uso da tecnologia" (RAINEY, 2014, p. 47). Assim sendo, um profissional e um usuário cuidadosos, então, estariam seguindo tais princípios de forma a trazer uma experiência positiva, seja qual for a maneira de lidar com a questão controversa apresentada.

Dentro deste raciocínio, Rainey (2014, p. 40) observa que a tecnologia, quando utilizada para facilitar a comunicação dentro do processo, intervém como uma quarta parte e, por isto, as questões éticas são passíveis de constantes mudanças, acompanhando a evolução tecnológica. O referido autor destaca, por exemplo, que a confidencialidade pode ser questionada em uma interação virtual entre duas ou mais pessoas, pelo simples fato de navegarem pelo meio virtual, o que já seria considerado uma troca de dados em ambiente público. Felizmente, neste sentido, parece que leis de proteção de dados estão a surgir em todo o mundo, assim como no Brasil, afastando, assim, esta possibilidade de entendimento e garantindo uma segurança legal mínima aos usuários dos serviços virtuais. Em relação a isso, são dignas de nota as Leis n° 13.709/18, n° 13.853/19 e n° 14.010/20.

A imparcialidade e a autodeterminação, fundamentais para que os processos dialógicos se estabeleçam, são promovidas dentro do ambiente virtual à medida que os participantes se sintam confortáveis com as ferramentas on-line utilizadas em qualquer procedimento, cabendo ao administrador do processo escolhido certificar-se disto como princípios ético fundamental. Afinal, sendo a ética "o conjunto de princípio e valores que norteiam a conduta do indivíduo" (CORTELLA, 2009, p. 102), esta acaba por permear o processo e os indivíduos que dele participam, ambos evoluindo juntamente com a interação possível entre a tecnologia de informação e comunicação e os interesses sociais que atendem, no caso, a busca pela justiça da relação apresentada.

Novas fronteiras e perspectivas

Praticamente todas as pessoas, físicas e jurídicas migraram para o ambiente virtual, seja por um processo de necessidade interna, pessoal, seja por decorrência natural do isolamento social e de economia de custos. E isto inclui o Estado e seus poderes, Legislativo, Executivo e Judiciário, bem como seus órgãos, seguindo o que já acontecia há décadas no setor privado.

Com a necessidade social de isolamento e distanciamento social para conter o vírus da Covid-19, o Poder Judiciário precisou adaptar seus procedimentos ao ambiente virtual, baixando portarias e trazendo as audiências pré-processuais ou processuais para este ambiente. Adaptações foram feitas e estão em processo de aprimoramento constante, e parcerias com empresas de tecnologia foram estabelecidas de modo a garantir alguma segurança aos atos praticados no ambiente de rede. O Tribunal de Justiça do Estado de São Paulo, por exemplo, criou um convênio com a Microsoft para o uso do Microsoft Teams em suas audiências. A Justiça Federal da terceira região admite, além desta ferramenta, o uso de WhatsApp em suas audiências, bem como o Ministério Público do mesmo Estado.

O mercado privado, com mais autonomia em criar, gerenciar e desenvolver as mais diversas ferramentas tecnológicas em função, principalmente, de suas diferentes necessidades e dinamismo, já utilizava muitas ferramentas digitais para solucionar disputas, fazer reuniões, enfim, tomar as decisões necessárias on-line, encurtando distâncias e economizando com isso recursos de tempo e dinheiro. Ferramentas como o Zoom, plataformas digitais de câmaras de mediação e arbitragem desenvolvidas por empresas como a Adam Tecnologia, Webex da Cisco ou o próprio Google Meets são exemplos. A surpresa foi a enorme demanda por essas tecnologias, o que acabou por sobrecarregar seus sistemas e desvelar fragilidades referentes à segurança e a eventuais limitações técnicas. Convém ressaltar, no entanto, que, quanto mais se utiliza a tecnologia para resolver disputas, mais esta traz a percepção de conveniência e eficiência; logo, muda o modo de interação entre as pessoas e da sociedade em si.

O Judiciário e a migração para os atendimentos virtuais

Baseado na defesa das instituições democráticas de direito, fundamentais à soberania e ao poder estatal previstos na Constituição de 1988, a população brasileira ainda vê o Poder Judiciário como a possibilidade mais utilizada e lembrada de acesso à justiça para dirimir controvérsias legais. E neste contexto, como já defendia o ilustre professor Kazuo Watanabe, "o judiciário deve desenvolver maneiras de se comunicar verdadeiramente com os diversos públicos, pelas mais variadas mídias" (1988, p. 131).

Apesar de se saber que o acompanhamento tecnológico é mais desafiador na esfera pública, pois os seus diversos agentes são submetidos a princípios limitados pela legislação, sob pena de responsabilidade, além dos entraves orçamentários e de organização interna, desde 2003, motivado pela necessidade de integração dos processos nas diversas áreas de atuação, o Poder Judiciário vem se modernizando e se incluindo na era digital. E em 2020, compelido pela pandemia de Covid-19, promoveu a migração de audiências e atos para o atendimento remoto pela Portaria nº 313, de 19/03/2020, do Conselho Nacional de Justiça – CNJ. Juízes e jurisdicionados tiveram que se adaptar a esta nova forma de comunicação, sendo observado um esforço comum de todos os lados para superar o momento de crise sanitária e manter a qualidade e a segurança de um bom atendimento nas diversas frentes judiciais. O papel da lei é imprescindível para as sociedades civilizadas e a tecnologia contribui para a sua eficiência, eficácia e efetividade no acesso à justiça de todos os cidadãos[96].

Não há como retroceder. O avanço tecnológico está presente em todas as relações e interações pessoais. O Direito, como uma tentativa de regulação para preservar a harmonia destas interações, deve refletir este progresso. Mas há uma atenção especial para alguns elementos do ciberespaço que precisam ser considerados, de modo a trazer a segurança e construir a confiança neste novo tipo de interação. A doutrina especializada no tema coloca:

---

96. MINISTRY OF JUSTICE OF UK. Transforming Our Justice System. 2016, p.16. Disponível em: https://www.gov.uk/government/uploads/system/uploads/attachment_data/file/553261/joint-visionstatement.pdf?_ga=1.104503680.1699005446.1476912463. Acesso em: 19 fev. 2021.

Antes que alguém possa lidar com isso de forma adequada, no entanto, é preciso entender melhor como os profissionais do Direito assumem valores e princípios em consideração no raciocínio sobre como resolver problemas. Embora frequentemente se ouça falar da teoria de um advogado de um caso, é menos claro com que tal teoria se pareça e como é mais bem representada por uma estrutura de dados computáveis." (ASHLEY, 2017, p. 129 – *Tradução livre*)

Preocupada com esta dinâmica, a Comissão Europeia para Desenvolvimento da Justiça – CEDJ promoveu um debate que resultou, em dezembro de 2018, em cinco princípios a serem observados pelas cortes europeias, de forma manter a eficiência e qualidade, ao mesmo tempo em que respeitam a Convenção de Direitos Humanos e a Convenção de Proteção aos Dados Individuais[97]:

- **Respeito pelos direitos fundamentais:** garantir que a concepção e implementação de ferramentas e serviços de inteligência artificial sejam compatíveis com os direitos fundamentais;

- **Não discriminação:** prevenir especificamente o desenvolvimento ou intensificação de qualquer discriminação entre indivíduos ou grupos de indivíduos;

- **Qualidade de segurança:** no que se refere ao tratamento de decisões judiciais e de dados, utilizando fontes certificadas e dados intangíveis com modelos concebidos de forma multidisciplinar, em ambiente tecnológico seguro;

- **Transparência, imparcialidade e justiça:** tornar os métodos de processamento de dados acessíveis e compreensíveis, autorizando auditorias externas;

---

97. Extraído de https://www.coe.int/en/web/cepej/cepej-european-ethical-charter-on-the-use-of-artificial-intelligence-ai-in-judicial-systems-and-their-environment. Acesso em: 02 mar. 2021.

- **"Sob controle do usuário":** impedir uma abordagem prescritiva e garantir que os usuários sejam atores informados e no controle de suas escolhas. (*Tradução livre*)

Isto demonstra a necessidade de cuidados específicos no ambiente virtual, que no Brasil ainda não é dominado pela grande maioria dos magistrados e operadores do Direito.

Fica a reflexão no sentido de ser prudente a adoção de valores e padrões éticos já estudados pelo setor privado ou espelhados na experiência de outros países, para serem aplicados também no contexto judicial, assim como padrões de segurança já desenvolvidos e testados. Só assim é possível promover a eficiência e a credibilidade necessárias ao progresso sustentável da justiça institucionalizada trazido por esta recente forma de interação social, que mobilizou todas as idades, todos os credos e estilos de vida, como forma uma reconexão possível quando a saúde é o bem maior protegido por todos e em todos os lugares, indistintamente.

Os limites: questões legais e culturais

Superado o aspecto técnico tão importante à construção da confiança e da segurança digitais, surge um novo desafio: a questão cultural. Neste país de mais de 8,5 milhões de km², os hábitos e costumes, a linguagem, são diferentes até mesmo em bairros de uma mesma cidade, e ainda mais nos seus diferentes estados e regiões. E isto impacta diretamente no surgimento e resolução das mais diversas disputas, na medida em que aumenta a margem de desentendimentos advindos de diversas possibilidades de interpretações de um mesmo fato, ato ou contrato. Neste contexto, os métodos extrajudiciais de solução de controvérsias adquirem especial importância, uma vez que exigem profissionais treinados para lidar com tais discrepâncias, possibilitando a construção de uma linguagem comum, que atenda às suas necessidades de decisão, acordo ou simplesmente de entendimento que possibilite a construção de um caminho comum. Estão aí a conciliação ou a mediação para ajudar as pessoas a superar o conflito que envolve a disputa, mesmo que baseado em diferenças culturais. E a arbitragem e o Poder Judiciário, se estes métodos não forem possíveis e/ou insuficientes para a questão que se coloca no conflito, decidindo definitivamente a questão.

Outro aspecto de suma importância que leva a um caminho de justiça entre as pessoas é a questão legal que envolve o viver em sociedade. E o espaço virtual, ao mesmo tempo em que aproxima as pessoas, dificulta a possibilidade de imposição legal de qualquer regra, pois a tecnologia obedece aos seres humanos, e não o contrário. Logo, cabe à sociedade regulamentar o certo e o errado no ambiente de rede. Neste sentido, a recente Lei Geral de Proteção de Dados – Lei nº 13.709/2018 promete conter abusos e sanear o ambiente on-line, de modo a assegurar aos cidadãos seus direitos fundamentais, dentre eles a proteção de seus dados como um direito extensivo aos direitos individuais de liberdade e privacidade das pessoas físicas e jurídicas. E isto se faz necessário, pois a inteligência artificial pode ser usada para usurpar os direitos e afetar a vida das pessoas.

Considerações finais

Desenvolvida a partir da segunda metade do século XX, a internet hoje é o mais seguro meio de interação social, especialmente após o surgimento da pandemia de Covid-19, que impôs o isolamento social como forma de conter o vírus e evitar mais mortes por todo o planeta.

Para se desenvolver o ciberespaço mencionado anteriormente, são necessárias tecnologias de informação e comunicação. Estas, quando aplicadas para promover trocas entre as pessoas, acabam por gerar um quarto elemento, chamado de inteligência artificial. Como qualquer inteligência, se direcionada ao fomento do bem-estar coletivo e individual, pode promover progresso e desenvolvimento de toda a sociedade. Para que isto aconteça, noções éticas bem estabelecidas devem gerar um parâmetro mínimo para uma conduta positiva e adequada na rede virtual.

Neste sentido, a utilização da TIC de maneira eficiente, ao analisar o grande volume de dados que são gerados diariamente, aliada à eficácia na aplicação das informações extraídas destes dados, pode trazer celeridade, economia de recursos, inclusão e autonomia para todos. E não há dúvida de que a promoção de trocas positivas entre as pessoas e o meio traz progresso e desenvolvimento humano. Assim, a regulamentação prevista pela LGPD no Brasil auxilia os indivíduos e as empresas para que se guiem de modo mais seguro e harmônico nas suas interações de maneira remota ou virtual, coibindo abusos e distorções no uso das informações, evitando, com isso, um retrocesso social.

Como mencionado, os métodos de resolução de disputas on-line já eram utilizados pelas grandes empresas, especialmente em ambientes de consumo, e hoje são uma realidade também no âmbito do poder estatal, a exemplo da migração do Poder Judiciário para a rede. Cabe aqui fazer uma menção especial às instituições extrajudiciais brasileiras, que se adaptaram em tempo recorde, em alguns casos em menos de um mês, permitindo que os processos arbitrais ou de mediação não sofressem nenhum atraso, já que a rapidez, economia e eficiência são suas marcas.

Além disso, mais e mais a TIC está sendo utilizada para promover a pacificação social, na medida em que a inteligência artificial for aplicada para promoção de soluções rápidas a questões pontuais, economizando tempo e recursos financeiros cada vez mais escassos. O ambiente virtual também ultrapassa as barreiras físicas entre as pessoas e lhes fornece maior autonomia, desde que tenham acesso a qualquer tipo de equipamento e uma conexão a uma rede. Inevitavelmente, há um maior reconhecimento das diferenças culturais, econômicas e sociais, por estas ficarem mais próximas e, assim, mais evidentes. Fica, então, o convite para abraçar este novo paradigma como uma chance de revisar os equívocos, as conquistas e traçar a direção das pessoas e das suas relações, na construção, agora virtualmente mais próxima, disto que usualmente se denomina humanidade.

Para que isto ocorra de forma a respeitar as pessoas na sua privacidade de dados e a preservar a conquista de direitos ao longo da evolução da civilização, há a necessidade de criar parâmetros éticos claros, no âmbito público, talvez inspirados nos já criados no contexto extrajudicial, além de uma legislação que os proteja em prol do progresso, desenvolvimento e bem comum de todos os cidadãos do planeta.

Referências bibliográficas

ABOUT ICODR. International Center for Online Dispute Resolution, 2011. Disponível em: <https://icodr.org/sample-page/>. Acesso em: 20 nov. 2020.

ANDRADE, Mariana Dionísio de; PINTO, Eduardo Régis Girão de Castro. O papel das instituições de ensino superior privadas na garantia do direito à saúde física e mental dos trabalhadores em tempos de pandemia da Covid 19. *In*: LOPES, Ana Maria D'Avila; PEREIRA JUNIOR, Antonio Jorge; VASCONCELOS, Mônica Carvalho. *Direitos Humanos e Empresa em tempos da Pandemia da Covid 19*. Porto Alegre: Livraria do Advogado, 2020.

ARBIX, Daniel do Amaral. *Resolução Online de Controvérsias*. São Paulo: Intelecto, 2017.

ASHLEY, Kevin D. *Artificial Intelligence and Legal Analytics: New Tools for Law Practice in the Digital*. Cambridge, UK, Cambridge University Press, 2017.

CODE OF PROFESSIONAL CONDUCT. INTERNATIONAL MEDIATION INSTITUTE, 2021. Disponível em: <https://imimediation.org/practitioners/code-pro-

fessional-conduct/>. Acesso em: 20 nov. 2020.

CONSELHO NACIONAL DE INSTITUIÇÕES DE MEDIAÇÃO E ARBITRA-GEM – Conima. Disponível em: <https://conima.org.br/mediacao/codigo-de-e-tica-para-mediadores/> e <https://conima.org.br/site-em-construcao/arbitragem/codigo-etica-arbitros/>. Acesso em: 20 nov. 2020.

CORTELLA, M. S. *Qual é a tua obra? Inquietações, propositivas sobre gestão, liderança e ética*. Petrópolis: Vozes, 2009.

CORTÉS, Pablo. *Online Dispute Resolution for Consumers in the European Union*. Abingdon; Nova York: Routledge, 2011.

EBNER, Noam. *Online Dispute Resolution and Interpersonal Trust* (October 28, 2012). *In*: WAHAB M.S. Abdel; KATSH, E.; RAINEY, D. (Eds.) *ODR: Theory and Practice*. The Hague: Eleven International Publishing. Disponível em: SSRN: https://ssrn.com/abstract=2167856. Acesso em: 30 nov. 2020.

FUX, Luiz. A nova face da Justiça. *In*: *O Estado de São Paulo*, 10 jan.2021, p. A2.

GONÇALVES, Ana Maria Maia. U*ma análise da mediação online baseada em como nosso cérebro funciona*. Lisboa, ICFML, 2020.

ICODR Standards. International Center for Online Dispute Resolution, 2011. Disponível em:< https://icodr.org/standards/>. Acesso em: 20 nov. 2020.

INTERNET USAGE, FACEBOOK SUBSCRIBERS AND POPULATION STA-TISTICS FOR ALL THE AMERICAS WORLD REGION COUNTRIES JULY 31, 2020. Internet World Stats – Usage and Populational Statistics, 2020. Disponível em: <https://www.internetworldstats.com/stats2.htm>. Acesso em: 05 jan. 2020.

JUSTIÇA EM NÚMEROS 2020. Disponível em: https://www.cnj.jus.br/wp-content/uploads/2020/08/WEB-V3-Justi%C3%A7a-em-N%C3%BAmeros-2020-atualizado-em-25-08-2020.pdf. Último acesso em: 02 jan. 2021.

LIMA, Gabriela Vasconcelos; FEITOSA, Gustavo Raposo Pereira. Online dispute resolution (ODR): a solução de conflitos e as novas tecnologias. *Revista do Direito*, Santa Cruz do Sul, v. 3, n. 50, p. 53-70, set. 2016. ISSN 1982-9957. Disponível em: <https://online.unisc.br/seer/index.php/direito/article/view/8360>. Acesso em: 01 jan. 2021. doi:https://doi.org/10.17058/rdunisc.v3i50.8360. Acesso em: 05 jan 2020.

RABINOVICH-EINY, Orna; KATSH, Ethan. Digital Justice: Reshaping Boundaries in an Online Dispute Resolution Environment (2014). *1 International Journal of Online Dispute Resolution* 5 (2014). Disponível em: <https://ssrn.com/abstract=3480624>. Acesso em: 18 jan. 2021.

RAINEY, Daniel. Third-Party Ethics in the Age of the Fourth Party. *International Journal of Online Dispute Resolution*, 1, (2014):37-56.

RULE, Colin. *Online Dispute Resolution for Business*. São Francisco: Jossey-Bass, 2002.

WATANABE, K. (Org.). *Participação e Processo*. São Paulo: Revista dos Tribunais, 1988.

10. INTERAÇÃO ADVOGADO-CLIENTE: UM NOVO OLHAR

Flavia Scarpinella Bueno, José Gabriel Ferraz, Juliana G. Cruz de Almeida e Marília Campos Oliveira e Telles

> "Acreditando que não há conhecimento útil que seja genérico, não temos a pretensão de chegar a um conjunto de regras ou procedimentos, mas, sim, de identificar formas culturais que geram bons resultados, que atendam aos nossos propósitos de melhoria relacional entre seres humanos com pressupostos diferentes ou antagônicos"
>
> Vania Curi Yazbek

Introdução

A proposta do artigo é refletir sobre o papel do advogado[98] contemporâneo, trazendo uma breve linha do tempo sobre a evolução da aplicação do Direito, participação da sociedade e acesso à justiça.

Para tanto, trazemos alguns marcos legais que, no nosso entender, contribuíram para a quebra de paradigmas quanto ao monopólio do saber jurídico pelos advogados, incluindo a sociedade como detentora desse saber, ainda que de forma não técnica, proporcionando-lhe condições de opinar sobre seus direitos e forma de acesso à justiça, dando ensejo a uma nova conexão entre advogado e sociedade/cliente.

---

98. Usaremos o substantivo masculino advogado, mas nos referindo igualmente às advogadas, apenas e tão somente em respeito à norma culta vigente, uma vez que as mulheres são maioria no quadro de inscritos na Ordem dos Advogados do Brasil.

O papel do advogado contemporâneo: de onde viemos e para onde queremos ir

Diz-nos a Constituição Federal que o advogado "é indispensável à administração da justiça"[99]. A literatura é prolífica em análises acerca dessa função social, associando-a, em regra, ao acesso à Justiça e, ato contínuo, aos direitos de ampla defesa, contraditório, devido processo legal e, claro, à efetividade das garantias e dos direitos materiais. Todos esses predicados são absolutamente importantes e devem ser relembrados e ovacionados. Mas, se a indispensabilidade do profissional da advocacia é inquestionável, o mesmo não se diga quanto ao universo de sua atuação. Remanescem as perguntas: que justiça é essa?[100] Para quem? Como pode o advogado contribuir para a sua administração? Qual o seu propósito?

Por mais que o exercício profissional esteja atrelado a um substrato eminentemente técnico e rigorosamente regulamentado, a função social do advogado vai além da sua contribuição para a manutenção e o fortalecimento do Estado Democrático de Direito, remontando à própria essência relacional do ser humano. E esta é a chave de leitura para uma reflexão aprofundada acerca do papel do advogado no século XXI, que perpassa a mudança de mentalidade na percepção e administração dos conflitos.

A essência da atividade (*"O quê?"*) é, portanto, profundamente relacional e mantém diálogo intrínseco com o seu propósito (*"Para quê?"*); a sua expressão é que diz respeito aos meios (*"Como?"*), que, por sua vez, está no campo da estratégia.

Da complexidade das relações humanas nascem os conflitos, respaldados em seus contextos específicos, e que acabam por destacar a atividade

---

99. Artigo 133, CF: "O advogado é indispensável à administração da justiça, sendo inviolável por seus atos e manifestações no exercício da profissão, nos limites da lei."

100. Para maiores reflexões sobre o tema, conferir o artigo "A evolução do conceito de Justiça – da Antiguidade à Pós-Modernidade", neste livro.

de um dos componentes desse organismo social: aquele que, por influência da razão e da palavra, age para garantir a "(re)harmonização" social, o advogado.

É na origem da advocacia que se encontra cravado o seu propósito harmonizador do tecido social, nas suas mais diversas organizações ao longo dos tempos. Afinal, sem a mera possibilidade de convivência harmônica, a segurança que os agrupamentos sociais significam perde sentido, assim como a razão de ser do próprio Estado.

E tudo isso remonta a uma premissa: a existência humana é essencialmente relacional; nenhum ser humano tem existência totalmente independente e desconectada do outro. Ao contrário, somos todos, relacional e empiricamente, parte de um todo: nascemos de alguém, vivemos com alguém, originamos outrem, e mesmo a nossa morte tem reflexos e implicações na vida de outros. Ou seja, o indivíduo, em todos os seus atos de existência, está permanentemente conectado a outros indivíduos, demandando e sendo demandado, reconhecendo e sendo reconhecido como tal.

A complexidade social crescente também apontou para a diversidade de interesses e necessidades próprias de cada indivíduo, além do reconhecimento de cada um dos indivíduos como o centro das relações sociais e políticas. Dentro desse "núcleo multifocal", em que é reservado a cada qual os mesmos peso e importância, ampliam-se as potencialidades dos conflitos, exigindo estratégias tão diversificadas quanto as próprias relações.

O foco nesta conexão e na inexorável inter-relação permite o retorno do olhar ao humano e é a chave do advogado contemporâneo, genuinamente investido em sua função social aderente ao propósito de atender às necessidades do cliente, o que inclui o dever de informá-lo de todos os caminhos possíveis para resolver seu problema.

Breve linha do tempo

Antes de caminhar, é preciso voltar alguns passos para trás e contextualizar o exercício da advocacia e o crescimento de sua importância social. A Modernidade assistiu ao fortalecimento do Estado Democrático de Direito, fundado e submetido ao império da lei, na tripartição de poderes e na garantia de direitos.

É nesse contexto que a advocacia ganha prestígio, conforme nos ensina José Afonso da Silva:

> a advocacia não é apenas uma profissão, é também um 'munus', é a única habilitação profissional que constitui pressuposto essencial à formação de um dos Poderes do Estado: o Poder Judiciário. (SILVA, 2002. p. 603)

A consequência natural do prestígio da advocacia, aliada à sua natureza eminentemente técnica e ao perfil institucional brasileiro burocrático, acrescida da importação tupiniquim dos contextos europeus, com todas as formalidades próprias das Cortes, acabou por propiciar um comportamento altamente paternalista por parte do profissional. Tal qual o Estado assume o poder decisório dos conflitos de seus cidadãos – que se plasma na sentença judicial –, os advogados assumem mais do que a voz dos indivíduos em conflitos. Face à vulnerabilidade diante do conflito e da extrema técnica, contaminada pela linguagem seca e cheia de jargões rebuscados, opera-se uma transferência quase natural ao advogado da responsabilidade pela solução dos conflitos. Somem os indivíduos, surgem os clientes e seus representantes legais.

Ainda neste contexto, sobretudo no Brasil, observa-se um apego à letra da lei (marca do positivismo) e a intensificação das contendas pela melhor interpretação normativa, como decorrência lógica da sua abstração. Tudo isso, combinado com o forte individualismo marcador dos direitos e garantias, temperado pelo desejo de manutenção dos privilégios de classe, ensejou um abrilhantamento da advocacia contenciosa, sobretudo no âmbito do Poder Judiciário, com o qual a narrativa do cliente deve ser ajustada para caber nos argumentos legais, usando linguagem jurídica, fechada para outras perspectivas, diminuindo e, por vezes, até impedindo a participação daqueles que são os reais interessados e titulares de direitos – os clientes. Estes, por sua vez, em vista dessa assimetria técnica, assumem uma postura passiva e acomodada, ainda que pautada na confiança, cujo reflexo é o próprio enfraquecimento do senso de responsabilidade e da participação dos sujeitos em uma sociedade democrática, gerando um ciclo vicioso de retroalimentação.

Mas os tempos passam e, com eles, novas acomodações do tecido social e das estruturas político-organizacionais se operam, abalando esse embate entre "técnica" e "dependência".

A contemporaneidade fomenta um cenário que propicia a volta dos olhares para o sujeito, como um "ser" dotado de interesses e necessidades próprias (para além dos seus direitos), mas que, ao mesmo tempo, não está isolado. Destaca-se, assim, a perspectiva relacional da convivência social.

Esse contexto gera uma verdadeira oportunidade para que a advocacia revisite o seu papel e a eficácia de sua atuação, restabelecendo a distribuição de responsabilidades entre advogados e clientes, donde estes retomam o poder decisório e participativo na condução do seu caso; e aqueles deixam a postura paternalista para assumir uma de parceria, ainda comprometida, mas muito mais estratégica e ampla, favorecendo o desenvolvimento e a aplicação de talento criativo.

Assim, podemos afirmar que hoje coexistem dois modelos básicos de advocacia: a "tradicional", na qual o cliente é passivo e o advogado bastante autônomo, assumindo o controle sobre as soluções dos problemas apresentados pelo cliente; e a "participativa", na qual o cliente tem papel ativo na construção dessa solução. A título de exemplo, na área empresarial é frequente que o cliente assuma o protagonismo na relação, atuando diretamente nas negociações, uma vez que tem conhecimento específico de sua área de negócios e pode ser crítico a respeito das estratégias a serem adotadas.

Além disso, pode-se afirmar que esse olhar mais apurado aos efetivos interesses pessoais e focado na perspectiva relacional das interações sociais se torna a chave da suposta característica beligerante da advocacia e da "cultura da sentença", para se fundar na "cultura do acordo", na abertura dos olhos à possibilidade da composição como meio da satisfação de seus próprios interesses com mais celeridade e eficácia.

Os advogados exercem papel fundamental na liderança, no desenho de estratégias adequadas a cada caso concreto, sempre conectados com o sujeito que viverá efetivamente com a consequência da tomada de decisão. O cliente volta a ser sujeito e o advogado passa a ser parceiro.

É neste contexto que o convite ao advogado do século XXI se coloca: assumindo essas premissas e propósitos. Então, *como* fazer?

Breve nota sobre a formação do advogado

Para pensarmos em como transformar o trabalho do advogado é importante refletir sobre sua formação, uma vez que os clientes seguem quase invisíveis nos cursos de Direito e a educação legal não faz quase nada para preparar os futuros advogados para se relacionarem com seus clientes.

Nesse sentido, de acordo com o professor Kazuo Watanabe, um dos grandes obstáculos para que novos advogados desenvolvam uma mentalidade não litigiosa para solucionar as questões trazidas por seus clientes advém da formação acadêmica. Grande parte dos cursos de Direito no Brasil dá ênfase à solução dos problemas por meio de processo judicial, privilegiando o critério do "certo ou errado", sem que haja espaço para encontrar opções que se adequem à vontade das partes e especificidades de cada caso (WATANABE, 2005).

Além da formação estritamente focada na atuação judicial, são poucos os cursos de graduação que possuem como disciplinas obrigatórias temas relacionados às soluções dialógicas e consensuais. Quando muito, são ofertadas através de eletivas. Ademais, também não há na grade curricular disciplinas multidisciplinares ou de *soft skills* – habilidades como empatia, inteligência emocional, teoria do conflito, liderança e gestão de equipes, por exemplo –, que certamente são ferramentas necessárias para este advogado solucionador de problemas.

A mudança de cultura passa pela quebra de paradigmas e evolução da educação. Surge, assim, a necessidade de alterar as grades curriculares, a fim de que seja proporcionado, a partir dos primeiros momentos do curso de Direito, o contato com disciplinas que tratem desde a teoria geral do conflito até os procedimentos de resolução de disputas disponíveis no mercado, deixando claro que a via litigiosa não é a única disponível. Assim, a graduação em Direito deve proporcionar um curso multidisciplinar, com enfoque na atuação estratégica e interdisciplinar.

Evidentemente, a formação do advogado não se restringe apenas ao curso de graduação. Os profissionais que já estão no mercado, acreditando em suas competências e habilidades, devem sempre buscar novas capacitações e cursos das mais diversas áreas para estarem sempre atualizados, visando ao aperfeiçoamento, como também aumentar seu repertório para analisar o problema trazido pelo cliente, conseguir oferecer um serviço personalizado, que se ajuste às necessidades e peculiaridades de cada caso, trabalhando de forma colaborativa e criativa, como desenvolveremos a seguir.

Imagem social do advogado

No artigo "Sobre tubarões e golfinhos" (OLIVEIRA E TELLES, 2017), encontramos relato bem humorado sobre a imagem dos advogados:

> Um engenheiro morreu e foi aos portões do céu. São Pedro analisou sua ficha e disse:
>
> – Ah, mas você está no lugar errado. Aqui não pode ficar!
>
> E o engenheiro, então, desceu aos portões do inferno e lá foi admitido. Mal havia chegado, o engenheiro já estava insatisfeito com o nível de conforto no inferno. Logo começou a fazer projetos e várias obras e benfeitorias tomaram início. Pouco tempo depois, já havia no inferno ar-condicionado, banheiros reformados e escadas rolantes, e o engenheiro era um cara muito popular por lá.
>
> Um dia, Deus chamou o Diabo ao telefone e disse ironicamente:
>
> – E então, como estão as coisas aí embaixo, no inferno? O Diabo respondeu:
>
> – Uma maravilha! Tudo muito bem. Nós agora temos ar-condicionado, banheiros reformados e escadas rolantes, e isso sem falar o que este engenheiro está planejando para breve.
>
> Do outro lado da linha, surpreso, Deus respondeu:
>
> – O que? Vocês têm um engenheiro aí? Isso é um engano, ele nunca deveria ter descido para o inferno. Mande-o subir aqui, imediatamente.
>
> O Diabo respondeu:
>
> – Sem possibilidade. Eu gostei de ter um engenheiro na equipe, e continuarei mantendo-o aqui.
>
> Deus, já mais irritado, e em tom de ameaça:

– Mande-o voltar aqui, ou Eu tomarei as medidas legais.

O Diabo soltou uma gargalhada, e respondeu:

– Tudo bem. E onde você irá conseguir um advogado?

O repertório de piadas sobre advogados é vastíssimo e, como sabemos desde Freud[101], os chistes e atos falhos sempre têm relação com os motivos inconscientes de quem os comete. Assim, invariavelmente, os advogados aparecem folcloricamente como sujeitos espertalhões, gananciosos e que querem derrotar os inimigos, não importando os meios que tenham de utilizar para alcançar seus objetivos. Competitivos, não economizam esforços para conquistar a vitória. Parte do seu arsenal consiste no uso da linguagem técnica, própria do cenário forense, cujo tom é sempre combativo e, no mais das vezes, ininteligível para o próprio cliente. E têm "superpoderes" para tanto: a procuração, instrumento de mandato, através do qual o cliente outorga poderes para que o advogado fale por ele e pratique os mais diversos atos – até mesmo sem consultá-lo.

Nasce a imagem social do tão conhecido advogado tubarão, que é aquele que fareja sangue, feroz, tenaz e agressivo, que ataca as pessoas que estão com problemas ou em uma situação difícil para alimentar a si mesmas.

Os tubarões, ao contrário da maioria dos peixes, não têm ossos; seus esqueletos são feitos inteiramente de cartilagem. Seriam os advogados assim tão maleáveis quanto os tubarões, dispostos a discutir tanto um lado de um caso como o outro, a depender do valor dos honorários e, por vezes, assumindo que prolongar o curso de um processo judicial até se ter a tão desejada vitória é, *per se*, defender os reais interesses de seus clientes?

Alguns tubarões ainda são presas de sua própria espécie. O cheiro e o

---

101. Em *A interpretação dos sonhos* (1900), Sigmund Freud atribui verdadeira significação ao ato falho; em 1901, em *A psicopatologia da vida cotidiana* aparecem, com grande senso de humor, os melhores exemplos de atos falhos; em 1905 é publicado *Os chistes e sua relação com o inconsciente*.

gosto de sangue na água podem desencadear um frenesi alimentar, em que muitas vezes tubarões mordem seus próprios corpos, enquanto vão girando para obter mais alimentos. Não seria exatamente este o frenesi do litígio, no qual os advogados são colocados uns contra os outros e, finalmente, contra eles mesmos, a perder resmas de papel, enquanto perdem de vista uma resolução adequada para os seus clientes?

Assim, esta imagem do *shark lawyer*, que principalmente os norte-americanos consagraram, há tempos não mais se coaduna com o profissional do século XXI. Logo, como a sociedade e o Direito estão em transformação, é preciso que seus operadores também evoluam e se transformem, a fim de acompanhar o movimento social.

O advogado precisa se conscientizar desta evolução, transformar seu comportamento para, enfim, mudar sua imagem perante a sociedade, mostrando como seu trabalho pode facilitar a vida e ajudar os clientes, assessorando-os e promovendo a resolução de seus problemas, sob pena de tornar-se obsoleto.

É fato que as pessoas necessitam do suporte profissional do advogado – mas com outra mentalidade, isto é, que seja a base para o exercício da autonomia e garantia de seus direitos, atuando para a construção conjunta da solução.

Assim, a institucionalização dos meios de resolução de conflitos no século XXI passa a requerer a colaboração não apenas entre as partes envolvidas em uma disputa, mas também entre o advogado e seu cliente.

Como os advogados podem participar desta mudança de paradigma?

Como os clientes podem ser incluídos e podem participar como verdadeiros sujeitos da resolução de suas questões?

Ampliando o campo: visão estratégica sobre o conflito

Neste mundo globalizado em que o dinamismo das relações nos traz a sensação de que o tempo está passando mais rápido, cada vez mais é necessário atuar estrategicamente em todos os setores da sociedade, a fim de mitigar riscos e solucionar, de forma ágil, econômica e eficiente, os problemas que possam surgir no cotidiano dos indivíduos e das organizações.

O termo estratégia existe há muito tempo e, ao longo dos anos, seu conceito prático e teórico foi sendo desenvolvido por estudiosos das mais diferentes áreas, que se aprofundaram no tema e hoje influenciam como as nações, organizações e os indivíduos tomam decisões. Desde logo, frise-se que, ainda que aparentemente exista maior reflexo na área empresarial, o uso da visão estratégica dá suporte para tratar de qualquer tipo de relação, sendo importante pensar de forma interdisciplinar ao estruturar um plano de ação que seja capaz de atender os objetivos e metas traçadas. Ou seja, mais importante que conceituar estratégia, precisamos vivenciar as possibilidades de resolução de conflitos.

O primeiro passo para que o advogado consiga atuar estrategicamente é acrescentar a mentalidade consensual à sua mentalidade litigiosa, deixando de ser apenas o gladiador perante o Poder Judiciário para se tornar um consultor do seu cliente. Nessa condição, orienta-o sobre o método adequado para atravessar a crise, aconselha-o e o assessora com o intuito de construir uma solução para equacionar o problema jurídico por ele enfrentado. Atua de uma forma que possa se adequar às necessidades de seu cliente, que, assim, poderá conseguir resolver o conflito de modo mais eficaz e eficiente, até mesmo prevenindo o surgimento de outros.

O elevado número de processos em trâmite faz com que o Judiciário seja extremamente moroso – perto de 80 milhões em 2019. Nesse sentido, segundo o relatório *Justiça em Números 2019*, produzido pelo Conselho

Nacional de Justiça (CNJ), desde o ajuizamento da demanda no Poder Judiciário até o momento em que o magistrado profere a sentença, o processo leva, em média, 1 ano e 6 meses. Esse tempo é o triplo na fase de execução (4 anos e 9 meses)[102].

Atualmente, não é mais aceitável esperar tanto tempo para resolver apenas uma disputa. Não há sentido algum em manter o litígio, ainda mais quando se percebem todos os desgastes e prejuízos – financeiro, tempo, emocional e/ou relacional – que a via combativa pode causar ao bom andamento das atividades empresariais e às relações interpessoais.

Assim, sob a ótica de uma advocacia estratégica, o advogado deve analisar de forma sistêmica a disputa existente, para buscar a solução mais ágil, menos custosa e que satisfaça os interesses do seu cliente. De acordo com Diego Faleck, em sua obra sobre design de sistemas de disputas, a perspectiva sistêmica implica o mapeamento do problema/conflito, a fim de compreender o ambiente e contexto em que as partes estão inseridas, interesses e objetivos em jogo, as características da disputa, bem como para identificar quais são os canais e mecanismos de resolução de disputas mais adequados para solucionar o problema existente (FALECK, 2018, p. 30).

Além de analisar sistematicamente todo o contexto da disputa, é de extrema importância que o advogado tenha conhecimentos multidisciplinares para aconselhar o seu cliente, atuando como um real parceiro de negócio. Cada caso e cada área de atuação têm suas peculiaridades. Por exemplo, um advogado que realiza a estruturação de uma operação de M&A (Fusões e Aquisições), além do *know-how* jurídico no âmbito empresarial, deve ter vasto conhecimento em finanças corporativas e contabilidade. Já para o advogado que atua no Direito de Família e Sucessões importa ter fortes habi-

---

102. Disponível em: https://www.cnj.jus.br/julgamento-dos-processos-mais-antigos-reduz-tempo-medio-do-acervo/#:~:text=Leva-se%2C%20em%20m%C3%A9dia%2C,4%20meses%20nas%20varas%20estaduas. Acesso em: 05 jan. 2021.

lidades no campo da comunicação e conhecimento da psicologia humana, para auxiliar as pessoas na condução de alguns conflitos com a alta carga emocional envolvida na situação.

Assim, o advogado deve, através de uma visão sistêmica e multidisciplinar do conflito, adaptar-se às necessidades do caso concreto, para conseguir construir de forma criativa, e em conjunto com seu cliente, estratégias que sejam capazes de atender satisfatoriamente os interesses das partes. Para isso, é essencial que o profissional conheça todos os procedimentos de resolução de conflitos disponíveis no mercado, como também esteja preparado para trabalhar de forma interdisciplinar com profissionais de outras áreas, atuando junto com eles em equipe no manejo do conflito.

Nesse sentido, ao compreender as características e funcionalidades de cada procedimento, cabe a esse advogado solucionador de problemas mapear profundamente o conflito, diagnosticando estrategicamente junto de seu cliente o canal mais adequado para solucionar a disputa existente da melhor forma possível, pensando em riscos, tempo, custos, enfim, em todos os elementos e valores que estão em questão.

Além da necessidade de ter conhecimento sobre os métodos existentes e técnicas que auxiliam na tomada estratégica de decisão, é imprescindível que este advogado tenha uma escuta empática dos problemas do seu cliente, a fim de melhorar o canal de comunicação entre eles e para que fiquem claros quais são os reais interesses daquela pessoa que está buscando ajuda. Um canal de comunicação aberto e sincero entre cliente e advogado também é uma ferramenta estratégica, pois, além de auxiliar na compreensão de todo o contexto do conflito, é essencial para criar confiança na relação e trazer legitimidade para os caminhos que serão propostos por este profissional solucionador de problemas.

O advogado deve escutar seu cliente, ampliando seu entendimento para além das normas aplicáveis à questão, entendendo sua reação diante dos fatos narrados: como ele acha que sua reputação e imagem possam ter sido maculadas no mercado e na família, o que ele entende por ajuda e resolução do problema. Enfim, o advogado deve estar disponível para a fala do cliente, colocando-se no papel inicial de "não saber" para reconhecer a posição da qual o cliente parte e a crise por ele sentida – para além das questões jurídicas.

Interesses próprios do advogado x interesses do cliente

Muito se tem falado sobre a Advocacia 5.0 com *lawtechs* e *startups* que possuem soluções tecnológicas para o mercado jurídico, que objetivam aumentar a produtividade e eficiência com redução de custos e tempo para que os profissionais do Direito possam se dedicar a atividades mais sofisticadas e de maior carga intelectual.

A tendência é que atividades operacionais, repetitivas, padronizadas, que possam ser traduzidas em algoritmos, sejam realizadas por meio de *softwares*, cabendo ao operador do Direito fazer a análise, um refinamento das informações compiladas pela inteligência artificial, e oferecer ao cliente a solução jurídica mais adequada ao problema que ele está vivenciando. Caberá ao advogado ser humano diante das necessidades e fragilidades apresentadas por seu cliente, dedicando-se a questões complexas, relacionais e multifatoriais.

No contexto atual, o acesso à quantidade de informações aumentou exponencialmente, gerando mudanças rápidas e bruscas de opinião e comportamento, levando a incertezas, ambiguidades, ansiedade, polarizações, distanciamento, incremento de crises de comunicação e interpessoais.

Nesse cenário VUCA (sigla em inglês para volatilidade, incerteza, complexidade e ambiguidade), os profissionais que tenham inteligência emocional, detentores das tão faladas *soft skills*, habilidades e competências relacionadas ao comportamento humano, sobressairão.

Pensemos na relação cliente e advogado dentro desse cenário.

O cliente deposita no advogado a obrigação de resolver o seu problema, transferindo-lhe a responsabilidade de solucioná-lo, bem como a crise instaurada juntamente com todos os rancores, medos, frustações, anseios que a ela vem aderidos por seu olhar sobre a questão e sua história de vida e/ou organizacional, impondo-lhe a árdua missão de fazê-lo em curto espaço de tempo e com o menor custo possível.

O advogado, por sua vez, assume este papel e, ao ouvir seu cliente, pega para si a resolução do problema, sem, contudo, questionar se lhe cabe esse papel de "salvador", absorvendo a necessidade de resolvê-lo, dentro do menor tempo possível, da forma mais combativa e com o menor custo.

Nascem aqui muitas vezes os primeiros ruídos de comunicação na relação entre cliente e advogado. No lugar de conversar sobre o contexto em que o problema do cliente está inserido e os efeitos relacionais adjacentes à crise por ele instaurada, delimitando-se os respectivos papéis e assunções de responsabilidade, investigando com o cliente, por meio de perguntas, os reais interesses ou até mesmo entendendo, na perspectiva do cliente, o que significaria uma solução satisfatória para o problema apresentado, o advogado abraça a causa e absorve o problema como sendo seu, passando a enxergá-lo sob sua perspectiva e não mais pela perspectiva do cliente. A resolução da disputa passa a ser uma "questão de honra" para o advogado-tubarão, que precisa o tempo todo demonstrar e exibir sua *expertise*.

Propomos que o primeiro contato entre cliente e advogado seja uma oportunidade de investigarem juntos os interesses subjacentes ao problema, direcionando a conversa sobre os possíveis cenários de solução à questão jurídica, às condutas que devem ser assumidas em caso de se optar por um outro cenário: quais informações devem buscar com relação à outra parte? Qual é o perfil do advogado por ela contratado? Com isso, será possível chegar ao desenho de uma estratégia de comunicação, negociação ou até combate da crise enfrentada.

É importante, então, que o advogado tenha muito claro e separado dentro de si quais são seus interesses, quais são os interesses de seu cliente, da outra parte e do advogado da outra parte, se possível. A comunicação empática fará com que advogado e cliente possam se comunicar de forma mais objetiva, assertiva e clara diante dos interesses das outras partes envolvidas na disputa. Afinal, entender o mundo pela perspectiva do outro não significa concordância necessariamente: trata-se de propiciar espaço dialógico para mútua compreensão, uma vez que é da base do ser humano mover-se para buscar seus interesses e satisfazer suas necessidades.

Entendemos que, após esta delimitação de interesses, o advogado poderá pensar em uma proposta de trabalho condizente com aquele momento suportado pelo cliente e o trabalho a ser desenvolvido ao longo da sua prestação de serviços.

Honorários

Ao receber uma proposta de honorários pautada nos seus interesses, não vinculada à prática do mercado, desatrelada do seu patrimônio pessoal, com foco na resolução do seu problema, prevendo assessoramento sob medida que o acompanhe durante todo processo de resolução até o encerramento da disputa, o cliente conseguirá enxergar o valor da prestação dos serviços, do trabalho dos profissionais envolvidos, e não apenas ater-se ao valor financeiro da proposta.

Isto em contraposição àquele advogado-tubarão que, ao elaborar a sua proposta de honorários, prendia-se a critérios como o maior preço aceitável pelo cliente; as chances de êxito em uma demanda judicial; sua atuação combativa, através de processos e recursos infindáveis e na comparação com outros colegas. Ademais, a proposta do advogado-tubarão é embasada pelo imediatismo de fechar mais uma proposta de trabalho e "vencer" a concorrência – sem necessariamente resolver o conflito do cliente...

O advogado contemporâneo poderá se libertar destas amarras competitivas e combativas.

Uma proposta de honorários pautada nos interesses do cliente e do advogado, que atuarão como parceiros, olhará para uma direção conjunta, refletindo sobre o valor que o trabalho do profissional agregará àquele cliente, baseado na sua experiência e *expertise*, bem como sobre os aspectos mercadológicos, operacionais e financeiros para a manutenção do escritório contratado.

Os aspectos mercadológicos são fatores externos, portanto fora do controle do advogado. Porém, os aspectos operacionais e financeiros são fatores internos que o advogado deve controlar para influir direta e positivamente para a boa gestão de seu escritório e a adequada precificação de seus honorários, levando em consideração a mão de obra que será envolvida, a duração do trabalho, os custos diretos e indiretos para a realização e entrega do trabalho, criando um cálculo potencial de faturamento que entenda cabível dentro da meta financeira estipulada em seu planejamento estratégico. O advogado oferece seus serviços e sua *expertise* e deve cobrar por isto, sem, no entanto, atrelar seus ganhos ao patrimônio do cliente.

Tal conduta profissionalizada, num contexto de planejamento e sustentabilidade estratégica, dará a ele maior robustez, inclusive para negociar os honorários com seu cliente, na medida em que demonstrará racional estratégico para a referida precificação.

Por sua vez, o cliente se sentirá reconhecido, valorizado e pertencente àquela relação, e poderá, igualmente, valorizar seu advogado, reconhecendo seus atributos, posicionamento no mercado, marca jurídica pessoal ou da banca, recebendo a proposta de trabalho com outra perspectiva, deixando de ser o valor dos honorários o único balizador para a contratação do trabalho.

Com essa valorização mútua, visão estratégica e de parceria, o advogado ganha liberdade no exercício de seu papel social para atuar, inclusive, de forma *pro bono*, ou mesmo cobrando honorários simbólicos daqueles clientes que gostariam de contratar seus serviços, mas não têm recursos financeiros para tanto. Evidentemente, há diferenças entre a atuação em escritórios de maior ou menor porte, que terão diferentes condições de flexibilizar a cobrança de honorários.

Aliança entre advogado e cliente

Ao pensar na aliança formada entre advogado e cliente, passa a ser imprescindível também pensar na escuta ativa e humanizada e, assim, instigar a percepção de que ambos têm necessidades próprias e individuais e que da relação entre eles emergirá um outro elemento – não necessariamente um *mix* entre as necessidades próprias e individuais ou uma intersecção entre as duas falas, mas um novo sistema relacional, em que a movimentação de cada elemento interferirá no todo.

O advogado terá vantagens em suas tarefas se entender e aprender com o cliente o negócio e o segmento em que ele está inserido, estudando e reavaliando a análise já realizada. Dessa maneira, o advogado pensará estrategicamente qual método poderá propiciar uma resolução integrada que abrace diversos aspectos da questão. O advogado contemporâneo prepara-se para verificar, dentre os métodos ofertados, qual é a opção que se encaixa e atende os seus interesses e as necessidades de seu cliente.

O advogado que escuta seu cliente amplia sua compreensão para além das normas aplicáveis à questão. Entendendo a reação do cliente diante dos fatos, é capaz de compreender qual é a ajuda efetivamente buscada pelo cliente e quais são as possíveis resoluções desejadas pelas pessoas envolvidas no problema.

A partir desses elementos é que o advogado poderá oferecer opções de caminho de desfecho, não necessariamente por meio da geração de mais um processo, demonstrando os prós e contras de cada método com relação à duração do procedimento, aos custos envolvidos, aos riscos quanto à imagem/reputação, entre outros.

O posicionamento lado a lado de cliente e advogado propiciará ambiente colaborativo, pautado na transparência e na clareza das informações, fortalecendo a confiança e o apoio mútuos para que o cliente consiga percorrer o caminho adequado na busca da resolução da questão enfrentada. Ambos terão plena consciência do papel que devem exercer, posto que separados cada olhar e cada contexto, havendo valor agregado para cada um que compõe esse sistema relacional.

Considerações finais – um convite à reflexão

Por todo o aqui exposto e, ainda, observando a proliferação de *sites* com aconselhamento legal que permitem que o cliente busque seu próprio diagnóstico, o "novo advogado" tem consciência de que seus clientes são mais bem informados que os da geração anterior. Escutando seu cliente, o advogado descobrirá se ele prefere manter certo controle sobre os resultados da "causa", ao invés de entregar o problema para que o "causídico" proponha uma ação judicial com sua narrativa misteriosa e intrincada, justificada sob a "técnica jurídica". Além disto, consideremos que os clientes hoje valorizam a possibilidade de obter resultados mais imediatos, investindo menos no pagamento de honorários – não se deram à toa o sucesso dos Juizados Especiais e o crescimento dos CEJUSCs – Centros Judiciais de Solução de Conflitos e Cidadania.

Fica evidente a necessidade de reformularmos as noções sobre advocacia para abrir espaço para outros exercícios, mudando o rumo em direção ao consentimento informado e à parceria com o cliente, como também com outros profissionais, atuando interdisciplinarmente.

O trabalho conjunto com profissionais de diferentes campos do saber se mostra muito útil ao advogado, uma vez que conflitos não são meramente jurídicos e envolvem outras esferas de conhecimentos técnicos, que podem ser muito proveitosas para o efetivo atendimento das necessidades do cliente e para ampliar as possibilidades de resolução de um conflito. A título de exemplo, pensemos em como os saberes agregados por outras áreas podem levar luz aos mais diversos tipos de disputas: economistas, administradores, engenheiros, arquitetos, encanadores, pedreiros, psicólogos, médicos, entre infinitos conhecimentos.

O advogado do futuro – ou os advogados que queremos ser hoje – atua com mais simplicidade e clareza em busca de comunicação efetiva com os clientes, estando aberto para misturar técnicas a fim de melhor atender às necessidades dos clientes. É capaz de trabalhar de forma verdadeiramente interdisciplinar, com a participação direta de profissionais de outras áreas, criando formas de relações e conversações que convidam os participantes a acessar sua criatividade e gerar possibilidades que contribuem para a construção dos resultados que atendem os interesses de quem precisa dos serviços advocatícios e remunera para tanto.

O advogado que queremos ser não joga fora o advogado que fomos, tampouco permite que vire uma assombração! Trata-se de ajustar os rumos, e a direção a seguir é mais importante que a velocidade; afinal, para mudar cultura, é necessário movimento, não basta um evento. E, com vagar, conseguimos intensificar nosso trabalho, iluminar os desafios e obstáculos, nomeá-los e, então, buscar nossas novas ferramentas de trabalho, adequando nossa linguagem. Sabemos que não há progresso sem resistência, mas estamos diante da oportunidade de fazer uma escolha.

Nós queremos que nosso trabalho seja como o do alfaiate, que conhece as medidas de seu cliente, faz ajustes sempre que necessário, busca entender para qual ocasião servirá aquela vestimenta e qual a temperatura prevista, pergunta se o cliente pretende usar acessórios, se fará um penteado especial, como os demais participantes estarão vestidos, se houve indicação do traje no convite e, principalmente, dentro de quais modelos e tecidos o cliente se sente confortável. O alfaiate cuida de compreender como o cliente imagina que estará naquela ocasião, o que pretende fazer, com quem, se haverá movimentação, se ficará mais parado, para só então modelar a vestimenta.

Nós queremos conhecer a maior variedade possível de métodos de resolução de disputas para informar ao cliente todos os caminhos possíveis para resolver seu problema e, assim, criar a melhor estratégia para atender os seus interesses, de forma duradoura e sustentável, bem como levando em consideração os interesses da comunidade.

E você, qual advogado gostaria de ser?

Se você, caro leitor, é o cliente: que advogado gostaria de contratar?

Referências bibliográficas

FALECK, Diego. *Manual de Design de Sistemas de Disputas: criação estratégica e processos eficazes para tratar conflito*s. Rio de Janeiro: Lumen Juris, 2018.

JUSTIÇA EM NÚMEROS 2019 – Conselho Nacional de Justiça (CNJ). Disponível em: https://www.cnj.jus.br/julgamento-dos-processos-mais-antigos-reduz-tempo-medio-do-acervo/#:~:text=Leva-se%2C%20em%20m%C3%A9dia%2C,4%20meses%20nas%20varas%20estaduas. Acesso em: 05 jan. 2021.

OLIVEIRA E TELLES, M.C. Sobre tubarões e golfinhos. *In*: PEREIRA, Tania da Silva; COLTRO, Antonio Carlos Mathias; OLIVEIRA, Guilherme (Orgs.). *Cuidado e afetividade*. São Paulo: GEN/Atlas, 2017.

SILVA, José Afonso da. *Curso de Direito Constitucional Positivo*. 21ª Ed. São Paulo: Malheiros, 2002.

WATANABE, Kazuo. Cultura da sentença e cultura da pacificação. *In*: YARSHEL, Flávio Luiz; MORAES, Maurício Zanoide de (Coords.). *Estudos em homenagem à professora Ada Pellegrini Grinover*. São Paulo: DPJ, 2005.

11. RESSIGNIFICAÇÃO DO SISTEMA – BUSCANDO UMA NOVA ORDEM JURÍDICA ATRAVÉS DO DIÁLOGO MULTIDISCIPLINAR

Adolfo Braga Neto, Agenor Lisot, Beatriz Vidigal Xavier da Silveira Rosa, Flavia Scarpinella Bueno, Miriam Bobrow e Valéria de Sousa Pinto

Introdução

Ao final de um trabalho desenvolvido a muitas mãos, nascido de ideias que visam a um ambiente mais próspero, acolhedor e pacífico, em que se pretende que a sociedade recupere a responsabilidade da tomada de decisões sobre seus conflitos, na medida em que eles são próprios e por si devem ser solucionados, chega-se ao desafio mundial de alcançar metas desenhadas, para conquistar o desenvolvimento sustentável do planeta como um todo.

Os Objetivos de Desenvolvimento Sustentável – ODSs constituem um plano de ação global para eliminar a fome e a miséria extremas, oferecer educação de qualidade e condições ambientais ao logo da vida, proteger o planeta e promover comunidades pacíficas e inclusivas até o ano de 2030. Estão compreendidos em 17 objetivos e 169 metas, que, através de uma abordagem global para atender às necessidades de todos os seres viventes e proteger seus direitos, afetam a vida de todos, tendo sido estabelecidos de forma a tocar diversas áreas de nossas vidas, mas não para serem individualmente considerados.

Busca-se com o presente artigo provocar o repensar da justiça no âmbito do território nacional, visando atender o ODS 16 – Paz, Justiça e Institui-ções Eficazes da Agenda 2030, através da análise conjunta e tangencial dos ODS 4 – Educação de Qualidade, ODS 8 – Trabalho Decente e Crescimen-to Econômico, ODS 9 – Indústria, Inovação e Infraestrutura, ODS 10 – Re-dução das Desigualdades, ODS 11 – Cidades e Comunidades Sustentáveis e ODS 17 – Parcerias e Meios de Implementação[103].

Ao comprometer-se com a Agenda 2030, o Brasil atribui a seus cidadãos e suas instituições o dever cívico de mudar a forma de pensar e agir, para al-cançar metas de desenvolvimento humano que contribuam para a promoção da paz e da igualdade ao redor do planeta. A reflexão que se incentiva é de, através das opções de resolução de disputas disponíveis, aliadas às multidis-ciplinas que podem ser envolvidas nos processos, alcançar o ODS 16 em sua plenitude, entregando à sociedade paz, justiça e instituições eficazes.

O objetivo do presente artigo terá sido atingido se, ao final deste livro, inspirações acerca da necessidade de se buscar novas práticas e estímulos sobre o repensar do formato do sistema atual passarem a fazer parte dos pensamentos e, mais ousadamente, alcançarem braços que promovam a necessária ressignificação, para que a justiça cumpra sua premente função social de forma adequada.

A criação da Agenda 2030 e o Brasil dentre seus signatários

A Organização das Nações Unidas foi criada após a Segunda Grande Guerra por 50 países fundadores, dentre eles o Brasil, com a principal mis-são de manter a paz e a segurança internacionais, bem como desenvolver as relações amistosas entre as nações[104], após um sangrento período da histó-ria que deixou um sentimento generalizado de necessidade de se manter a

---

103. Disponível em: http://www.agenda2030.com.br/os_ods/. Acesso em: 07 mar. 2021.

104. Disponível em: http://www.planalto.gov.br/ccivil_03/decreto/1930-1949/D19841.htm. Acesso em: 07 mar. 2021.

paz[105]. Sua especial função internacional é mediar conflitos entre as nações e disseminar a cultura de paz, respeitando os direitos humanos e promovendo o desenvolvimento sustentável (incluindo as vertentes social, econômica e ambiental) e a cooperação entre os povos.

Ao percorrermos as iniciativas oficiais da Organização, a Conferência das Nações Unidas sobre o Meio Ambiente e o Desenvolvimento (Rio/92)[106] foi o primeiro marco internacional na busca explícita de um pacto global para o atingimento do conceito de Desenvolvimento Sustentável, conciliando as exigências de crescimento econômico com as necessidades de proteção ambiental. Em seguida, houve a Rio+10 ou Cúpula Mundial sobre o Desenvolvimento Sustentável, realizada em 2002, cujo objetivo foi a ratificação da intenção das nações em cumprir com os princípios da Rio/92. Depois, foi a vez da Rio+20, em 2013, com a expressiva participação da sociedade civil através de organizações não governamentais – ONGs. O foco de debates esteve na necessidade de se criar um ambiente de governança global em que todos os interessados e atingidos pelas alterações causadas no meio ambiente por atividades antrópicas participassem das discussões sobre como garantir, às gerações futuras, um meio ambiente ecologicamente equilibrado sem privar as gerações presentes do desenvolvimento econômico. Na pauta, estavam incluídos temas como economia verde, desemprego, combate à pobreza, cidades sustentáveis, escassez de recursos naturais e florestais, recursos hídricos, segurança alimentar e mudanças climáticas.

Com os olhos sempre voltados às necessidades globais, a Cúpula do Mi-

---

105. A ONU surgiu para garantir a paz e segurança no mundo. Disponível em: https://www.gov.br/planalto/pt-br/acompanhe-o-planalto/noticias/2019/09/onu-surgiu-para-garantir-a-paz-e-seguranca-do-mundo. Acesso em: 29 dez. 2020.

106. A Conferência de Estocolmo em 1972 já trazia a preocupação com o equilíbrio do desenvolvimento econômico e o futuro das nações, trazendo um paralelo entre o desenvolvimento econômico e a degradação ambiental, indicando os diferentes níveis entre nações desenvolvidas e em desenvolvimento e a necessidade maior destas últimas por recursos naturais para atingimento deste crescimento, mas não empregava expressamente o termo "desenvolvimento sustentável".

lênio das Nações Unidas, em 2000, com anuência de todos os 191 países membros[107], além de diversas ONGs, apresentou os Objetivos do Desenvolvimento do Milênio – ODMs[108], oito metas para serem alcançadas até 2015. Pode-se dizer que o documento intitulado *O futuro que queremos*, no qual os países signatários reafirmaram o compromisso de garantir o desenvolvimento sustentável, considerou os ODMs como propulsores da postura global para a construção de um conjunto de objetivos universais de desenvolvimento sustentável para além de 2015.

No Brasil, a Constituição Federal de 1988, em seu preâmbulo, estabeleceu um Estado Democrático destinado a assegurar, dentre outros, a justiça como valor supremo de uma sociedade fraterna, pluralista e sem preconceitos, fundada na harmonia social e comprometida com a solução pacífica das controvérsias[109]. Vale dizer que, assim como as Nações Unidas, estamos há muito comprometidos com a busca do ODS 16, posto que nossa Carta Magna foi promulgada com ênfase nesta especial finalidade.

Passados 30 anos da promulgação da Constituição de 1988, o Brasil é considerado um país extremamente beligerante, com números exorbitantes de processos litigiosos em andamento, ultrapassando 77 milhões de demandas judiciais em 2019[110].

---

107. Hoje são 193 países membros, pois a Sérvia aderiu em 1/nov/2000 e o Timor Leste em 27/set/2002. Disponível em: https://www.un.org/en/member-states/. Acesso em: 7.mar. 2021.

108. Os Objetivos de Desenvolvimento do Milênio: 1 – Acabar com a fome e a miséria; 2 – Oferecer educação básica de qualidade para todos; 3 – Promover a igualdade entre os sexos e a autonomia das mulheres; 4 – Reduzir a mortalidade infantil; 5 – Melhorar a saúde das gestantes; 6 – Combater a AIDS, a malária e outras doenças; 7 – Garantir qualidade de vida e respeito ao meio ambiente; 8 – Estabelecer parcerias para o desenvolvimento. Disponível em: http://www.odmbrasil.gov.br/os-objetivos-de-desenvolvimento-do-milenio. Acesso em: 9 jan. 2021.

109. Constituição da República Federativa do Brasil. Disponível em: http://www.planalto.gov.br/ccivil_03/constituicao/constituicaocompilado.htm. Acesso em: 29 dez. 2020.

110. *Justiça em Números 2020*. "O Poder Judiciário finalizou o ano de 2019 com 77,1 milhões de processos em tramitação, que aguardavam alguma solução definitiva. Desses, 14,2 milhões, ou seja, 18,5%, estavam suspensos, sobrestados ou em arquivo provisório, e esperavam alguma situação jurídica futura. Dessa forma, desconsiderados tais processos, tem-se que, em andamento, ao final do ano de 2019 existiam 62,9 milhões ações judiciais". p. 93. Disponível em: https://www.cnj.jus.br/wp-content/uploads/2020/08/WEB-V3-Justi%-C3%A7a-em-N%C3%BAmeros-2020-atualizado-em-25-08-2020.pdf. Acesso em: 09 jan. 2021.

Eis que, como se desenvolvessem a agenda em conjunto, no mesmo 2015 é sancionada, no Brasil, em 26 de junho, a Lei nº 13.140, a Lei de Mediação, cinco anos após a Resolução nº 125/2010 do Conselho Nacional de Justiça, que foi o primeiro passo como política pública de desjudicialização das demandas da sociedade, assim como para a tão almejada pacificação social através da justiça e de instituições eficazes.

Cabe lembrar que outras leis nesse mesmo período também foram sancionadas, como estímulo ao uso dos institutos extrajudiciais que acontecem em paralelo ao sistema judicial. E em um país com o *status* acima, tais institutos demonstram-se e têm-se comprovado como meios eficazes para se atingir o ODS 16.

O caminhar dentre os ODSs para o alcance da ressignificação do sistema

Quando se trata de ressignificação, fala-se em resgate da função social do Judiciário para alcançar o fim ao qual se destina: oferecer à sociedade a justiça digna à qual tem direito e pela qual tanto anseia.

Os ODSs da Agenda 2030 buscam, cada um com seu foco específico, reunificar o planeta, reduzir suas desigualdades e fortalecer os direitos humanos, de modo a permitir a evolução equilibrada de todo o mundo, independentemente de sua raça, credo, idioma ou tradição.

Para o trabalho aqui desenvolvido, que apenas pretende iniciar o debate acerca da real possibilidade de ressignificação do sistema nacional, encontram-se, dentre os dezessete ODSs elencados, o que a seguir se analisa com mais detalhes, por entendermos serem os mais significativos para a evolução e revolução necessárias ao alcance da ressignificação pretendida.

ODS 4 – Educação de Qualidade

Incontestável a importância da educação para todo o desenvolvimento do planeta e para o bem-estar das pessoas. A educação básica de qualidade é um dos grandes desafios ao redor do mundo, especialmente em países em desenvolvimento e nos subdesenvolvidos.

A Agenda 2030 elenca em suas metas, para alcançar o ODS 4, a ampliação substancial do contingente de professores qualificados, bem como o de jovens e adultos com competência técnica e profissional. Almeja garantir a todas as crianças a possibilidade do melhor desenvolvimento na primeira infância, a oportunidade de completarem o ensino primário e secundário com a expectativa do ensino superior ou técnico, para vislumbrarem reais possibilidades de trabalho digno e empreendedorismo, garantindo a todas o pleno exercício de sua cidadania através da possibilidade de desenvolver integralmente suas capacidades e habilidades.

Os desafios estão expostos, ao redor do mundo. As dificuldades são de conhecimento geral e, até aqui, não se tem notícia de avanços globais nesse sentido. Tem-se o empenho de representantes da sociedade civil em projetos pontuais[111], mas que ainda mantêm o Brasil dentre os países com os mais baixos índices de educação no mundo, tornando impossível um melhor e mais íntegro avanço do país, posto que sem educação de qualidade as crianças não criam perspectiva de futuro promissor, não desenvolvem seu melhor potencial, não vislumbram uma real e efetiva mudança em suas vidas. Estabelece-se o ciclo vicioso em detrimento do virtuoso, quando poderiam ser criadas, desde a primeira infância, expectativas de uma realidade menos dura, com opções concretas de objetivos alcançados, carreiras prósperas e do futuro digno que todas merecem.

---

111. Organização da Sociedade Civil e Escola Pública. Disponível em: https://fundacao-itau-social-producao. s3.amazonaws.com. Acesso em: 02 mar. 2021.

Com os olhos voltados aos objetivos e metas do ODS 4, a fim de se estabelecer a relação deste com o ODS 16, é válido concluir que uma sociedade amplamente educada e culta, com chances reais de alcançar suas melhores pretensões no futuro, é também, por consequência, mais pacífica, mais justa, o que diretamente contribuirá para exigir e fiscalizar suas instituições, tornando-as mais eficazes.

ODS 8 – Trabalho Decente e Crescimento Econômico

Os ODSs foram desenhados com metas sugeridas, a fim de direcionar o andamento das ações e alcance de seus resultados.

A busca de algumas metas previstas no ODS 8 visa fomentar o engajamento e fortalecer o ODS 16, na medida em que propicia a abertura de outras portas de acesso à justiça, para além do Poder Judiciário.

As metas do ODS 8 unem o crescimento econômico e níveis mais elevados de produtividade das economias como peças essenciais para a criação, expansão e manutenção da empregabilidade com melhores condições de trabalho em ambientes seguros, erradicação do trabalho forçado, ampliação da empregabilidade de mulheres e jovens de forma decente, com remuneração equilibrada entre trabalho e valor.

Especialmente no Brasil, a reforma trabalhista passa a prever as alternativas ao Judiciário como opção de resolução das demandas na área, ao considerar os acordos extrajudiciais e ao permitir a oportunidade para a mediação como método eficaz para se alcançar o equilíbrio de interesses entre empregado e empregador, com mais agilidade e menor custo.

Possibilita estabelecer acordos que, por via indireta, fortalecem o cumprimento das normas trabalhistas, na medida em que dá voz às partes e aos interesses em jogo, posto que propicia um ambiente seguro para a construção de relações de ganhos mútuos e educa as partes para o cumprimento *per se* das normas trabalhistas sem exageros e/ou desequilíbrios próprios de decisões judiciais, que tendem a favorecer um lado em detrimento do outro.

ODS 9 – Indústria, Inovação e Infraestrutura

A ideia do ODS 9 foi construir infraestruturas resilientes, promover a industrialização inclusiva e sustentável e fomentar a inovação. Nações industrializadas geram empregos de qualidade, o que impacta o crescimento social como um todo. Uma indústria forte permite o progresso de novas tecnologias, através da inovação, e encoraja investimentos em infraestruturas de qualidade e sustentáveis. O resultado será o crescimento econômico, a inclusão social e tecnológica, com a promoção de informação correta, de forma que a sociedade tenha melhor clareza sobre suas alternativas de justiça além do Judiciário.

Entre as metas do ODS 9 estão a universalização da internet, a expansão tecnológica e da pesquisa e inovação em todos os países, a facilitação da melhoria das infraestruturas de países menos favorecidos, além da modernização e reabilitação de indústrias, para que se tornem sustentáveis. As metas do ODS 9 preveem a valorização das micro e pequenas empresas e a inclusão dos mais vulneráveis nos sistemas financeiro e produtivo, para despertar, desta forma, a evolução do bem-estar humano.

O Brasil compreendeu que a universalização da internet é condição fundamental, no tempo atual, para a evolução social e econômico. Um exemplo disso foi a criação do Programa Norte Conectado, que tem a finalidade de expandir a infraestrutura de comunicações na Região Amazônica, por meio da implantação de um *backbone* em fibra ótica, para atender a políticas públicas de telecomunicações, educação, pesquisa, saúde, defesa e do Judiciário e ampliar o acesso à internet. O programa pretende atender cerca de 9,2 milhões de habitantes.

ODS 10 – Redução das Desigualdades

Perceber que a desigualdade faz parte do que é ser humano, pode ser um primeiro passo para reduzi-la.

Tratar as desigualdades como características próprias e não defeitos permite modificar a visão que se tem do outro e passar a vê-lo simplesmente por quem é, pelo que representa, e não como alguém que não pertence a um determinado contexto. Desigualdade é, tão somente, o estado de coisas ou pessoas que não são iguais entre si, segundo a definição do Oxford Languages[112].

Ao partir do conceito de desigualdade, o olhar passa a ser mais leve, posto que não aponta dedos ou condena aqueles que pensam ou agem de formas diversas. O aceitar passa a ser o grande desafio deste ODS 10, que pretende com suas dez metas promover o avanço mais equalitário possível, ao conferir, especialmente às vítimas dos fluxos migratórios em razão das zonas de conflito em seus países de origem, condições de sobrevivência e reconstrução de suas vidas.

O obstáculo do ODS 10 é alcançar o equilíbrio financeiro com sustentabilidade e melhoria de renda, especialmente da população mais pobre, nos países de menor desenvolvimento relativo, com a adoção de medidas que visem à redução de custos com progresso econômico, salarial e adoção de políticas que empoderem e promovam a inclusão social, econômica e política de todos[113].

O acesso à justiça se enquadra na meta do ODS 10 de garantia da igualdade de oportunidades e redução de desigualdades de resultados, por meio

---

112. Dicionário – desigualdade. Disponível em: https://www.google.com/search?q=desigualdade&oq=desigualdade&aqs=chrome..0i433j69i57j0j0i131i433i0i433l2j0i131i433j0l3.9074j1j7&sourceid=chrome&ie=UTF-8. Acesso em: 02 mar. 2021.

113. Os 17 Objetivos de Desenvolvimento Sustentável. Objetivo 10. Redução da Desigualdade. Meta 10.2. Disponível em: http://www.agenda2030.com.br/ods/10/. Acesso em: 03 de mar 2021.

da promoção de legislação e práticas que permitam às populações desiguais ter a chance de justiça adequada e em tempo.

ODS 11 – Cidades e Comunidades Sustentáveis

O ODS 11, por sua vez, prevê o aprimorar as capacidades para a gestão participativa, integrada e sustentável dos assentamentos humanos, bem como a urbanização inclusiva e sustentável; a redução do número de pessoas residentes em áreas de risco, assim como do número de mortes e impacto por desastres naturais; a redução do impacto ambiental negativo das cidades, com significativa melhora dos índices de qualidade do ar e da gestão de resíduos sólidos; e o acesso universal de grupos em situação de vulnerabilidade a espaços públicos seguros, inclusivos, acessíveis e verdes[114].

Verifica-se que a Lei nº 13.465/2017, que dispôs, no Brasil, sobre a regularização fundiária rural e urbana, prevê o instituto da mediação como método adequado para resolução de controvérsias quando (a) da demarcação urbanística para regularização e caracterização do núcleo urbano informal, remetendo o procedimento aos moldes da Lei de Mediação (§3º do art. 21) e, em caso de não acordo, facultando o emprego da arbitragem (§4º do art. 21); e (b) para lidar com crises advindas da ocupação irregular de áreas que estão sendo objeto de procedimentos administrativos de Regularização Fundiária Urbana ("Reurb"), que abrangem medidas jurídicas urbanísticas, ambientais e sociais destinadas à incorporação dos núcleos urbanos informais ao ordenamento territorial urbano e à titulação de seus ocupantes (art. 1º c/c art. 34).

Perfazer o caminho do ODS 11 propiciará o impulso de instituições eficazes de justiça (ODS 16). A lei brasileira que regulariza as ocupações urbanas em áreas de risco, que impactam o meio ambiente, especialmente

---

114. Objetivos de Desenvolvimento Sustentável. Disponível em: https://www.ipea.gov.br/ods/ods11.html. Acesso em: 13 fev. 2021.

mananciais hídricos, pela poluição doméstica e falta de saneamento, com descarte elevado de rejeitos e onde reside população vulnerável, incentiva o uso de outra porta de acesso à justiça que não o Judiciário.

A escolha dessa porta deve-se ao fato de trazer um componente dialógico forte e útil para lidar com crises relacionadas a direitos horizontalmente protegidos, para os quais se faz necessário equilibrar os direitos e criar conjuntamente uma solução eficaz para resolução do deslinde, de modo que todas as partes saiam satisfeitas.

ODS 17 – Parcerias e Meios de Implementação

O ODS 17 pretende fortalecer os meios de implementação e revitalização da parceria global para o progresso sustentável. Observou-se que somente se alcançará o crescimento sustentado com o compromisso das comunidades internacional e locais e a ampla parceria dos setores afetados pelos processos de desenvolvimento.

Nesta ótica enquadra-se a busca de alternativas para a solução dos conflitos, ao estimular o Judiciário a exercer sua função social, para permitir o acesso de populações que não têm outra escolha, devido à sua condição socioeconômica.

As parcerias do Judiciário brasileiro com a iniciativa privada, através de convênios com câmaras privadas de resolução de conflitos, bem como programas do tipo "Empresa Amiga da Justiça"[115] promovido pelo Tribunal de Justiça do Estado de São Paulo, são extremamente bem-vindas, pois mostram à sociedade que existem outras formas de alcançar a justiça, de forma satisfatória e tempestiva.

---

115. Objetiva incentivar a utilização de métodos autocompositivos de solução de conflitos, como a mediação e a conciliação, entre as empresas e seus clientes ou usuários, a fim de fomentar a cultura da pacificação social, principalmente no que se refere aos conflitos consumeristas, evitando a excessiva judicialização. Disponível em: https://www.tjsp.jus.br/Conciliacao/Conciliacao/EmpresaAmigaJustica. Acesso em: 07 mar. 2021.

Direito, Psicologia e Ciências Exatas – multidisciplinariedade em direção ao ODS 16

Analisar os ODSs de maneira integrada, a fim de minimizar as desigualdades, ao proporcionar uma justiça mais equilibrada e expandir a probabilidade de alcance da paz, direciona-nos para um trabalho síncrono de saberes que auxilia na construção de soluções mais amplas e mais bem desenhadas, através da multidisciplinaridade.

A conquista da justiça não se dá, meramente, pela aplicação das normas legais. A justiça só terá obtido seu propósito quando o jurisdicionado sentir o seu direito respeitado sob todos os pontos de vista, desde a aplicação da norma legal à justa retribuição ao eventual dano recebido ou causado, de forma tempestiva.

O conceito de Direito e de como viabilizá-lo tem se revelado através dos tempos como um dos mais, senão o mais, complexos a ser construído, em razão dos infinitos componentes semânticos que a própria palavra comporta.

Difícil também quantificar o número de pensadores que ofereceram e continuam a oferecer o sentido da expressão Direito. Para muitos, é um componente que se faz imprescindível para o viver e a convivência do ser humano com seus iguais. Alguns o concebem como elemento a ser buscado nas relações entre os seres humanos, necessitando estar definido entre eles. E outros, ainda, consideram ser um componente do próprio ser humano, pressuposto de sua natureza. Há, também, os que o veem como elemento meramente político. Com origem no latim *directum*, engloba também outros significados, refletindo distintas percepções e uma multiformidade por demais complexa.

Como ciência humana, o Direito desenvolve raciocínio de maneira explicativa e compreensiva, uma vez que repousa sobre valores e, assim, tem como principal objetivo o bom convívio social. Para tanto, é preciso investigar o sentido de determinadas ações, bem como todos os tipos de comportamentos humanos e suas consequências, a fim de valorá-los.

A valoração das condutas humanas se faz segundo as noções gerais de bem comum e vem sendo entendida como o principal caminho para a pacificação social. No final das contas, as ciências humanas visam ao equilíbrio dos conflitos sociais.

Os conflitos são multifatoriais e envolvem componentes diversos, sociais, financeiros, emocionais e legais, além de suas variáveis. As questões conflituosas são multifacetadas, com aspectos surgidos ao longo das interações humanas que, por vezes, escapam à análise do sistema jurídico, o qual, aplicando a norma de forma isolada, sem considerar a habilidade do profissional e a técnica, não entregará aos envolvidos o sentimento de reconhecimento de seus direitos.

Neste contexto, de busca por uma justiça mais ampla e para atender a todas as demandas e necessidades da sociedade, as demais disciplinas passam a ter relevância fundamental. As pessoas muitas vezes pretendem o que deduzem ou acreditam ser justo, não necessariamente o determinado em lei.

Com um olhar combalido acerca dos resultados do litígio sobre seus clientes, ainda que favoráveis a seus pleitos, o advogado norte-americano Stuart Webb, após anos de advocacia combativa e beligerante, promove uma reviravolta em sua prática, ao presenciar a destruição causada por um processo, nas palavras dele, "um verdadeiro mostruário de tudo que há de errado com o litígio(...)"(WEBB; OUSKY, 2017, p. 13), nascendo assim a advocacia colaborativa (*Id.ibid.*, p. 13).

Conjuntamente com os métodos adequados de resolução de conflitos, passa a fomentar uma nova cultura de solução para disputas, familiares ou empresariais, ao encorajar procedimentos multidisciplinares e consensuais de construção de decisões.

É sabido que grandes emoções, tais como raiva, mágoa, dor, decepção, tristeza e medo, dificultam sobremaneira a capacidade de enxergar o problema de forma mais racional, afetando não só a tomada de decisões, mas também prejudicando a capacidade de pensar com clareza, foco e criatividade. Portanto, quanto antes for dada a chance de se lidar com essas emoções, menos prejudicial será o desempenho das partes no processo.

No contexto colaborativo, o psicólogo tem como objetivo central criar um ambiente construtivo entre as pessoas envolvidas em situação conflituosa, de forma que elas possam, juntas, trabalhar proativamente e lidar com as complexidades emocionais que possam vir a interferir e dificultar o lado racional durante todo o processo de negociação, especialmente no que diz respeito às questões de natureza legal.

Deve-se ainda agregar a este contexto a dificuldade de comunicação entre as pessoas sobre questões importantes, que faz com que, muitas vezes, não consigam ter clareza daquilo que o processo legal exige. Importante lembrar sempre que as pessoas são parte do problema e, ao mesmo tempo, parte da solução. (TESLER; THOMPSON; 2017, p. 122).

O psicólogo é treinado para a escuta e o acolhimento das emoções que permeiam um conflito. As técnicas de escuta ativa e apreciativa dominadas pelo psicólogo podem contribuir para o melhor desenvolvimento do trabalho dos advogados, sejam eles focados na resolução de conflitos baseada nos reais interesses de seus clientes ou aqueles focados no litigar, contrapor ou contestar.

A soma dos saberes jurídicos e relacionais aprimora a escuta das partes envolvidas e propicia novas condições para a melhor realização do trabalho, propiciando melhor resultado ao cliente, tratando as questões com mais propriedade.

A parceria entre advogados e psicólogos é, indiscutivelmente, bem-sucedida em conflitos envolvendo relações continuadas, familiares, seja envolvendo idosos ou crianças, divórcios, sucessão ou empresariais, entre corpo diretivo e colaboradores, fornecedores e clientes.

A presença multidisciplinar nos conflitos não é novidade na solução de conflitos litigiosos, sendo utilizada para auxiliar nas questões financeiras, como planejamento, divisão de patrimônio, sucessão empresarial, investimentos (MOSTEN, 2009, p. 56-58).

O olhar multidisciplinar em um sistema ressignificado difere do momento em que se busca o auxílio do profissional da área técnica, seja ele das ciências exatas, do direito ou da psicologia.

O acompanhamento profissional especializado faz parte do caminho para o encontro da melhor solução, complementando o serviço prestado pelo profissional da área jurídica, criando um procedimento colaborativo do princípio à tomada da melhor decisão para os clientes naquele momento.

Os profissionais da área de exatas, de forma neutra, podem trazer elementos para a análise das partes, tais como análise econômico-financeira ou questões técnicas de engenharia, por exemplo.

Com seu conhecimento técnico, contribuem para a criação de um plano comum, que alcance todos os interesses e objetivos, desenvolvendo opções criativas, oferecendo perspectivas e propostas variadas.

A ciência do Direito e as demais ciências se entrelaçam para devolver ao jurisdicionado a continuidade de sua vida, com o sentimento de que lhe foi devolvido o que lhe pertencia.

ODS 16 – Paz, Justiça e Instituições Eficazes

Desenhar possibilidades a fim de atingir o ODS 16 que busca a Paz, Justiça e Instituições Eficazes[116] é o grande desafio em um contexto humanitário desigual, com realidades tão heterogêneas quanto desproporcionais.

Quando se fala em Paz, Justiça e Instituições Eficazes, adentra-se em campos vastos e controversos que, especialmente nos tempos atuais, parecem girar como pião, sem saber quando e onde vão parar.

O desafio de lançar ideias para ressignificar um sistema é enorme e requer a busca por significados que pretendem um mesmo fim, mas se contradizem quando postos em palavras.

Este livro pretende, tão somente, convidar a sociedade para, através do entendimento de outras possibilidades de tomada de decisão além do Judiciário, ampliar as perspectivas para um sistema que entregue a justiça e ascenda à paz.

O mundo vive um momento inusitado. A agilidade das comunicações, ampliada por redes sociais que disseminam instantaneamente pensamentos, conceitos e ideias a todos os cantos, com as mais variadas formas de pensar, acaba por interferir diretamente em todos os pontos do objetivo 16 da Agenda 2030 da ONU.

Qual justiça será alcançada nos casos que acabam por ser julgados publicamente? Como alcançar a paz enquanto palavras desmedidas são atiradas aos mais diversos alvos, sem considerar seus efeitos e consequências, obrigando o virtual a transpor as barreiras e passar ao mundo real dos julgamentos condenatórios, em indenizações ou retratações que, jamais, angariarão a mesma gama de repercussão que a elas deu origem? Quão eficazes serão as instituições que se deixarem nortear por convicções e con-

---

116. Objetivos de Desenvolvimento Sustentável. Disponível em: https://www.pactoglobal.org.br/ods. Acesso em: 29 dez. 2020.

ceitos exarados sob a proteção das telas de computadores e celulares, sem preocupação com a magnitude das sequelas que deixarão pelo caminho ou com quem atingirão em seu percurso?

Os conceitos de paz e justiça avançam por momentos históricos, linhas de pensamento, crenças religiosas diversas ao redor do mundo, muito embora todas pretendam um mesmo fim: a igualdade de possibilidades, chances e consequências para todos.

Desde Aristóteles, para quem se deve dar aquilo que a cada um é devido (SANDEL, 2020, p. 234), pretende-se conceituar a justiça. Mas seria este modo de pensar o mais justo?

Como Michael J. Sandel provoca, suponhamos que um violino Stradivarius esteja sendo arrematado por um milionário que o pretenda expor em sua sala de visitas, superando a oferta de Itzahk Perlman. "Não consideraríamos isso um desperdício, ou mesmo uma injustiça – não por considerarmos o leilão injusto, mas porque o resultado não é o mais adequado?" (2020, p. 236).

Diante do ODS 16, entende-se o propósito da ONU ao defini-lo como uma de suas dezessete prioridades. Se a nós fosse permitido, ao considerar as dificuldades de priorizar qualquer dos ODSs, colocá-lo-íamos dentre os primeiros, posto que, para se atingir metas em igualdade, sustentabilidade, qualidade em saúde e educação, enfim, de viabilidade de manutenção da vida na Terra, é primordial que nossas instituições sejam eficazes, para permitir alcançar o conceito mais próximo de justiça.

Para atingir este precípuo objetivo, talvez devêssemos, como instiga Bryan Stevenson[117], falar sobre injustiça, pois, segundo ele, "não há desco-

---

117. Advogado americano, ativista de justiça social, fundador e diretor executivo da Equal Justice Initiative e professor de direito na New York University School of Law. Disponível em: https://en.wikipedia.org/wiki/Bryan_Stevenson. Acesso em: 20 jan. 2021.

nexão entre tecnologia e *design* que nos permitirá ser plenamente humanos até prestarmos atenção ao sofrimento, à pobreza, à exclusão, à desigualdade, à injustiça"[118].

Reduzir a violência e a desigualdade e ampliar o diálogo e as possibilidades a todos, para, então, alcançar o objetivo que a nós parece o mais relevante do ODS 16 – a pacificação social.

O desafio de ressignificar o sistema

Já dizia Ruy Barbosa que "a justiça atrasada não é justiça, senão injustiça qualificada e manifesta".

O advento da internet propiciou-nos enxergar, em tempo real, sem cortes ou edições, mandos e desmandos políticos, sociais e jurídicos, das mais diversas naturezas. Ao mesmo tempo, permite-nos ampliar horizontes, estudar conceitos e redefinir convicções que antes poderiam ser julgadas impróprias, incoerentes ou inconsistentes. Possibilitou-nos evoluir como pessoas e cidadãos.

O Brasil é hoje, talvez mais do que nunca, foco de interesse global. Por sua extensão territorial, suas riquezas minerais, suas florestas, sua capacidade produtiva, seu povo e sua alegria. É, entretanto, reconhecido por sua insegurança jurídica e sua beligerância, comprovadas através dos números anualmente compilados pelo Conselho Nacional de Justiça – CNJ desde 2004[119], que, muito embora nos espantem, ainda não foram capazes de nos fazer mudar essa realidade.

É fato que a sociedade está acostumada a recorrer aos chamados ope-

---

118. *We need to talk about an injustice.* Disponível em: https://www.ted.com/talks/bryan_stevenson_we_need_to_talk_about_an_injustice?language=pt-BR. Acesso em: 20 jan. 2021.

119. Conselho Nacional de Justiça. *Justiça em Números.* Disponível em: https://www.cnj.jus.br/pesquisas-judiciarias/justica-em-numeros/. Acesso em: 04 mar. 2021.

radores do Direito para a solução de conflitos. Entretanto, operar o Direito tem se refletido no ato de enquadrar o descontentamento de um cliente a um determinado dispositivo legal, adequá-lo à peça processual e apresentá-lo ao representante do Poder Judiciário, que, ao final de idas e vindas de argumentos relatados por terceiros, decidirá contrariamente à expectativa de alguém, e nem sempre alcançando a esperada justiça tempestivamente.

O sistema, como hoje posto, compele a relatar os fatos a um profissional habilitado à prática da advocacia, que transporá ao papel suas percepções pessoais sobre o problema que o cliente lhe apresentou.

O trâmite do processo legal como o conhecemos é uma corrente de versões escritas e interpretações destas versões de pessoas, para pessoas e por pessoas alheias ao fato que desencadeia o funcionamento do sistema. Sistema este reconhecidamente saturado. Não apenas em razão dos números, mas de todas as partes desta engrenagem que já não atende mais a função social a que se destina: entregar a justiça.

Em 2010, o Conselho Nacional de Justiça[120] iniciou o pavimentar de uma nova estrada a ser percorrida por aqueles que procuram ou operam o sistema judiciário nacional. Em 2015, foi sancionada a Lei de Mediação, juntamente com a mais recente alteração do Código de Processo Civil, o marco legal que orienta o andamento dos procedimentos judiciais no país, para incluir dentre as novas regras o estímulo, para não dizer a obrigatoriedade, ao uso de mediação e conciliação antes ou durante os processos judiciais.

Está, portanto, legalizada a utilização e aplicação dos métodos extrajudiciais de resolução de controvérsias, que outorga aos atos e acordos firmados, com a participação de profissionais da mediação e da conciliação de confiança das partes, a segurança jurídica necessária para seu fiel cumprimento.

---

120. Atos do Conselho Nacional de Justiça. Disponível em: https://atos.cnj.jus.br/atos/detalhar/156. Acesso em: 04 mar. 2021.

Pode-se concluir que as reiteradas resoluções, recomendações e orientações promulgadas pelo Conselho Nacional de Justiça pretendem o resgate da função social deste sistema, a valorização do Judiciário nacional para, finalmente, fazer cumprir sua função social de entregar a justiça à sociedade, para se dedicar com afinco e atenção aos casos de repercussão geral ou às demandas cuja tecnicidade e especialidade exijam a intervenção estatal.

Ademais, o órgão máximo de controle do Judiciário, insistentemente, demonstra que, destarte os melhores esforços para devolver ao cidadão sua dignidade através de decisões proferidas no menor espaço de tempo, com a melhor qualidade possível, ainda é o próprio detentor do problema a melhor chave para abrir a porta da solução. No tempo que lhe é hábil, aos custos com os quais pode arcar, com a especificidade de que necessita, para curar as dores que apenas ele sente e compreende.

Nesse sentido, o presente livro pretende instigar o leitor a reconhecer o poder que dele emana e a ele se pretende que seja devolvido com a promulgação e confirmação da legislação e a aceitação, o estudo e o desenvolvimento dos meios de resolução de conflitos por advogados, psicólogos, profissionais de áreas técnicas, mediadores e conciliadores.

Considerações finais

O fio condutor deste livro é a possibilidade de empoderamento da sociedade e seus cidadãos na tomada de decisões que melhor contemplem a solução dos litígios, para que se adequem às realidades dos envolvidos. Ao partir da premissa de que a tomada de decisão terceirizada, proveniente da sentença judicial proferida pelo poder estatal, pode pôr fim à demanda, não necessariamente ao conflito.

Conflitos são inerentes ao dia a dia do ser humano: as divergências de pensamentos e opiniões, as dificuldades inesperadas que se apresentam e modificam a realidade, trazendo para a rotina o incalculado, o repentino, a disputa.

Optou-se por trazer ao leitor uma realidade que, embora ainda pouco conhecida, oportuniza a cada um trilhar o caminho para a resolução efetiva de disputas das mais diversas naturezas e preserva relações, familiares, empresariais, de trabalho ou amizade.

Na medida em que o sistema, saturado e impossibilitado de cumprir sua função social perante os que dele necessitam e a ele recorrem, aprender, utilizar e estimular os métodos autocompositivos, extrajudiciais, passa a ser opção viável e, ao nosso olhar, mais adequada para se conquistar a efetiva resolução.

A conquista da paz e da justiça estão interligadas. As opções autocompositivas e extrajudiciais de solução de conflito são recursos disponíveis a todos e para todas as disputas. O Brasil já contempla sua aplicação em demandas com a administração pública, casos cíveis e de família e recuperação de empresas.

Alcançar a paz e a justiça deve ser o objetivo comum a todos. Todos temos conflitos e dependemos de sua solução para um caminhar em direção a um planeta menos desigual, mais pacífico e com o olhar para o futuro próspero.

Uma caminhada longa, mas, como todas as outras, deve iniciar com o primeiro passo. Fica a reflexão para que seja com menos envolvimento do Judiciário.

Referências bibliográficas

CAMERON, N.J. *Práticas Colaborativas: Aprofundando o Diálogo*. Rio de Janeiro: Práticas Colaborativas – IBPC, 2019.

MOSTEN, F. S. *Collaborative Divorce Handbook. Helping families without going to court*. San Francisco: Jossey-Bass, 2009.

ROSS, A. *Direito e Justiça*. 2ª Ed. São Paulo: Edipro, 2007.

SANDEL, M. J. *Justiça – O que é fazer a coisa certa*. Rio de Janeiro: Civilização Brasileira, 2020.

TESLER, P.H; THOMPSON, P. *Divórcio Colaborativo – a maneira revolucionária de reestruturar sua família, resolver problemas legais e seguir adiante*. Rio de Janeiro: Práticas Colaborativas – IBPC, 2017.

URY, W.; FISHER, R.; PATTON, B. *Como chegar ao SIM. Como negociar acordos sem fazer concessões*. Rio de Janeiro: Sextante, 2011.

WEBB, S.G.; OUSKU, R.D. *O Caminho Colaborativo para o Divórcio*. Rio de Janeiro: Práticas Colaborativas – IBPC, 2017.

QUEM SÃO OS AUTORES

Adolfo Braga Neto

Advogado, mediador, graduado em Direito pela USP, mestre em Direito Civil pela PUC-SP, além de especialista em Direitos Difusos e Coletivos pela Escola Superior do Ministério Público de São Paulo e em Negociação, Mediação e Arbitragem pela FGV/SP. Presidente do Conselho de Administração do IMAB – Instituto de Mediação e Arbitragem do Brasil, Diretor de Relações Internacionais do CONIMA – Conselho Nacional das Instituições de Mediação e Arbitragem e diretor do ISCT – Institute for the Study of Conflict Transformation.

Agenor Lisot

Economista, mediador, diretor secretário do IMAB – Instituto de Mediação e Arbitragem do Brasil, docente nos cursos de Capacitação de Mediadores, supervisor de Estágios no Escritório Modelo – PUC-SP, perito judicial, mediador na 3ª Vara de Família – Fórum Tatuapé.

Beatriz Vidigal Xavier da Silveira Rosa

Engenheira de Produção Mecânica (UNIP), com MBA em Tecnologia e Gestão de Geração Distribuída e Cogeração (POLI-USP) e especialização em Engenharia de Defesa (IME-Instituto Militar de Engenharia). Árbitra, mediadora, perita de engenharia de tribunal arbitral e judicial, assistente técnica de parte e membro de *dispute board*. Atua em casos judiciais e arbitrais nos setores de Energia (geração, transmissão e distribuição), Edificações e Construção Civil, Plantas Industriais, Transportes (rodoviário e ferroviário), Meio Ambiente e Saneamento, entre outros. Representante para a ONU da IFBPW-International Federation of Business and Professional Women perante a agência UNIDO – United Nations Industry Development Organization. Sócia da Tarobá Engenharia e Negócios Ltda. (Avaliação Neutra, Arbitragem e *Dispute Boards*).

Cecília Patrícia Mattar

Administradora de empresas, advogada, mediadora e conciliadora judicial e extrajudicial certificada ICFML, membro do CONIMA, FONAME, Comissão de Mediação OAB/SP e do CRA/SP – GEMA, pós-graduada em Métodos Alternativos de Resolução de Conflitos pela Universidade Católica do Porto – Portugal, em Direito Empresarial pela EPM/TJSP e em Mediação, Gestão e Resolução de Conflitos pela ESA/MG, mestranda em Métodos Alternativos de Controvérsias Empresariais pela EPD e certificada internacionalmente pelo ODR Practitioner Certificated Program ICFML / Holistic Solutions, facilitadora de círculos restaurativos.

Cristiane Sabino Spina
Advogada, mediadora, conciliadora judicial no TJ/SP, graduada em Direito na Universidade Mackenzie, com capacitação em Mediação (EPM/SP), pós-graduação em Direito do Consumidor (EPM/SP) e em Mediação, Conciliação, Negociação e Arbitragem pela Faculdade Lusófona de SP e formação em Práticas Restaurativas e Circulares pelo IIRP e em Mediação Escolar pela Algi. Fundadora do Instituto Mediapaz.

Flavia Scarpinella Bueno
Mediadora e advogada. Graduada em Direito pela Pontifícia Universidade Católica em São Paulo, com formação em Mediação pela escola Centro & Mediar, curso extensivo pelo Instituto de Mediação e Arbitragem no Brasil (IMAB). Capacitada em Práticas Colaborativas pelo Instituto Brasileiro de Práticas Colaborativas (IBPC), fez workshop em *Dispute Board Resolution* pelo Instituto de Engenharia de São Paulo e curso sobre Práticas Pacificadoras das Relações Familiares na escola da OAB/SP.

Flávio Faibischew Prado
Mediador e advogado. Graduado em Direito pela USP, com especialização em Direito Processual Civil e formações em Mediação pela AASP, pelo Mediativa e pelo IMAB, além de formação em Negociação pela FGV e capacitação em Práticas Colaborativas Interdisciplinares em Direito de Família pelo IBPC. Mediador certificado ICFML, facilitador e capacitador em Práticas de Justiça Restaurativa pelo IIRP e Justiça em Círculo.

José Gabriel Vaz Ferraz
Advogado e mediador de conflitos certificado pelo ICFML. Graduado em Direito pela PUC-PR e pós-graduado em Mediação, Gestão e Resolução de

Conflitos pela ESA/MG. Trabalha na Faleck & Associados, atuando como facilitador em Programa de Indenização de repercussão nacional.

Juliana Guimarães Cruz de Almeida

Advogada e mediadora formada pelo Instituto de Mediação Transformativa Reflexiva – Mediativa, certificada pelo ICFML – Instituto de Certificação e Formação de Mediadores Lusófonos, com curso extensivo pelo Instituto de Mediação e Arbitragem do Brasil – IMAB e formação executiva em negociação e mediação pela Harvard Law School. Graduada em Direito pela Pontifícia Universidade Católica de São Paulo – PUC-SP e especialista em Direito Imobiliário pela mesma instituição, em Direito Tributário pela Fundação Getúlio Vargas – FGV/SP e em Direito Desportivo pelo IBDD – Instituto Brasileiro de Direito Desportivo. Foi professora assistente nas disciplinas Teoria Geral do Estado e Ciências Políticas e em Filosofia do Direito na PUC-SP. Membro da Comissão de Mediação e Conciliação da OAB/SP – 93ª Subseção (Pinheiros) e do IBRADIM – Instituto Brasileiro de Direito Imobiliário e do GEMEP/CBAR.

Maria Carla Fontana Gaspar Coronel

Advogada com foco em negociação contratual para América Latina, Estados Unidos e Canadá. Mestre em Integração da América Latina pelo Prolam, Universidade de São Paulo. Possui formação internacional pela Hague Academy of International Law e Harvard Law School.

Maria Inês Alves de Campos

Mediadora de conflitos e advogada, com certificação internacional IMI-ICFML e certificações de Mediação Transformativa (IMAB), Mediação Emancipatória Familiar (IMAP – Portugal); Harvard Negotiation Project (CMI Interser) e Curso de Mediação em Recuperação Judicial (IMAB). Membro do Taskforce IMAB Recuperação para empresas em recuperação; mediadora do Centro de Mediação do Instituto Recupera Brasil – CMIRB e da Câmara de Mediação da Comissão de Ética – CAM/COE do CRP/RS. Com mais de mil horas de mediação, é atuante na mediação judicial desde 2014, certificada pelo CNJ como supervisora e instrutora e em Mediação Cível, Familiar, Conflitos Coletivos, Mediação Empresarial, Oficinas de Parentalidade e Justiça Restaurativa.

Marília Campos Oliveira e Telles

Advogada colaborativa e mediadora de conflitos certificada pelo ICFML – Instituto de Certificação e Formação de Mediadores Lusófonos. Especialista em Direito de Família e Sucessões pela Escola Paulista de Direito. Presidente do Conselho do Instituto Brasileiro de Práticas Colaborativas (2021/2022). Docente credenciada pela International Academy of Collaborative Professionals.

Miriam Bobrow

Psicóloga, mediadora e terapeuta de casais e famílias. Terapeuta colaborativa (profissional da saúde mental) nos processos de divórcio e sucessão. Cofundadora do Departamento de Mediação no Centro de Estudos e Assistência à Família (CEAF). Membro do Instituto Mediativa (Mediação Transformativa Reflexiva), com formação em Negociação e Mediação na Universidade de Columbia em Nova York. Diretora do Instituto Brasileiro de Práticas Colaborativas (IBPC).

Rodrigo D'Orio Dantas

Especialista, mestre e doutor em Direito pela PUC-SP. Advogado, mediador, administrador judicial e professor de cursos de pós-graduação em Direito. Psicanalista formado pelo Centro de Estudos Psicanalíticos de São Paulo, com mestrado em Psicanálise pela UK John Kennedy.

Valéria de Sousa Pinto

Advogada e mediadora. Mediadora credenciada ao Singapore International Mediation Institute – SIMI. Certificada pelo ADR ODR International Limited e pelo Instituto de Mediação e Arbitragem do Brasil – IMAB. Mediadora avançada certificada pelo ICFML – IMI. Certificada pelo Straus Institute for Dispute Resolution na Universidade de Pepperdine – EUA. Diretora da Mediar PR – Soluções de Conflito, presidente da Comissão de Mediação da OAB/PR, vice-presidente da Câmara de Mediação e Arbitragem da OAB/PR, membro do Conselho de Administração da ARBITAC – Câmara de Mediação e Arbitragem da Associação Comercial do Paraná e representante Brasil para ADR ODR International.

Editor científico: Guilherme Assis de Almeida
Editor: Fabio Humberg
Capa e diagramação: Alejandro Uribe
Revisão: Humberto Grenes / Cristina Bragato / Rodrigo Humberg

Dados Internacionais de Catalogação na Publicação (CIP)
(Câmara Brasileira do Livro, SP, Brasil)

Justiça : reflexões sobre caminhos além do
   Judiciário / organizador Adolfo Braga Neto. --
São Paulo : Editora CL-A Cultural, 2022.

   Vários autores.
   Bibliografia.
   ISBN 978-65-87953-28-1

   1. Acesso à justiça 2. Conflitos - Resolução
(Direito) 3. Justiça 4. Mediação 5. Negociação
I. Braga Neto, Adolfo.

21-86054   CDU-347.9

Índices para catálogo sistemático:
1. Justiça : Mediação de conflitos : Direito
   processual 347.9

(Cibele Maria Dias - Bibliotecária - CRB-8/9427)

Editora CL-A Cultural Ltda.
Tel.: (11) 3766-9015 | Whatsapp: (11) 96922-1083
editoracla@editoracla.com.br | www.editoracla.com.br
linkedin.com/company/editora-cl-a/

Disponível também em *ebook*